北京市社会科学基金重点项目资助

国际引智与国际人才社区治理研究

Research on International Talent Introduction and Community Governance

徐 芳 陈小平◎著

首都经济贸易大学出版社
Capital University of Economics and Business Press
·北 京·

图书在版编目（CIP）数据

国际引智与国际人才社区治理研究/徐芳，陈小平著. --北京：首都经济贸易大学出版社，2017.10

ISBN 978-7-5638-2725-1

Ⅰ. ①国… Ⅱ. ①徐… ②陈… Ⅲ. ①人才管理—研究—世界 Ⅳ. ①C962

中国版本图书馆 CIP 数据核字（2017）第 265844 号

国际引智与国际人才社区治理研究

徐 芳 陈小平 著

GUOJI YINZHI YU GUOJI RENCAI SHEQU ZHILI YANJIU

责任编辑 周 欣

封面设计 砚祥志远·激光照排 TEL：010-65976003

出版发行 首都经济贸易大学出版社

地 址 北京市朝阳区红庙（邮编 100026）

电 话 （010）65976483 65065761 65071505（传真）

网 址 http://www.sjmcb.com

E-mail publish@cueb.edu.cn

经 销 全国新华书店

照 排 北京砚祥志远激光照排技术有限公司

印 刷 北京京华虎彩印刷有限公司

开 本 710 毫米×1000 毫米 1/16

字 数 326 千字

印 张 17

版 次 2017 年 10 月第 1 版 2017 年 10 月第 1 次印刷

书 号 ISBN 978-7-5638-2725-1/C·135

定 价 58.00 元

序 言

PREFACE

本书是在理论研究和实证研究基础上，结合美国、英国、德国、日本、韩国等国家国际引智、科学城建设和社区治理的先进经验，以及国内北京、上海、南京、深圳、贵阳等地国际引智、人才城、国际人才社区的专项调研成果，重点从国际引智、国际人才社区建设与治理的视角所开展的专题研究。本书建构了国际人才社区构成的要素指标库，基于该要素指标库，对国际人才社区的建设进行了系统规划。在此基础上，本书深入探讨了如何进一步优化人才国际化发展的地方品质，进而推动科技创新中心建设，打造国际高端人才聚集之都。

本研究具有一定的理论和现实意义。理论方面，通过对国内外国际引智及国际人才社区进行相关理论综述，以及开展全球国际人才社区发展的地方品质研究，形成国际人才社区建设的维度、指标以及要素体系库，为做好国际引智及构建具有海外氛围、多元文化、创新业态、宜居环境的国际人才社区提供理论支撑。实践方面，有助于提升区域人才国际化发展的地方品质，提升聚集各类国际人才的要素品质，形成多元包容的文化氛围，营造适宜国际人才工作、生活、娱乐的良好环境，进而提升国际人才聚集效果，为构建全球创新人才共同体，建设具有全球影响力的科技创新中心提供支撑。

本书的框架结构如下：

第一章“本书的研究构想与研究框架”，主要对国际引智与国际化社区治理研究的背景、目的及意义、研究思路与方法、研究的主要内容等方面进行阐述，是本书的导论部分。

第二章“国际引智与国际人才社区理论综述”，主要对人才生态环境理论（勒温心理场论、“人—境关系”学说、人与环境匹配论和人才生态环境要素论）、社区理论、国际社区理论、国际人才社区理论等进行研究分析，同时进行国内外相关理论和文献综述，为本研究提供重要的理论依据。

第三章“国外国际引智、科学城建设与社区治理模式”，主要运用标杆研究方法，系统分析了英国国际引智、英国六大科学城建设与社区治理模式，德国国际引智、科技创新体制与社区治理，美国国际引智、硅谷科技园区建设与社区治理，日本国际引智、筑波科技城建设与社区治理，韩国国际引智、大德科技园建设与社区治理，等等。在此基础上，本章比较分析了海外各国在国际化人才发展方面的相关做法，为本研究提供国际标杆经验借鉴。

第四章“对国内国际引智与国际化社区治理的实证调研”，主要通过实地调查研究，聚焦上海国际人才城与国际化社区建设实践、南京国际人才港与国际化社区建设实践、深圳前海人才特区与国际化社区建设实践、贵阳国际人才城与国际化社区建设实践，以及华为公司人才国际化战略的第一手数据资料，进行深度质性研究分析，为本研究提供国内标杆经验参考。

第五章“北京市国际人才社区建设案例研究”，主要采取案例研究方法，重点对北京市四个国际人才试点社区，即中关村大街国际人才社区、未来科学城国际人才社区、朝阳中关村电子城国际人才社区、新首钢国际人才社区进行深度案例研究，分析现状，解读未来需求，并提出相应的建设思路。

第六章“国际人才社区要素指标库的构建”，主要基于理论综述、国内外标杆经验分析，创新性构建国际人才社区要素指标库，主要包括政府治理类指标、生活环境类指标、创新创业类指标、特色类指标等四个维度，每个维度又包括二级和三级指标。该指标库为国际人才社区建设从理论上提供了指导。

第七章“国际引智与国际化社区治理措施和政策建议”，主要依据前期研究发现，从六个方面提出国际化社区治理的政策建议：科学规划与统筹管理、突出国际化社区的特色与多元化、创新国际化的政府治理体系、营造友善的类海外生活服务体系、优化国际人才创新创业支撑体系、创建国际化社区治理的绩效考核体系。

第八章“研究总结与展望”，主要对本研究进行总结，归纳研究结论，分析研究的不足和局限性，并对未来进一步深入研究提供具体的方向性建议。

本书的创新点主要体现在以下三个方面：

一是研究内容创新。目前从国际引智和国际人才社区治理的视角，研究如何聚集国际人才并提升国际人才发展地方品质的研究成果并不多见。本书将国际人才社区建设中的政府治理要素、生活环境要素、创新创业要素、特色要素等整合为“国际人才社区要素体系”，在理论上有利于整体把握国际人才社区建设中的要素，在实践中也有助于地方政府全面了解国际人才社区的内涵、外延、现状及发展，推动国际引智和国际人才社区建设进程。

二是研究方法创新。通过理论文献综述、国际标杆比较研究、国内经典案例研究和专家讨论等方法，运用各种渠道和方式，调查收集了丰富的国内外经典案例数据资料。特别是对北京的四个国际人才试点社区建设进行了深入的跟踪式案例研究。通过对案例数据资料进行系统解码分析，提炼形成国际人才社区建设的构成要素。这种案例实证研究方法在国际人才社区建设的研究中具有很强的创新意义。

三是研究结论创新。在总结现有相关研究的基础上，提出国际人才社区构成要素包括政府治理要素、生活环境要素、创新创业要素和特色要素，并综合运用案例研究、专家讨论等多种研究方法，借鉴国际经验，编制了国际人才社区构成要素指标库。指标库的编制不仅是国际人才社区建设研究工具的创新和突破，同时也是人才学研究领域的一个创新。

本书是对课题“优化首都国际化人才发展的地方品质研究”的进一步深化、拓展和凝练。在书稿完成之际，作为课题组负责人，我首先要感谢中共北京市委组织部和人力资源研究中心对于我的信任和支持，感谢北京市委组织部领导及人才处的同志对课题的全程指导与参与，以及对在五个城市进行实地调研给予的支持和帮助。课题研究还得到了北京市发改委新首钢办、北京市朝阳区委组织部、北京市海淀区委组织部、北京市昌平区未来科学城管理委员会等单位相关领导的大力支持。同时还要感谢上海市委组织部、南京市委组织部、深圳市委组织部、贵阳市委组织部的相关人员，他们在实证调查研究过程中给予我们课题组支持与配合。本研究获得北京市社会科学基金重点项目“京津冀人才国际化协同发展机制与实现路径研究（16YJA006）”和北京市人力资源研究中心项目“优化首都国际化人才发展的地方品质研究”资助，本书获得首都经济贸易大学出版基金资助，在此表示感谢！

我要特别感谢参与课题调研的人才学系的几位同事，他们是：首都经济贸易大学劳动经济学院人才系主任徐斌教授，人才系副主任陈小平副教授、魏华颖副教授，人才系陈书洁副教授、苗仁涛副教授。正是课题组成员的深入调研、共同努力和思想碰撞，使得课题研究成果得到了高度认可，为北京市国际人才社区的建设提供了前瞻性指导。

在书稿的撰写过程中，首都经济贸易大学劳动经济学院的陈小平副教授及我的硕士研究生朱晓晓、刘羽琪、张雨晴同学参与了相关资料的收集、实地调研和部分章节初稿的撰写。通过大家的共同努力，本书得以最终完成。

最后，对首都经济贸易大学出版社杨玲社长的敬业精神和高效率致以最诚挚的谢意。

期待本书的出版能对我国国际引智与国际人才社区治理的理论及实践有所贡献。

徐　芳

目录
CONTENTS

第一章　本书的研究构想与研究框架

本书主要采取理论文献综述、国际标杆比较、国内实地调研以及质性研究方法等，以国际引智和国际化社区建设为重点，研究如何加强国际引智与国际人才社区治理工作，不断优化人才国际化发展的地方品质，进一步提升国际引智的效果，推进国际化城市建设。本章是导论部分，主要对国际引智与国际化社区治理研究的主要背景、研究目的和意义、研究思路与方法、研究的基本内容、创新点等进行系统阐述。

第一节　问题的提出

一、国际引智的重要性

在当前知识经济时代，具有高智力和高潜力的人才成为最重要的战略性资源。随着经济全球化的进一步深入和竞争的不断加剧，世界各国政府都高度重视从国家宏观战略层面进行国际人才发展的顶层设计，纷纷加强对全球顶尖人才的争夺。各国在国际人才竞争与发展方面均投入越来越多的财力和物力，形成各具特色的国际引智模式，主要包括：技术移民；学术交流；猎头公司；创办高新技术园区；到国外创建科学研究、技术开发中心和实验室；向对方国家的研究机构、大学和企业投资，在当地直接利用国外智力，掌握先进技术；黑箱引智；等等。

国际引智工作的价值主要体现在以下几个方面。

（一）国际引智是实现人才强国战略的重要路径

世界各国越来越意识到，国际引智是实现人才强国战略的重要路径。美国之所以在第二次世界大战后能够成为世界第一经济强国，就是因为招揽了大量世界高精尖人才。新加坡专门成立了“Contact Singapore”（联系新加坡），在全球各地设置办事处，延揽海外专才和企业家；韩国2012年推动“引进外籍专业人才支持事业计划”，支持中小及创投企业引进外籍关键技术人才，2014年办理“吸引海外优秀人才计划”，划分教研、企业人才及海外留学生等类型，推进形成各类战略性吸引人才的举措和办法。

中国在不断借鉴国外成功的国际引智经验的同时，正在加速优化国际引智工作，大力发展高新技术产业，快速提高社会生产力，从而提升国际竞争力。积极开展国际引智工作，大力加强国际科技交流与合作，是加速中国技术升级和经济发展的有效途径，也是实现人才强国战略的重要路径。

（二）国际引智是实施创新驱动发展战略的重要保障

与物质资源、环境资源、资金资源相比，国际智力更有创造活力优势，更可持续发展，属于一种特殊的战略资源。从目前整体来看，企业的创新竞争力不够强，主要原因是创新人才缺乏。国际人才是创新的最主要来源，是实施创新驱动发展战略的重要保障。

（三）国际引智是实施人才优先发展战略的必然要求

近年来，中国也在不断开展国际人才发展工作。例如，2008年实施“千人计划”，引进国家重点产业、实验室等各类领域所需人才；2011年实施“青年千人计划”。《国家中长期人才发展规划纲要（2010—2020年）》与国家“十二五”及“十三五”人才发展规划对高层次人才引进工作做出重要部署，指出要大力吸引海外高层次人才和急需紧缺专门人才，积极引进和用好海外高层次创新创业人才。这一时期，中国相继通过并实施了系列法规、政策和制度，为海外高层次人才回国创新创业奠定基础。

《国家中长期人才发展规划纲要（2010—2020年）》提出："推动人才结构战略性调整，突出'高精尖缺'导向，实施重大人才工程，着力发现、培养、集聚战略科学家、科技领军人才、社科人才、企业家人才和高技能人才队伍。"国际引智可以聚集国际知名的战略科学家、科技领军人才、社科人才、企业家人才，这对完成"十三五"规划纲要提出的任务能发挥举足轻重的作用，因此，国际引智也是实施人才优先发展战略的必然要求。

二、国际引智与社区治理面临的挑战

海外人才的持续引进彰显了中国继续开放的决心、尊重人才的社会氛围和提高国际竞争力与影响力的信心，切实提高了中国科研创新的能力和促进了科技产业的进步。国际引智政策的不断优化升级，带动了本土人才科研创新的水平与管理能力，意义重大，影响深远。当前，留学回国的人数逐渐增多，国际引智工作成效显著。

《2017海外人才就业分析报告》显示，2017年的归国人数预计突破60万人，这个数字将明显超过2017年出国留学的总人数。54.8%的"海归"（海外归国人才）主要看重国内良好的经济发展形势，还有超过40%的"海归"因家庭、朋友圈都在国内而选择归国发展。另外，美国、英国以及澳洲移民政策收紧，留学生毕业后难以留在留学国家继续发展，而在美国、英国和澳洲留学的学生占比超过56%，因此造成大批海外留学生归国发展，国际引智工作需求日趋旺盛。

尽管我国的国际引智工作取得显著进展，但与国际相比，还有较大提升空间，主要体现在以下两个方面。

（一）国际引智政策措施需进一步完善

一是近年来我国不断完善各项国际引智政策措施，但仍存在一定的改进空间。例如：国际引智方面的立法层次较低，法律效应差；国际引智政策不连贯，存在着不均衡现象；海外高层次人才获取就业信息的渠道不通畅，人才引进相关部门效率还有待提高；归国海外高层次人才在回流中家庭安置问题难以得到妥善解决；等等。

二是在具体行动计划方面，全球引才行动需要进一步完善。过去中国长期系统性追踪海外人才信息的工作机制不够健全，以致未能掌握中国海外留学生、侨民、侨外生及外籍专业人才等人员的资料，与海外人才联系的网络不够发达。因此，需要绘制高端人才分布地图，更好地掌握国际人才在全球的分布状况。

三是海外引进人才与本土人才的协同发展问题突出，对人才管理机制的创新提出新的要求。尽管北京市、上海市、深圳市等城市相较国内其他区域有较好的人才引进与培养的基础，但在海外人才的引进、本土人才的培养以及海外人才与本土人才的协同发展机制上仍存在“黑箱”，尤其是在海外引进人才与本土人才的协同发展上问题突出，需要不断创新人才体制和管理机制。

（二）留智环境亟待不断培育

一是国内薪资水平缺乏竞争力。部分国际引智工作负责人与引进的国际智力认为中国人才外流主要因为“薪资没有竞争力”，国际人才认为中国薪酬激励不足。

二是友善的国际化留才环境尚待提升。中国的外语环境有待改善，民众外国语言交流能力及国际观有待提升。外籍人士的工作、居住、税务、保健及子女教育等问题亟待解决。

三是人才环境不利于外籍国际化人才的聚集，本土人才国际化培养能力不强，导致中国的国际人才数量还显不足。

针对上述问题，本书主要聚焦在国际引智和国际人才社区治理研究，重点对国际人才社区建设进行深入系统研究。

第二节　研究目的及意义

一、研究目的

基于上述研究背景和问题，本研究希望达到以下几个方面的研究目的。

（一）构建国际引智与国际化社区治理的理论框架

目前国际引智与国际化社区治理领域的理论研究并不多见，本研究希望通过综合文献研究和实证研究，发现并提出新的有关国际引智和国际化社区治理的理论体系，建立新的“国际人才社区要素指标库”，探索“国际化社区治理路径”，从而为该领域的理论研究做出新的贡献。

（二）分析国际引智和国际化社区治理的国际标杆

通过比较英国科学城与社区治理模式、德国科学城与社区治理模式、美国硅谷园区与社区治理模式、日本筑波科学城与社区治理模式、韩国大德科技园区与社区治理模式，了解发达国家国际引智和国际化社区治理的先进经验，提炼分析国际引智和国际化社区治理需要考虑的硬环境和软环境要素，为本研究提供国际标杆经验借鉴。

（三）总结国内国际引智和国际化社区建设实践经验

实地调研上海、南京、深圳、贵阳四地的国际引智、人才城建设与国际人才社区建设实践，同时对北京市的中关村大街国际人才社区、未来科学城国际人才社区、朝阳中关村电子城国际人才社区、新首钢国际人才社区进行深度个案研究，获得第一手资料。运用质性研究方法，对国内国际化社区建设的现状进行分析，了解现状，总结经验，剖析未来国际化社区建设的具体需求和战略方向。

（四）创建国际人才社区要素指标库

基于理论文献分析，结合国外成功的国际人才社区建设经验和中国国际人才社区建设的现状，创建国际人才社区建设构成要素指标体系，对各要素的内涵与外延以及二级和三级指标进行细分和详细阐释。

（五）提出国际引智与国际化社区治理措施和政策建议

综合上述研究，从规划与统筹管理、突出国际化社区的特色与多元化、打造国际化的政府治理体系、营造友善的类海外生活服务体系、优化国际人才创新创业支撑体系、创建国际化社区治理的绩效考核体系等角度提出国际引智与国际化社区治理措施和政策建议。

二、研究意义

本研究具有很强的理论价值和实践意义，具体体现为以下四个方面。

（一）本研究有助于提升人才国际化发展的地方品质

建设国际人才社区是进一步提升城市建设国际化水平的重要载体，进一步改善适应外籍人士、“海归”和高层次人才交流、创业、就业、就医、就学等现实需要的工作、生活环境。具体来说，国际人才社区治理研究可以提升聚集各类国际人才的要素品质，形成多元包容的文化氛围，营造适宜国际人才工作、生活、娱乐的良好环境，这有利于在引进国际人才后对国际人才提供优质服务，加强对国际人才在国内工作和生活的跟踪反馈，提升国际人才聚集效果，深化国际人才工作。

（二）本研究有助于深化国际人才发展体制机制改革，助力国际人才创新创业实践工作

中共中央印发了《关于深化人才发展体制机制改革的意见》，明确指出构建具有国际竞争力的引才用才机制、强化人才创新创业的激励机制等要求。推动国际人才社区建设，利用国际人才社区建设的全球品牌效应，吸引、集聚大量国际人才前来创新创业及就业，将成为深化国际人才发展

体制机制改革、助力国际人才创新创业的重要引擎。

（三）本研究为加强国际化社区治理提供理论依据，并为国际社区建设提供指导

通过构建国际人才社区构成要素体系，为国际人才社区建设提供理论和实践指导。同时，进一步深化人才国际化发展的地方品质理论，推进中国的国际引智进程。通过营造国际化的创新创业宜居宜业环境，增强区域集聚一流国际化人才的吸引力，以环境的国际化带动产业现代化，为中国国际人才生态环境的优化创造有利条件。

（四）本研究为建设世界高端人才聚集城市提供智力支持

北京、上海、深圳等城市正在努力把自身建设成世界高端人才聚集地，从全世界引进高端人才，特别是具有全球化竞争力的国际人才。国际人才社区建设与治理是建设世界高端人才聚集城市的必要过程，国际人才社区将集聚优势资源，创新世界高端人才服务模式，为吸引、聚集世界高端人才提供坚实的平台保障。

第三节　研究思路、方法及理论分析框架

一、研究思路

本书的研究思路具体如图 1－1 所示。

第一，对相关的国内外理论文献进行综述，为本研究提供理论依据。

第二，结合理论文献综述，通过国际标杆研究进行国际经验比较分析。

第三，基于国际标杆研究经验，实地调查研究国内典型城市。

第四，选取北京市的典型案例进行个案研究和追踪分析，分析现状和未来需求。

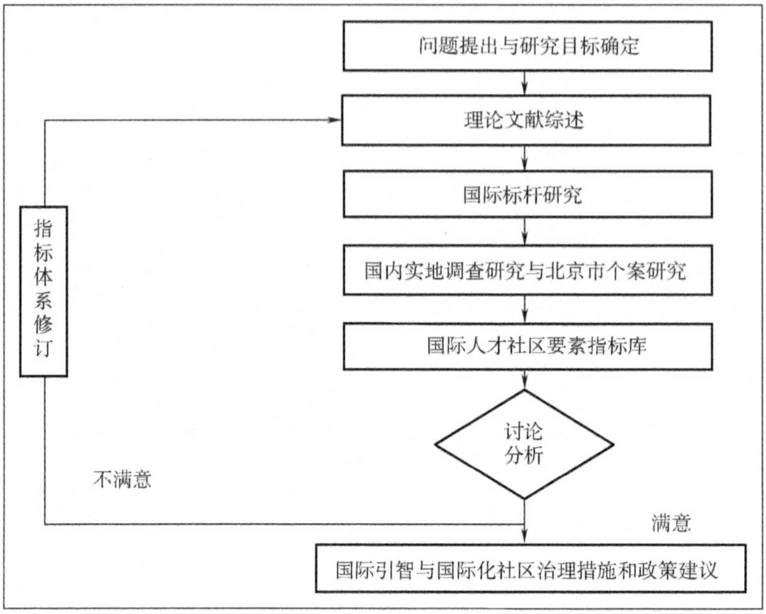

图1-1　本书研究思路

第五，结合上述研究，构建国际人才社区建设构成要素指标体系。

第六，根据标杆研究、案例研究的发现，提出加强国际化社区治理的对策建议。

二、研究方法

研究方法主要包括以下六种。

一是文献综述法。本研究搜集、整理与国内外引智与国际化人才、人才生态环境的概念与理论、国际社区理论、国际人才社区环境理论等相关的文献，对该领域的研究现状进行综合分析、归纳整理和评论。

二是国际标杆比较法。选取英国科学城与社区治理模式、德国科学城与社区治理模式、美国硅谷园区与社区治理模式、日本筑波科学城与社区治理模式、韩国大德科技园区与社区治理模式作为国际标杆研究对象，对国际引智和国际化社区治理方面的实践做法进行重点研究，对收集的资料进行统计汇总、对比分析，为本研究提供国际标杆参照。

三是国内实地调研。针对上海国际化社区建设实践、南京国际化社区建设实践、深圳国际化社区建设实践、贵阳国际人才社区建设实践，开展实地座谈交流，收集第一手可借鉴经验资料，为本研究提供国内标杆经验借鉴。

四是案例研究法。对北京市海淀区中关村大街、昌平区未来科学城、朝阳区中关村电子城西区和北区、新首钢国际人才社区等四个试点社区进行参观、座谈、问卷调研和深度访谈，并依据国际人才社区建设构成要素指标体系做了深度的案例研究分析。

五是访谈调研法。为深入分析国际引智和国际化社区治理所需要素，并广泛收集相关对策建议，课题组根据采访提纲，对相关代表进行深度采访：①访谈外籍国际人才 60 人次。调研对象为来自外国专家局、北京双高人才发展中心、中关村科技园区管理委员会等机构，以及麦子店、望京社区等地涉及产学研的海外引进人才。②访谈“海归”40 人次。调研对象为来自北京市人保局、统战部、工商联、国资委、中关村科技园区管理委员会等机构涉及产学研的本土人才。③访谈国际人才发展的研究专家40 人次。④访谈北京市朝阳区、海淀区、西城区等区委组织部等的相关领导干部 40 人次。

六是座谈会调研法。在进行深度访谈调研的同时，课题组采取了座谈会调研法，具体包括：①上海市委组织部组织的座谈会，交流上海市的国际引智和国际化社区治理经验；②南京市委组织部组织的座谈会，分享南京市的国际引智和国际化社区治理经验；③深圳市委组织部组织的座谈会，介绍华为公司的国际引智经验、深圳市国际引智和国际化社区治理的实践做法；④贵阳市委组织部召开的座谈会，分享国际引智和国际化社区治理的经验与体会。

三、理论分析框架

本书的理论分析框架如图 1－2 所示。

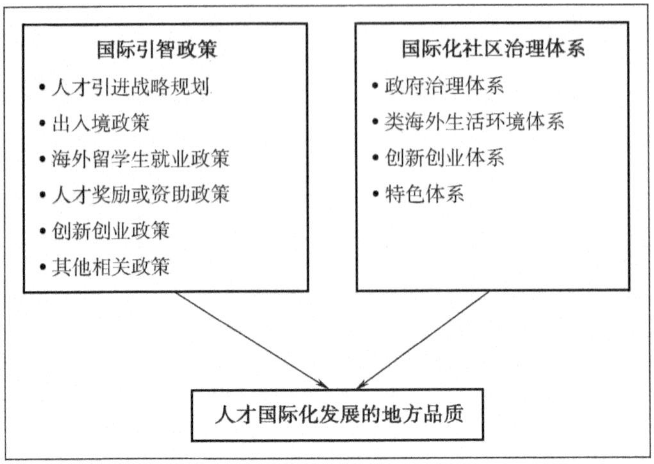

图 1－2　理论分析框架

如图 1－2 所示，通过优化国际引智政策、国际化社区治理体系，可以提升人才国际化发展的地方品质，其中，国际引智政策可以从人才引进战略规划或计划、出入境政策、海外留学生就业政策、人才奖励或资助政策、创新创业政策等方面优化设计，国际化社区治理体系可以包括政府治理体系、类海外生活环境体系、创新创业体系、特色体系。

第四节　整体框架结构及研究创新点

一、整体框架结构

（一）本书的研究构想与研究框架

本部分主要对国际引智和国际化社区治理研究的主要背景、研究目的和意义、研究思路与方法、研究基本内容等方面进行阐述，为本研究提供重要基础。

（二）国际引智与国际人才社区理论综述

本部分主要对国际引智与国际化人才、人才生态环境的概念与理论、国际社区理论、国际人才社区环境理论等进行研究分析，同时进行文献归纳总结，为本研究提供重要的理论依据。

（三）国外国际引智、科学城建设与社区治理模式

本部分主要运用标杆研究方法，分析英国科学城与社区治理模式、德国科技创新体系与社区治理模式、美国硅谷园区与社区治理模式、日本筑波科学城与社区管理模式、韩国大德科技园区与社区治理模式等方面的相关经验做法，为本研究提供国际标杆经验借鉴。

（四）对国内国际引智与国际化社区治理的实证调研

本部分主要采取实地调查研究方法，收集上海国际引智与国际化社区建设实践、深圳国际引智与国际化社区建设实践、南京国际引智与国际化社区建设实践、贵阳国际引智与国际人才社区建设实践的第一手数据资料，开展深度质性研究，进行国内经验的总结及分析，为本研究提供国内标杆经验参考。

（五）北京市国际人才社区建设案例研究

本部分主要采取案例研究方法，重点对北京市海淀区中关村大街国际人才社区、昌平区未来科学城国际人才社区、朝阳中关村电子城国际人才社区以及新首钢国际人才社区进行案例研究，分析现状，解读未来的需求，并提出相应的建设思路。

（六）国际人才社区要素指标库的构建

本部分主要基于上述理论综述、国内外标杆经验分析，创新性地构建国际人才社区要素指标库，主要包括政府治理类要素、生活环境类要素、创新创业类要素、特色类要素等四个方面，同时各个方面又包括若干子要素。该指标库为国际人才社区建设提供了指导方向。

（七）国际引智与国际化社区治理措施和政策建议

本部分主要综合上述研究发现，从以下方面提出国际引智与国际化社区治理的政策建议：科学规划与统筹管理、突出国际化社区的特色与多元化、提升政府治理的国际化水平、营造友善的类海外生活环境、优化创新创业的政策和平台体系、构建国际化社区治理的绩效考核体系。

（八）研究总结与展望

本部分主要对本研究进行总结，归纳研究的结论，分析研究的不足和局限性，并对未来进一步研究提供具体的方向性建议。

二、研究创新点

本研究在以下几个方面有所创新和突破。

（一）研究内容创新

目前从国际人才社区建设视角研究国际引智和国际化社区治理的成果并不多见。本研究在现有研究的基础上，将反映国际人才社区建设中的政府治理类要素、生活环境类要素、创新创业类要素、特色类要素等整合为"国际人才社区要素指标库"，在理论上有利于从整体上把握国际人才社区的要素体系，在实践中也有助于地方政府全面了解国际人才社区的内涵、外延、现状及发展，推进国际人才社区建设进程。

（二）研究方法创新

国内现有关于国际引智和国际化社区治理的研究多为规范性理论研究，实证调查和典型案例研究较为少见。本研究通过运用理论文献综述、国际标杆比较研究、国内经典案例研究和专家讨论等方法，调查收集丰富的国内外经典案例数据资料，并对案例数据资料进行系统解码分析，提炼形成国际人才社区建设的构成要素。

（三）研究结论创新

目前的文献中关于国际人才社区构成要素指标体系的研究很少见。本研究在总结现有相关研究成果的基础上，提出国际人才社区构成要素包括政府治理类要素、生活环境类要素、创新创业类要素、特色类要素四个维度，并综合运用案例研究、专家讨论等多种研究方法，借鉴国际经验，编制了国际人才社区构成要素指标库，并依据该指标库对国际引智和国际化社区治理提出针对性的对策建议。该指标库的编制不仅是国际引智和国际化社区治理研究工具的创新和突破，同时也是人才学研究领域的一个重要创新。

第二章　国际引智与国际人才社区理论综述

本部分主要对国际引智与国际人才、人才生态环境的理论、国际社区理论、国际人才社区环境理论等领域的国内外理论文献资料进行系统综述。

第一节　国际引智与国际化人才

一、国际引智的概念

国际引智即引进海外智力。引智是以项目和人员为载体，通过引进国外人才和组织人员出国（境）培训两种形式，引进国外先进的科学技术与管理经验，为国内的经济建设和社会建设服务。在经济全球化发展的今天，国际的竞争更是智力资源的竞争及智力资源的载体——人才的竞争。

自2008年实施“千人计划”以来，中国吸引了一批又一批海外学子回流，吸引了大量外籍人才来华工作。早在20世纪五六十年代，中国就已开展海外引智的工作，当时中国正面临各项建设艰难发展的局面，中央决定引进苏联专家参与156个重大项目的建设。改革开放时期，1983年7月8日，邓小平发表题为《利用外国智力和扩大对外开放》的谈话，开启了中国引才政策体系发展创新的新篇章，引才工作走向市场化、法制化阶段[1]。2010年发布的《国家中长期人才发展规划纲要（2010—2020年）》明确提出“实施更加开放的人才政策”，大力吸引海外高层次人才回国（来华）创新创业。

二、国际化人才概念界定

人才，在《辞海》中的解释是：“有才识学问的人，德才兼备的人。”王通讯认为：“人才是指在社会劳动中，以自已较高的创造能力，为社会发展和人类进步做出某种比一般人较大贡献的人。”[2] 叶忠海认为：“人才，是指那些在各种社会实践活动中，具有一定的专门知识、较高的技术和能力，能够以自己创造性劳动，对认识、改造自然和社会，对人类进步做出了某种较大贡献的人。”[3] 2003年，《中共中央、国务院关于进一步加强人才工作的决定》将人才定义为：“只要具有一定的知识或技能，能够进行创造性劳动，为推进社会主义物质文明、政治文明、精神文明建设，在建设中国特色社会主义伟大事业中做出积极贡献，都是党和国家需要的人才。”2010年6月印发的《国家中长期人才发展规划纲要（2010—2020年）》进一步强调：“人才是指具有一定的专业知识或专门技能，能够进行创造性劳动并对社会做出贡献的人，是人力资源中能力和素质较高的劳动者。”

顺应全球化趋势，人才队伍逐步从区域性、国家性向国际性、全球化转变。关于国际化人才的定义，代表性观点如表2-1所示。

---

① 吴帅．海外引才的路径与趋向：基于政策创新的过程研究［J］．中国青年研究，2015（09）：37-41.

② 王通讯，王康．人才学基础［M］．哈尔滨：哈尔滨工业大学出版社，1987.

③ 叶忠海．人才学概论［M］．长沙：湖南人民出版社，1983.

表2-1　代表性的国际人才定义

学　者	主要观点
张华英	国际人才是指具有国际化意识和胸怀以及国际一流的知识结构，视野和能力达到国际化水准，在全球化竞争中善于把握机遇和争取主动的高层次人才。国际化人才应具备七种素质：一是宽广的国际化视野和强烈的创新意识；二是熟悉掌握本专业的国际化知识；三是熟悉掌握国际惯例；四是较强的跨文化沟通能力；五是独立的国际活动能力；六是较强的运用和处理信息的能力；七是必须具备较高的政治思想素质和健康的心理素质，能经受多元文化的冲击，在做国际人的同时不至于丧失中华民族的人格和国格①
王通讯	国际人才是指能够在国际施展才干、发挥作用的人才，其类型涵盖政治、经济、军事、文化各个领域。不能简单地将有留学经历的人等同于国际化人才，也不能将有国外工作经验的人等同于国际化人才。国际化人才是一种素质表现②
陈小平等	国际人才是在该区域工作和生活、具有国际学习或者工作经历、能够进行国际性工作和生活的那些具有良好的内在素质、能够在一定条件下通过不断地取得创造性劳动成果、对社会的进步和发展产生了较大影响的人③
魏华颖	国际人才是具有国际化视野、知识能力与国际接轨（根据国际先进经验和最新成果不断更新）、具有经济全球化所要求的核心能力的人才。国际人才具体表现为：具有国际道德与职业操守；通晓国际惯例和规则；拥有全球视角和战略思维；具备相关专业知识与技能；具有跨文化环境下沟通、分工、合作和创造性解决问题的实践经验④

---

①　张华英．人才国际化与国际化人才的培养［J］．福建农林大学学报：哲学社会科学版，2003（04）：81－83.

②　王通讯．人才国际化目标及国际化人才内涵［N］．中国人事报，2006－01－16：003.

③　陈小平，杨平，金虎，等．北京奥运功能区国际人才需求满意度现状和对策建议［J］．人力资源管理，2011（01）：130－131.

④　魏华颖．北京吸引国际人才对策探析［J］．人口与经济，2011（02）：92－94.

续表

学　者	主要观点
孟续铎等	将国际人才分为三类群体：外籍人才、海外归国人才和本土国际人才。外籍人才和海外归国人才共同组成海外国际人才。外籍人才有两个基本特点：一方面，他们来自海外，对海外的情况比较了解，而且可以将海外的先进管理经验引入中国；另一方面，由于他们身处异乡，工作和生活上往往会出现不适应新环境和文化圈的问题。海外归国人才（“海归”）是指拥有海外留学或工作经历的人才。“海归”既熟悉国际环境，又了解本土文化，是目前中国最主要的国际人才群体。本土国际人才是指在本土成长起来的，懂得国际法律和经贸政策，有国际视野和专业技能，符合国际人才一般标准的本土人才。这类人才与外籍人才相比，更熟悉本土的实际情况以及各种风俗习惯，没有文化和语言障碍①

综合上述观点，本书认为，国际人才是指具备国际化知识、能力素质，从事高科技、高技术、创新型工作，能对社会发展做出较大贡献的人才。本书重点所关注的国际人才是由外籍人才和海外归国人才共同组成的海外国际人才群体，本书旨在探讨如何更好地引进、留住、利用好这些精英人才。

三、大数据技术与国际引智

中国国际引智工作面临引智资源开放共享滞后、引智资源有效供应不足、国外人才供需矛盾日益凸显的问题，也存在来中国工作的外国人才“底数不清、去向不明、联系不上、无法追踪”等现象，同时，丰富的国际人才潜在资源仍亟待开发利用。

为了解决上述问题，一些城市做了有益的尝试。例如，深圳海云天集团与国家外专局信息中心携手共建“国际人才大数据中心”，该中心旨在有效开发国际人才资源，为外籍高层次人才引进、绩效评估、动态跟踪提

① 孟续铎，李付俊．世界城市背景下的北京国际人才发展［J］．山东工商学院学报，2013（05）：7－11.

供科学有效的综合服务，并建立长效机制促进外国专家与政府、企业在技术、人才和项目上的高效对接，推动一批先进科技成果转化产业的落地。

“国际人才大数据中心”未来的构想是：它将是一个综合运用大数据、云计算、互联网等信息技术，集管理、存储、计算、互动等功能于一身的平台。该平台将具备信息采集、分类、存储、评估、动态跟踪、查询、联络、互动以及网上面试等九大功能。另外，还担负统计、分析、发布等职能，如利用大数据开展智库建设方面的工作，提供人才中介服务，举办国际论坛、国际人才对接会，以及建设网络大学，等等。

运用国际人才大数据技术可以进行海量人才数据的搜集、标准化及建模分析，可以得到不同类型、不同行业用人单位的高、中、初级人才的工作轨迹、换岗周期频率、流向等各方面数据，全面掌握人才结构、人才流向、各行业领域用人特征和需求等重要指标，科学化、规范化、标准化助力切实推进“人才优先发展战略”的落地，有助于释放更多的人才红利。

四、国际引智政策要素体系

在国际引智中，政府担任着非常重要的角色。通过整理分析相关文献资料，我们可将国际引智政策要素体系加以整理，结果如表2－2所示。

表2－2　国际引智政策要素体系

维　度	二级指标
政策投入	人才战略规划/人才计划 人才政策 人才平台（如科学城、科技园区、孵化器、国际学校、医院等生活配套设施等） 人才资金（如扶持资金、人才引进安家费、奖励资金等）

续表

维　　度	二级指标
正面的政策效应	示范榜样效应 产业集群带动效应 引进人才的知识溢出率 创新驱动效应 人才服务优化效应 生活环境优化效应 科技成果转化及应用（技术合同成交额） 对地方财税贡献率
负面的政策效应	对产业竞争力的影响 政策倾斜造成的机会不平等 机会主义 挫伤本土专家积极性

如表2－2所示，国际引智政策要素体系，可以包括政策投入、正面的政策效应、负面的政策效应，因此，在设计国际引智政策时，需要综合全面考虑多种因素，尽量释放更多的人才政策红利，避免产生人才政策的负面效应。

第二节　人才生态环境理论

本节重点综述人才生态环境的一系列相关理论，包括人才分类理论、人才激励理论、人才与环境关系理论（勒温心理场论、“人—境关系”学说、人与环境匹配论和人才生态环境要素论）等，旨在为国际引智和国际化社区治理提供相关的基础理论。

一、人才分类理论

人才分类理论，重点介绍美国康奈尔大学教授斯科特·A. 斯奈尔（Scott A. Snell）的人才分类模型，Snell 模型很好地阐释了人才的分类管理。2002 年，美国康奈尔大学斯科特·A. 斯奈尔教授基于知识（knowledge）和能力（competence）提出了Snell 模型，又称人力资本框架模型。该模型以价值（value）和独特性（unique）为两个维度将企业的人力资本划分为四种类型，即核心人才（core）、特质型人才（idiosyncratic）、通用型人才（compulsory）、辅助型人才（ancillary），如图 2－1 所示。

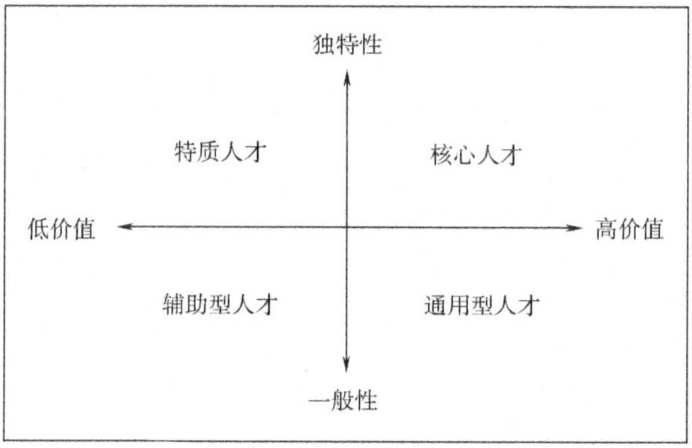

图 2－1 Snell 模型

四类人才各有其特点：①核心人才，对于企业来说，富有高价值、市场上稀缺的特点；②特质人才，属于价值较低但市场上较稀缺的人才；③通用型人才，是具有高价值但市场供给大的人才；④辅助型人才，则为价值较低且市场供给大的人才。

该模型从企业微观的角度对企业所需人才进行划分，便于对人才进行清晰布局和有效利用。从区域内国际人才引进与利用的角度来说，亦可使用 Snell 模型对国际人才进行划分。建设人才特区，推动地区科技发展，首先也应将人才进行区分定位。在 Snell 模型中，核心人才是科技研发的主力军，应重视对核心人才的引进、培养和使用，打造适宜核心人才生活、工作、科研的环境，出台吸引高层次核心人才的政策与计划，满足核心人才的需要，增强核心人才的忠诚度、归属感，从而使核心人才充分发挥能力，达到高绩效水平。核心人才是促进区域科技、经济发展的最佳选择。区域的发展同样需要特质人才、通用型人才、辅助型人才，科技研发、成果转化需要辅助型人才的配合。人才布局合理，分工协作才能实现整体目标。

引进海外人才时，应根据区域的科技发展定位与目标，吸引相关领域与专业的特定人才，注重人才质量，提升人才引进的有效性和准确性。

在引智工作中，我们应注重对不同类型、不同领域人才的均衡培养与引进，充分发挥各种人才的优势，共同推进科技研发的进步。

二、人才激励理论

（一）期望理论

期望理论最早揭示了个体为达成某一目标的内在动机，进而为激励理论的发展奠定了基础。期望理论是1964年北美著名心理学家和行为学家维克托·弗鲁姆在《工作与激励》一书中提出的。弗鲁姆认为，人总是渴求满足一定的需要并设法达到一定的目标。这个目标在尚未实现时，表现为一种期望，这时目标反过来对个人的动机又是一种激发的力量，激励人们设法达成目标。这个激发力量的大小，取决于目标价值（效价）和期望概率（期望值）的乘积。用公式表示为：

$$M = V \times E$$

式中：M 表示激发力量，即个体的工作积极性；V 表示目标价值（效价），即目标对于满足他个人需要的价值，具体来说就是当目标达成后，给个体带来的能满足自身需求的收益；E 代表期望值，即人们根据过去经验判断的自身能够达到目标的概率。

目标价值与期望值越大，越能激发个体完成目标的积极性。

弗鲁姆提出的人的期望模型为：

个人努力→个人成绩（绩效）→组织奖励（报酬）→个人需要

期望模型阐述了四个因素间的三种关系。

一是个人努力与绩效。个人努力的程度取决于目标带给个体的激发力量，个体在认为绩效目标会带来高收益，并且绩效目标很可能达成的情况下，会付出努力。

二是绩效与奖励。如果人们达成绩效目标后能够得到预期的奖励，如奖金、晋升、表扬等，则达成绩效目标的积极性会显著提高。

三是奖励与个人需要。设置奖励的目的最终是为满足个体需求与利益，继而刺激个体付出更多的努力达成绩效目标。个体需要具有差异性，奖励的设置也应存在多种形式，应尽量满足不同群体的需求。

经发展后，期望公式引入“工具性”这一影响动机的因素，用公式表示为：

动机＝效价×期望值×工具性

工具性是指能帮助个人实现的非个人因素，如环境、快捷方式、任务工具等。

期望理论主要指出激励对于个体目标实现的重要性，若要使人才达成高绩效目标，进行创造性的活动，就需要设立能满足个体需要的、形式多样丰富的薪酬奖励制度。从人才激励的角度出发，我们应关注到个体预期收益的大小将直接影响个体在实现目标过程中所付出的努力，进而影响目标的实现与否。因此，在使用人才的过程中，设计、实施具有激励性的人才奖励计划必不可少。此外，期望理论同样考虑了人才的客观外在环境，满足个人需求的工作环境、工作条件更有助于人才对于绩效目标的实现。

（二）综合激励模型

激励理论的发展已有一百多年的历史，对于激励理论的研究主要有：以“科学管理之父”弗雷德里克·泰勒的“经济人假设”为起源的经济学激励理论；以哈佛大学心理学教授埃尔顿·梅奥为代表的行为主义角度的激励理论，包括内容型激励和过程型激励；后来美国行为学家爱德华·劳勒和莱曼·波特将“内容型激励理论”和“过程型激励理论”综合，形成“综合激励理论模型”①。

1968 年，劳勒和波特在《管理态度与行为》一书中提出综合激励理论。综合激励理论是以弗鲁姆的期望理论为主要框架，并以赫兹伯格的保健与激励双因素理论为基础，提出的一种激励模型，如图 2－2 所示。

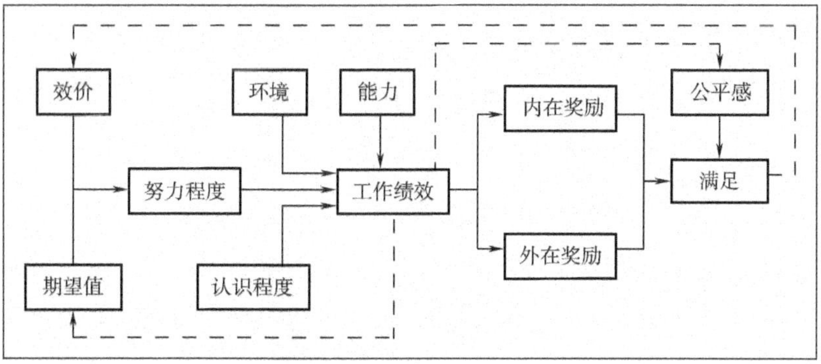

图 2－2 综合激励模型

综合激励模型主要阐述了影响工作绩效的因素，以及工作绩效与奖酬、奖酬与满足感之间的相互关系。综合激励模型在期望理论的基础上，将工作绩效的影响因素归为努力程度、认知程度、外在环境、个人能力，并结合双因素理论将激励分为内在激励和外在激励。工作绩效的完成情况决定着个体可获得内外奖励的大小，内外奖励会影响个体的满足感，而满足感会进一步影响下一阶段的努力程度。综合激励模型是一个动态运转的过程②。

综合激励理论是期望理论的进一步发展，综合激励模型对于人才环境的建设有着重要的启示作用。首先，模型中影响个体工作绩效的因素包括

① 苏明城，张向前．激励理论发展及趋势分析［J］．科技管理研究，2009（05）：343－345.

② 赵峰，刘丽香，连悦．综合激励模型视阈下创新人才激励机制研究［J］．科学管理研究，2013（06）：98－101.

个人能力、所处环境、认识程度以及由个体预期收益所决定的努力程度。因此，良好的工作环境与满足个体所需的报酬奖励仍是提升工作绩效的重要因素。其次，对于人才的激励，应制订内容丰富的奖励计划，包括内在奖励计划和外在奖励计划。从微观的角度来说，内在奖励主要考虑工作的自主权、成就感、职业晋升与发展等个体的内在需要，外在奖励主要包括薪酬、奖金、培训计划、生活福利等物质奖励。从宏观的角度来说，一切有利于人才发展、满足人才需求的政策制度、经济环境、工作环境、生活环境、文化环境等都可对个体产生一定程度的激励作用。这不仅可以激励个体达成高绩效目标，而且有助于吸引优秀人才进入组织。此外，还应注重社会整体、企业内部的公平性，营造人才良性竞争的环境。

期望理论与综合激励理论的提出，使个体与环境的关系进一步深化与发展，其重点在于强调激励对于绩效目标实现的作用，并细化了人才激励的内容与手段。这扩大了人才环境所包含的范畴，人与环境的关系不仅仅是相互作用、相互影响、相互匹配的，对于人才的激励也可视为人才环境建设的一部分，其对人才的使用与发展起着重要作用。

三、人才与环境关系理论

人才与环境关系理论包括勒温心理场论、“人—境关系”学说、人与环境匹配论和人才生态环境要素论。

（一）勒温心理场论

人才生态环境理论起源于勒温心理场论。1936 年，德裔美国著名心理学家勒温（Lewin）借用物理学的概念，创造了心理场论，该理论是勒温心理学体系中最为重要的理论。勒温认为，心理场是一个人的生活经验和未来愿望所构成的总和，心理场随着个体年龄的增长和经验的积累不断丰富和扩展。

心理场论可用公式表示为：

$$B = f(P, E)$$

式中：B 代表行为；P 代表个体；E 代表心理场环境。

个人行为是由个体与环境两个因素决定的。后来，勒温心理场论得到进一步发展。公式 $B = f(P,E)$ 可被进一步解释为：B 代表个人绩效；P 代表个体的能力素质；E 代表个体所处的环境。这就是说，个体所能创造的绩效是由个人能力素质和所处的环境共同决定的。

心理场论的发展为人才环境建设提供了最初的理论支撑。由勒温心理场论可知，如果个体所处的环境能满足他的需求，则会使其充分发挥自身的能力素质，达到高绩效水平；如果所处环境不能满足个体要求，则将不利于个体能力的发挥，难以使其达到应有的绩效水平。适宜的环境可以培养、吸引人才，不适宜的环境将会埋没、流失人才。因此，营造良好的人才环境是吸引人才、使人才创造高绩效、便于人才进步发展的保障①。

（二）“人—境关系”学说

“人—境关系”这一概念最初起源于管理心理学理论。第二次世界大战后，科学技术迅速进步、生产力快速增长，个体所处的外部社会环境、企业环境、组织环境都面临着动态的变化，人们逐渐意识到人与环境之间的联系，在这样的背景下，“人—境关系”理论出现并开始发展。起初的“人—境关系”理论有三种学派，即以卡斯特等人为代表的系统理论、以巴纳德—西蒙等人为代表的组织决策理论、以伍德沃德为代表的条件理论。三者的共同特点是都将有效的管理归根于对动态、开放的企业内外环境系统的整合②。至此，关于人的管理开始将人与环境联系起来思考问题。

20 世纪 70 年代末 80 年代初，人才学界在研究人才成长基本原理过程中论述了人才成长的外在条件，提出了人—境关系学说。1985 年，人才学专家王通讯在其《人才学通论》一书中写道：“世界上每个人的存在都离不开一定的时间和空间。人与一定的时间、空间的诸多事务之间发生联

① 文魁，吴冬梅．科技创新人才环境研究报告［J］．经济与管理研究，2006（01）：19－24.

② 萧荣．管理新图景：“人—境关系理论”的崛起［J］．深圳大学学报：人文社会科学版，1988（03）：107－115.

系，相互影响，便构成了一个一个的人—境系统。”“人—境系统包括以下四个子系统：人—时关系子系统；人—地关系子系统；人—人关系子系统；人—物关系子系统。”1990 年，叶忠海在《普通人才学》一书中集中反映了人—境关系学说。人才环境是一个多序列多层次的关系，在人—境关系中，一方面，人才更明显居于主导地位，客观环境是人才的认识、利用、改造和保护的对象；另一方面，人才也从外在的客观环境中吸收物质、能量，接收信息，经过自己的特殊加工处理，转化为自身的潜能，并在特定的时空下释放能量，作用于外部的客观环境。人才和环境是不可分割的有机综合体，二者是有机综合体的两大系统：人才个体系统和客观环境系统（见图 2－3）。简单来说，人—境关系理论将“环境”的范畴扩充到了时间、地域、人群和事物，并指出人才和人才外部环境是相互作用的。一方面，环境是人才获取知识、消息、学习发展的依托，个体内在素质的充分发挥依赖于周围良好的生活工作环境；另一方面，个体也可通过自身的能力，对客观环境进行改造，随着区域社会经济的发展，人才环境会进一步提升。

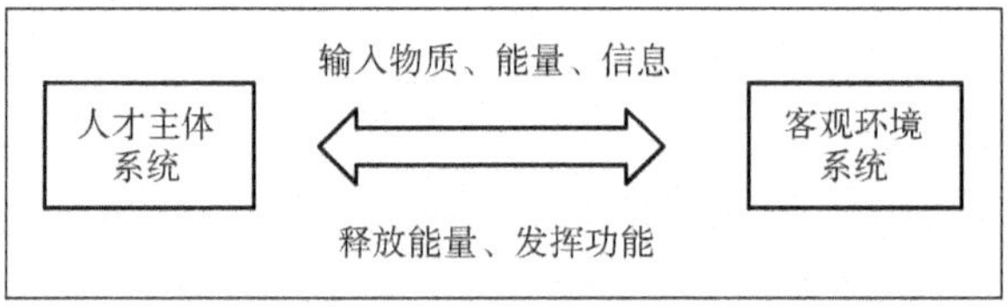

图 2－3　人才与环境互动关系

勒温心理场论与人—境关系理论首先提出了人与环境的关系，对环境在人才发展中的作用进行了阐释。场论提出了个体所处的环境会影响人们的能力发挥与工作绩效，人—境关系理论进一步扩充了“环境”所涵盖的内容，并具体指出了人与环境间存在怎样的相互影响关系。

环境是一个复杂的系统，包含时间、地点、人际关系、客观事物，对于人才环境的营造，应兼顾多方面内容。一个地区较好的社会、自然、经济、政治、科教、政策体制等宏观环境，以及良好的生活、工作、文化氛围等微观环境，可以吸引本国乃至国际优秀人才集聚于此并有助于人才的发展与能力的发挥。在人才全球性流动的今天，营造良好的人才环境是实现人才集聚、发挥人才效用，以及创造科技、经济效益的必要条件。

（三）人与环境匹配论

人与环境匹配是组织管理的核心主题之一。人与环境匹配（person environment fit）是指人与环境相称的程度。关于人与环境匹配有两个研究视角，即三因素视角与多维度视角，核心在于人与组织等微观环境的匹配与契合。

第一，人与环境匹配的三因素视角。该理论起源于勒温的行为与人和环境的关系函数。1987 年，施耐德（Schneider）提出 A－S－A（Attraction－Selection－Attrition）模型，该模型是典型的单因素匹配模型，认为人受到与自身人格特征相似的组织吸引，强调在组织中的员工，其个人目标和价值观与组织目标和价值观相匹配。克里斯托夫（Kristof，1996）在前人研究的基础上，将人与环境匹配解释为相似性匹配（个体人格、价值观、目标、态度等特征与组织文化、价值观、目标、规范等特征一致）和互补性匹配（组织需求被个体供给所满足，个体需求被组织供给所满足）。凯布尔等人（Cable et al，2002）研究认为，除相似性匹配外，互补性匹配应细分为两个概念，即工作要求与能力的匹配以及需求与供给的匹配，进而形成三因素匹配模型。

第二，人与环境匹配的多维度视角。詹森等人（Jansen et al，2006）认为，人与环境匹配是复杂的多维度的概念，主要包括人的个体特征与职业特质的匹配、人的能力与工作任务的匹配、个人价值观与组织价值观的匹配、个人与群体的匹配、人与上级的匹配[①]。

勒温心理场论、人—境关系理论从宏观的视角阐述了人才与环境之间的关系，人与环境匹配理论从更具体、微观的视角强调了人才个体特征与

① 张翼，樊耘，邵芳，等．关于人与环境匹配的结构：过程模型［J］．管理科学，2008（05）：65－73.

组织特征、岗位职业、文化氛围等外在环境各方面的契合性、匹配性。对于中国国际人才的吸引与人才环境建设来说，应有这样的启示：①应精准引进专业人才，使人才能力与工作任务相匹配。广泛吸纳人才并不是仅仅关注人才的数量，更注重的是人才的质量与准确性。在引进人才前应对人才需求进行详细的分析，有的放矢地制订人才吸引与培养计划。②从区域的大环境来说，在人才环境的人文氛围中应注重对多样文化的包容性，使不同种族人才的价值观融合共生；从企业的小环境来说，面对不同文化背景的员工应建设多元的企业文化，营造包容开放、国际化的工作氛围，使员工与组织匹配，这样才能使得国际人才在同一环境中长期和谐发展。

（四）人才生态环境要素论

1. 人才生态环境的概念

王顺（2004）认为，人才生态环境是指人才赖以生存、得以发展的社会环境和自然环境，包括影响人才成长的各种外部要素的总和。具体来说，其可包括经济环境、体制环境、法律环境、制度环境、政策环境、工作环境、科技环境、教育环境、生活环境、人文环境、自然环境等一切人才所处的外在环境的集合，人才生态环境是一个内容广泛、结构复杂的庞大系统①。

刘丽、杨河清（2006）对人才生态环境的特点进行了总结分析：①系统性和复杂性。自然地理环境、社会文化环境、人才政策环境等不同要素相互作用构成一个系统，而在该系统中不同层面的要素在不同的空间和时间维度中起着不同的作用，具有复杂性。②动态性和稳定性。构成人才环境的社会、经济、文化等人文因素作用是短期、动态的，而自然因素则具有相对稳定性，是长期的。③层次性和阶段性。从发展阶段看，具有明显的层次性和人才建设的阶段性。④相关性和独立性。人才环境与自然地理环境和社会文化紧密相连，但又具有独立性和特殊性②。

---

① 王顺．我国城市人才环境综合评价指标体系研究［J］．中国软科学，2004（03）：148－151.
② 刘丽，杨河清．首都地区人才发展环境研究［J］．中国人力资源开发，2006（12）：17－20.

肖克奇、易本谊（2003）认为，人才生态环境是人类在生产实践过程中共同形成的，既受社会大生态环境系统的影响，又具有相对独立性。它是一个有机的系统，也是一个可持续发展的系统①。

李锡元、查盈盈（2006）认为，人才生态环境是一定区域范围内直接或间接影响人才生存、发展以及发挥作用的所有要素构成的系统及其所呈现的状态和相互关系。良好的人才生态环境有利于提高该地区对人才的吸引力，有利于人才的培养和发展，有利于人才更好地发挥对社会的推动作用。人才作用的发挥需要环境支持。良好的人才生态环境能为各类人才搭建平台、创造条件，提供各项辅助政策和措施，使得人才能够真正充分发挥才能，实现价值②。

本书认为，人才生态环境是指以人才为中心，对人才的产生、存在、发展起直接或间接影响的各种自然和社会环境因素的总和。人才生态环境是一个庞大的有机整体，它包含与人才相关的一切环境因素，各部分相互协作，以实现人才的长期发展。一个国家，一个地区，乃至一个单位，能否吸引优秀人才，取决于它能否为各类人提供一个良性的生态环境。

2. 人才生态环境要素论

人才生态环境要素论是近年来受到众多学者广泛关注与认可的人才环境理论。人才生态环境的研究来源于自然界生物生存所依赖的生态系统，人才与环境实质上是一种相互依赖和制约的生态关系，人才的生存也离不开人才的生态环境。关于人才生态环境要素的代表性观点有：

彭剑锋认为，良性的人才生态环境具有十个标志：①人才主权得到尊重，人才价值得到有效实现；②完善的知识产权保护法律制度，成熟的产权保护技术系统及全民知识产权意识的确立；③全球视野的人才标准与人才竞争条件；④整个社会建立了以信誉与职业道德为基础，以能力和贡献为准则的用人机制；⑤人才流动和人才配置的市场化与有序化；⑥人力资

① 肖克奇，易本谊．新时期人才生态环境建设［J］．人才开发，2003（11）：42-43.

② 李锡元，查盈盈．人才生态环境评价体系及其优化［J］．科技进步与对策，2006（03）：37-39.

源真正成为企业经营的核心要素与竞争优势的来源；⑦教育资源的市场化、民营化和非垄断化；⑧既保证人力资源的强势阶层最大限度地创造价值并分享价值，又保护人力资源的弱势阶层免受伤害的公平就业环境；⑨廉洁、高效、规范的政府行为及吸引世界优秀人才的人力资源政策；⑩开放和开明的经济政策、持续的经济增长、良好的工作生活环境、富有活力的文化。

朱达明（2004）认为，人才生态环境是一个由众多复杂因素构成的社会系统，是一个完整的、有内在规律的体系。其中主要可分为社会物质环境和社会人文环境。社会物质环境包括经济地理环境、人文地理环境、人口资源环境；社会人文环境包括社会经济环境（经济综合竞争力、经济体制环境、市场环境、社会保障环境）、社会政治环境（社会运行环境、政治制度环境、意识形态环境、法制环境、组织环境）、社会文化环境（文化环境、教育环境、科学技术环境、伦理环境、舆论环境、职业道德环境、社交环境）①。

李锡元、查盈盈（2006）根据需要层次理论，将人才生态环境评价体系构建为三个层次：基础层次、社交层次、最高层次。基础层次包括薪酬水平、物价水平、自然环境、公共基础设施状况、医疗水平、治安状况、交通安全状况。社交层次包括社交公共设施状况、文化氛围。最高层次包括相关行业发展状况、人才社会供需指标、人才中介服务状况、教育状况、人才政策和法律状况②。

黄梅等（2009）在构建人才生态环境评价指标体系时将人才生态环境划分为人才的自然生态环境、人才的社会生态环境和人才的规范生态环境。自然生态环境包括环境保护和地理位置。社会生态环境包括经济环境、科技企业环境、生活环境、社会保障环境、人才市场环境、人才政策

---

① 朱达明．人才生态环境建设策略［J］．中国人才，2004（06）：57－59.

② 李锡元，查盈盈．人才生态环境评价体系及其优化［J］．科技进步与对策，2006（03）：37－39.

环境。文化生态环境包括社会人文环境、创新文化环境[①]。

人才生态环境所涉及的内容广泛、全面，涵盖了与人才吸引、人才培养、人才使用、人才保留、人才成长、人才发展等有关的环境因素，涉及人才工作、生活、家庭等多方面的内容，积极构建高质量的人才生态环境是提高该区域人才竞争力的有效途径。

人才生态环境是人才得以发展的重要依托与保障，以上理论为人才生态环境建设提供了理论支撑与建设依据。21 世纪以来，人才资源的争夺已从企业行为上升到国家行为，健全的人才政策、优越的科研条件、完善的基础设施对人才起着强有力的吸引和集聚作用。人才的竞争本质可谓是人才生态环境的竞争，努力营造良好的人才生态环境对于一个城市、一个国家来说有着重要的战略发展意义。

第三节　国际社区理论

一、社区理论

（一）社区的起源

社区理论起源于西方国家，源自拉丁语，本意为关系密切的伙伴或共同体。德国社会学家费迪南德·滕尼斯（1855—1936 年）最早提出社区的概念，于 1887 年出版了 *Gemeinshaft and Gesellschaf*（《社区与社会》）一书，著作中提出"社区"是指那些具有某种文化共性的同质人口所组成的亲密的社会利益共同体。19 世纪末 20 世纪初，美国社会学家罗密斯将滕尼斯提出的"社区"翻译成"Community"，主要指一起生活、工作的人的共同体[②]。

---

① 黄梅，吴国蔚．人才生态环境综合评价体系研究［J］．科技管理研究，2009（01）：62－65.

② 杨丽．国际化社区概念辨析［J］．社团管理研究，2011（06）：35－38.

在西方社会学研究中，“社区”通常有两种定义，即“一种关系类型”和“一种地域社会”。这两种定义代表了西方学界研究社区的不同理论脉络。

“一种关系类型”的定义来源于滕尼斯对于社区的理解与阐述。滕尼斯在 *Gemeinshaft and Gesellschaf* 一书中首先使用“gemeinshaft”和“gesellschaf”两个概念，分别译为“礼俗社会”和“法理社会”，滕尼斯的原意是强调这两种理想类型的对立。“gemeinshaft”即“礼俗社会”，后来被翻译为“社区”，其特征是“亲密无间的、与世隔绝的、排外的共同生活”，其成员由共同的价值观和传统维系在一起。“gesellschaf”即“法理社会”，后来被翻译为“社会”，其特征是“更多的理智与工于心计”，人们更关心自己的私利、契约和个人主义至上，可以说成员之间是一种利益的交换关系①。滕尼斯指出，社区和社会是人类群体生活的两种结合类型。二者的区别在于，社区是在以自然关系为基础建立的家庭、宗族等群体里实现的，也可能在历史形成的、小的联合体及思想的联合体里实现，社区的形成基础分为三种基本类型：血缘、地缘和精神。而社会是一种目的的联合体，它的基础是个人及个人思想和自由选择意志，社会不是建立在自然的基础之上的，它是次生的。在滕尼斯的理论基础上，关于社区理论的研究开始受到学者广泛的关注。

对于社区是“一种地域社会”的定义来源于美国人类学家路易斯·亨利·摩尔根对印第安人部落所做的详细的调查，成熟于芝加哥大学的罗伯特·帕克，1917 年英国社会学家麦基文出版的《社会》一书标志着“社会区域”论时代的开始。麦基文将地域的概念包含在社区之中，指出“社区是指任何共同生活的区域：村庄、城镇或地区、国家，甚至更广大的区域”。这类定义使得社区涵盖的区域更为广泛。

现代意义的社区发展起源于 20 世纪上半叶英美等国的睦邻运动，但

① 夏建中．现代西方城市社区研究的主要理论与方法［J］．燕山大学学报：哲学社会科学版，2000(02)：1－6.

在随后相当长的一段时期内，由于爆发战争等原因，社区没有引起社会主流的更多关注。20 世纪 50 年代，一些发展中国家在遭受战争创伤后，经济发展缓慢并出现一些严重的社会问题。为解决这些社会问题，推动国家的经济发展，在联合国的引导和推动下，“社区发展”成为一个全球性概念和课题，社区发展计划开始在许多国家实施，并由乡村扩展到城市，推进了社区治理研究。到 1955 年，联合国在《通过社区发展促进社会进步的报告》中提到：“在一个社区里，组织和教育群众，从社区的共同利益和共同需要出发，有计划地引导社区居民和组织共同参与，以自身的努力和政府联合一致，合理地利用社区的资源和外来的援助，以改善社区的经济、社会和文化的状况。”1957 年联合国又把这项工作推广到发达国家，企图以此来解决发达国家城市化后面临的一些社会问题，自此国际社会开始真正注意和重视社区的发展和建设。社区建设成为一项世界性的运动，在越来越多的国家和地区的关注与推动下迅猛发展，价值和内涵不断得到拓宽与提升。到 1966 年，社区发展已经成为世界范围的区域社会发展策略与模式。而后逐步形成了“新城市主义”（New Urbanism）［或称“新传统主义”（New Traditionalism）］、阿瓦尼原则、卡萨达和贾诺威茨的系统模式研究理论、社区满意度研究理论、社区适宜居住性理论等。

（二）三种有代表性的社区管理模式

各国因国情与文化传统不同，形成了几种具有代表性的社区管理模式，大体可分为三种：以新加坡为代表的政府主导模式，以美国为代表的社区自治模式及以日本为代表的混合模式。社区的治理模式多为由政府主导模式向社区自治模式转变。

1. 新加坡社区政府主导模式①

作为后发达国家的代表，独立后的新加坡随着其现代化发展，也同样面临着失业、房荒、族群纠纷等严重的社会问题。为了实现有效的社会治

① 丁传宗．政府主导下的新加坡社区建设：经验与借鉴［J］．中共福建省委党校学报，2008（09）：22－28.

理，新加坡依靠社区建设来重新构建基层社会生活共同体，整合社会资源，共同促进社会进步。新加坡拥有多元化的社会结构，有着不同的种族、宗教、语言和文化。新加坡政府把建设团结、和谐的多元社会作为社区建设的首要任务，旨在满足社区居民的共同需要，提升社区生活环境，合理利用社区资源，并鼓励社会团体、宗教团体等参与社区建设。新加坡社区建设的具体实施方式主要有：政府为社区活动提供经费拨款，配备公共设施；构建住房、教育、医疗、养老等社会福利体系，解决社会保障问题。社区组织体系主要由政府主管，包括：①社会发展、青年及体育部，是政府负责社区建设的专职机构；②人民协会，其任务是保持民众与政府间的密切联系；③市镇理事会，其任务是让居民更多地参与城市管理；④德教太和观，是新加坡最大的民间福利组织；⑤国家福利理事会，承担慈善组织行会的职能。

社区是政府治理和政权在基层组织的延伸。新加坡政府十分重视基层社区的建设和完善，政府主导的社区建设形式主要体现在：①政府加强宏观政策上的落实和发展方向上的正确引导；②为有关部门和社区志愿组织提供人力、财力、物力支持；③制定、指导科学的、前瞻性的社区统一规划。经过几十年的发展和治理，以政府为主导的社区治理模式逐渐在新加坡完善成熟。

2. 美国社区自治模式①

美国是城市化水平较高的国家，其社区治理一直被认为是公民自治的典型形态。联邦各州乃至各个市、镇，都有其独特的社区治理方式，但在社区发展和管理上，基本都采取“政府负责规划指导和资金扶持，社区组织负责具体实施”的运作方式。具体事务交给社区组织和民间团体处理，政府只负责宏观调控。在社区的日常运作中，社区委员会、社区主任、专业社区工作者、非营利组织和社区居民、志愿者均是社区治理的主体，对社区建设和社区发展负有职责和义务。社区自治的主要机构及人员包括：

① 郑晓东．美国城市社区自治的现状与趋势［J］．浙江学刊，2008（05）：134－138.

①社区董事会，是社区的主要议事和决策机构；②社区主任和社区服务委员会，主要负责执行董事会的决策；③非营利组织，即社区中直接从事公共福利工作的服务机构，是社区服务的具体承担者，涉及服务范围十分宽广，给居民生活带来极大方便和保障；④志愿者与社区居民，是社区管理与服务的重要主体。美国的城市社区治理体制是以社区委员会为核心，议行分离，公民有广泛参与机会的公民自治模式，居民自我依赖、自我完善、自我管理、自我发展。对于居民而言，社区不仅是居住地，也是具有归属感和认同感的精神家园。美国政府在社区治理中的职能主要有：①制定社区治理和服务的相关政策和立法，为社区发展提供良好的制度环境；②提供社区治理和服务所需的各项拨款，为社区发展提供必要的经济支持；③为社区的日常管理提供咨询和帮助，协调各个社区之间的资源分配与利益关系。美国社区治理以“公民自治”作为首要原则，也在不断调整、变革、发展中。

3. 日本社区混合型治理模式[①]

日本城市社区治理经历了由官办化的政府主导模式到半官半民的混合型模式的转变，其变迁主要体现为社区自治组织“町内会”的组织定位及功能的转变。町内会是指“旨在将居住在同一社区内的所有家庭户和企业组织起来，共同处理社区中发生的各种问题，能够代表社区并参与社区管理的居民自治组织”。町内会已成为当代日本最重要的基层社区组织，与政府行政组织、社区内组织、社区外组织以及社区居民合作共治。町内会兼有居民自治职能和行政辅助职能。其中，自治职能包括：①维护公共设施、照顾老人儿童等社区常规事务的自主治理；②社区文化建设与举办会员联谊活动；③参与环境保护；④预防灾害与危机管理；⑤协调社区内组织团体；⑥组织游说，发挥压力集团作用。行政辅助职能包括：①负责上传下达，传达行政指令；②接受相关行政部门委托，负责社会福利和社

① 卢学晖．日本社区治理的模式、理念与结构：以混合型模式为中心的分析［J］．日本研究，2015（02）：52－61.

会救济；③协助行政部门做好征收税金、维护社会治安等其他工作。日本社区治理遵循准自治原则、民族原则、自律原则、服务原则，町内会与地方政府合作互补，政府进行宽容有序引导，社区组织与居民积极响应参与，共同为社区建设服务，促使日本社区走向行政化、市场化和社会化并驾齐驱的现代化治理道路。

（三）我国社区的发展

中国“社区”的起源与发展需追溯到20世纪二三十年代，中国社会学学科的创始人吴文藻先生、费孝通先生等一批学者引进了“社区”概念。吴文藻先生是中国“社区研究”的奠基性人物。他认为，“社区研究”并不是我们一般意义上的空间性的一村、一城的社区研究，而是一定空间区域、一定人口下的文化研究。吴文藻先生还认为，社区应包括三个要素：①人民；②人民所居地域；③人民生活的方式或文化。文化是社区研究的核心，吴文藻先生认为，“文化最简单的定义是某一社区内居民所形成的生活方式，即居民在其生活各方面的业态”①。费孝通先生追随其老师吴文藻先生对“社区”做了进一步的研究。费孝通先生称，1933年燕京大学一些大学生在介绍美国芝加哥学派创始人罗伯特·帕克的社会学时将英文“Community”翻译为“社区”，指以地区为范围，人们在地缘基础上结成的互助合作的群体，用以区别在血缘基础上形成的互助合作的亲属群体②。对西方社会学中的社区理论进行了一定的传播，之后也即开始了中国社区发展的理论与实践的探索。新一代学者一度将“社区研究”作为考察中国社会现状以及中国转型状况的重要途径。

中华人民共和国成立初期，在高度集中的计划经济体制下，中国的社区管理模式主要为政府主导模式，主要由政府和企业承担大部分社会职能，并逐渐发展健全了由市、区、街道、居委会组成的城市行政管理系

---

① 齐群．社区与文化：吴文藻“社区研究”的再回顾［J］．浙江社会科学，2014（03）：13－18＋155.
② 费孝通．当前城市社区建设一些思考［J］．群言，2000（08）：13－15.

统。直至20世纪80年代，民政部门开始倡导和提出社区服务工作，并把社区概念引入居民生活。20世纪90年代初，中国开始借鉴西方社区发展理念，提出社区建设的口号①。1992年后，中国的改革开放与经济体制改革继续推进，社区结构和人们的生活方式也随之变化，大规模市政建设带来城区管理任务加剧，并逐渐涉及就业、教育、住房、社会保障体系等方面。后来，随着中国计划经济体制下“政企不分”状况的改革，政府与单位的职能日趋分离，许多以前由单位负责的事项交由“社区”管理，“单位包干制”过渡到“社区服务制”，社区逐渐承担起解决居民各种困难、满足居民日常需求的任务，包括居民的生老病死、衣食住行。随着中国现代化发展进程的加快，以上海为代表的现代化大城市开始进行城市社区建设。它从原有传统的基层社会结构，即居委会起步，在党的领导下，发展便民利民的社会服务，不断根据居民的切实需要扩大服务范围，增建服务设备和改进服务作业②。中国城市社区的建设随着中国经济社会的发展逐步走向现代化、国际化。

二、国际社区理论

（一）国际社区的起源

对国际社区的研究是全球化背景下国际移民理论中的一个新领域。国际社区的研究起源大体可分为两条路径：①由社区理论演变发展而来；②跨国主义（transnationalism）在国际移民领域的应用③。

在社区理论演变发展路径方面，滕尼斯提出社区概念以来，学术上对于社区邻里关系的研究有三种不同的理论：社区失落论、社区继存论和社区解放论④。

① 李东泉．中国社区发展历程的回顾与展望［J］．中国行政管理，2013（05）：77－81.

② 费孝通．中国现代化：对城市社区建设的再思考［J］．江苏社会科学，2001（01）：49－52.

③ 吕红艳．国家作用边界：国际社区的治理困境与策略分析［D］．上海：华东理工大学，2013.

④ 夏建中．现代西方城市社区研究的主要理论与方法［J］．燕山大学学报：哲学社会科学版，2000（02）：1－6.

第一，齐美尔与沃思是社区失落论的代表人物。齐美尔于 1903 年发表的《大城市与精神生活》一文中指出，农村与城市的生活是不同的。农村生活是稳定和平缓的，城市代表着高度理智、高效率的社会活动和庞大而复杂的社会组织，能使城市顺利运转的媒介唯有金钱。受齐美尔影响，1938 年沃思在《作为一种生活方式的城市化》这篇著名论文中指出，城市化的过程就是人们生活方式不断变革的过程，城市就是"由社会异质性的个人组成的大规模、高密度和永久的聚落"。沃思认为城市具有人口众多、高密度、异质性三种生态学特质。城市的众多人口必将在文化、职业上出现明显差异，促进"社会裂化"的过程。这一理论表明，社会人群的异质性会带来人们生活方式、价值观等方面的差异，从而降低社会认同感与归属感，社区的存在失去了应有的基础。

第二，以刘易斯和甘斯为代表人物的社区继存论与社区失落论的观点不同。1952 年，刘易斯在《未崩溃的城市化》一文中指出，墨西哥村民移居到墨西哥市后生活方式并无明显变化，人们仍保持着相当强的社会合作与人情味。1962 年，甘斯在《城市村民》一书中指出，意大利村民移民到波士顿西区后的生活状态与人际关系仍保持原有状态。社会继存论的观点是居住于大城市的人仍有自己的生活圈，在生活圈中人们仍保持着亲密关系，社区失落论所描述的城市生活方式并非起源于众多人口、高密度和异质性。

第三，社区解放论的代表人物有费舍尔、费尔曼和雷顿。社区解放论主张社区居民应从地域和场所的局限中解放出来，接触和结交更广泛的朋友，建立超出邻里关系或与邻里无关的初级群体关系①。

国际社区的第二条研究路径是跨国主义。"跨国"（transnational）概念最初在 20 世纪 60 年代主要用于经济进程。它在 20 世纪 90 年代被引入国际移民研究，琳达·博世（Linda Basch，1994）、尼娜·克利克·席勒

① 夏建中．现代西方城市社区研究的主要理论与方法［J］．燕山大学学报：哲学社会科学版，2000（02）：1－6.

（Nina Click Schiller，1995）和克里斯蒂娜·桑顿·布兰克（Cristina Szanton Blanc，1999）在对拉丁移民进行实证研究的基础上提出跨国主义概念，用来表达移民跨越国界的相互联系的社会经历，并同时提出跨国移民（transmigrants）的概念，用来描述全球化时代的新式移民。此后的研究向跨国移民形成原因，跨国社区与民族国家、地方社会的关系，对输入输出国影响等方面展开。从城市社会空间角度讨论全球化影响下的族裔聚居区也成为研究焦点，国际社区的最初形态也就此形成。

在中国，国际化社区的形成机制如图 2－4 所示。

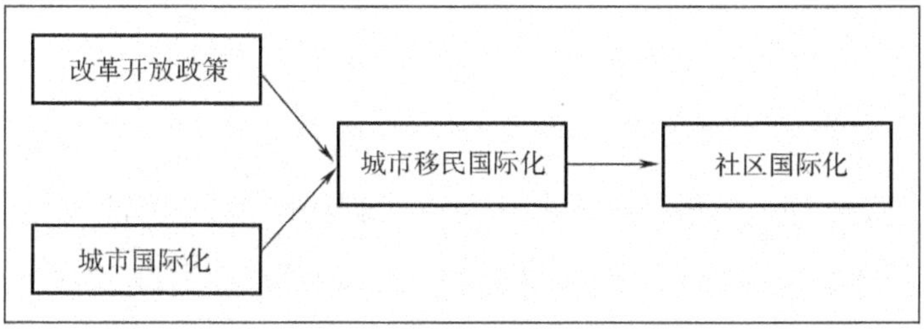

图 2－4　中国国际化社区的形成机制

改革开放政策推进了国际化社区建设，它也是中国在城市发展进程中必经的社区建设阶段。随着中国对外开放与贸易的深入发展，越来越多的外国人选择到中国留学、工作。当前，北京、上海、深圳、广州等城市已成为外国人集聚的主要地域。随着外国人集聚数量的增加，国际社区在中国新的社会发展阶段应运而生，以满足外国人在中国日常工作生活的需要。

同时，城市国际化推进了国际化社区的形成。伴随着全球化进程的加速，城市国际化成为一国主要城市发展的必然趋势。尤其是具有区位优势、产业优势的城市某一区域，会聚集大量的经济活动和科技资源，这将吸引国际资本注入，产生国际交流合作与国际贸易往来。国际化城市的建设与发展，必将吸引大量国际人群在此居住生活。为满足不同国籍、不同种族人们的生活需求，国际化社区随之产生。国际化社区的建设无疑是城市国际化的重要载体和途径①。

（二）国际社区的概念

当前主要从房地产建设与社区管理两个角度阐述国际社区的概念。

第一，从房地产建设视角看，国际社区的基本特征表现为建筑设计的国际性、功能集聚性、时空的开放性、配套设施超前性、公共和服务系统管理的先进性及人性化、多元化的宽容性等主要特点。国际社区要符合不同国家人群集聚的要求，其建筑形态应能体现东西方居住文化的交融，适应东西方居民传统的居住观念。国际社区在其综合功能上应体现时代发展的特征，如居室的功能、各种生活设施的配套、区域的内外环境、物业管理的服务水准等，都应与时俱进，与不同文化背景下人们的居住生活方式相适应。

第二，从社区管理的角度上来说，国际社区是指有其他国家和地区的人参与形成的，参照国际标准和惯例进行社区建设、提供社区服务、形成多元社区文化的新型功能社区。这方面的主要代表性观点如表2－3所示。

表2－3　以社区管理角度为代表的国际社区观点

人　　物	观　　点
文娉等	国际社区的认识应基于三个层面。第一，国际社区是大量不同国籍人士生活和居住的场所，它是在一定的地域范围，由海外人士组成的社会共同体。第二，国际社区的规划建设、物业管理、社区治理、配套服务应该和国际接轨，能充分体现社区建设、规划、治理、服务的“国际化”水平。第三，国际社区应该是多元文化共存、交融、发展的精神家园。“国际化社区”的定义是大量不同国籍人士汇集的，在建设、规划、治理和服务上能达到国际标准的，多元文化融合的生活居住区②

① 华峰．国际化社区的出现与应对［J］．学海，2013（01）：40－45.

② 文娉，宁奉菊，曾刚．上海国际社区需求特点和规划原则初探［J］．现代城市研究，2005（05）：17－21.

续表

人　　物	观　　点
戴春	将国际化社区定义为：社区中境外人士的数量达到一定程度，社区人群生活方式和社会文化呈现多元多样的特征，社区相应的组织制度、服务体系及社区空间环境设施具有国际标准，带有不同国家和种族背景的人士能够和谐地生活在一起，是能够包容各类文化和生活方式的城市社区①
焦爱华	国际化社区是以城市居住区为基础，以开放型城区为依托，具备现代化的城市形态，集中齐全的公共服务设施，融合亲和的区域文化，安全便利的人居环境②
杨丽	国际化社区指以一定地域为基础，社区中境外人士数量达到一定程度，相应的社区组织制度、服务体系、环境设施趋向国际标准，包容各类文化和生活方式，不同国家、种族、民族背景的人能够和谐共处的城市社区③
牛仲君、崔越	国际化社区是指来自世界各地不同国籍的人们聚居或工作（包括交往、休闲）在一定地域范围内所组成的社会生活共同体④

学者表述不同，但观点大致相同。本书比较赞同的定义为：国际社区是指以一定地域为基础，社区中境外人士数量达到一定程度，相应的社区组织制度、服务体系、环境设施趋向国际标准，包容各类文化和生活方式，不同国家、种族、民族背景的人能够和谐共处的城市社区⑤。

国际社区是世界不同种族、不同国籍的人们在一定的地域范围内生活、居住、工作、社交、休闲娱乐所构成的社会生活共同体。就人口来说，对于一个城市，外籍人口占其总人口比重的高低是衡量其国际化程度和国际竞争力的重要指标之一，那么对于国际化社区的认定也常以常住外

① 戴春．社会融入：上海国际化社区建构［M］．北京：中国电力出版社，2007.
② 焦爱华．浦东国际社区人文环境发展状况研究［D］．上海：上海交通大学，2008.
③ 杨丽．国际化社区概念辨析［J］．中国社会组织，2011（06）：35－38.
④ 牛仲君，崔越．北京的国际化社区建设：麦子店、望京社区的发展［J］．当代北京研究，2012.
⑤ 杨丽．国际化社区概念辨析［J］．社团管理研究，2011（06）：35－38.

籍人士数量的多寡来衡量，一般社区中居住的外籍人口超过居住人口30%以上的社区便称为国际社区。而外籍居民数量的多少是国际化社区的基础，其核心是对外籍居民在生活方式、居住观念、休闲消费等方面需求的满足，以及多元文化的融合。

（三）国际社区的主要特征

从规划视角看，国际社区通常具备以下八大特征。

一是地理位置优越便捷。市区型国际社区位于城市中心，以高层公寓为主。市郊型国际社区应交通便利，或市郊自身形成一定规模的国际化产业与商务功能，多为别墅区。

二是较大的社区规模。大型国际社区开发成本相对较低，生活配套设施完善，可以聚集大量国际人才。

三是客户群体高端国际化。国际化社区的客户具有收入高、持现代消费理念、追求高档物业服务等特点。

四是社区建设绿色环保。国际社区应在总体规划、住宅房型、建筑设计、小区景观等方面体现高品质，并在建筑围护结构、采暖空调系统、照明系统等方面率先运用各项节能环保技术。

五是配套设施高档完善。国际化社区配套设施主要包括商场、学校、医院、酒店、体育馆等，便于居民日常生活、休闲和社会交往。

六是物业服务精细人性化。有针对性的国际化物业服务应为国际人士提供更专业优质的服务，如为国际客户提供入境登记服务、生活便利服务（如开通卫星频道、提供烧烤聚会服务），成立国际化的业主委员会，对服务人员进行英语培训，等等。

七是社区文化开放共融。首先，外来文化与本土文化应相互交融；其次，不同的外来文化之间应相互尊重。

八是优越的生态景观①。

---

① 俞海滨．融入本土，汇聚五洲：国际化社区浅探［J］．上海房地，2010（07）：45－47.

王佩军（2003）认为，国际社区一般具有功能集聚性（办公、酒店、综合商业和中高档居住）、时空开放性（服务覆盖面广、24 小时社区）和设施超前性、管理先进性以及文化宽容性等主要特征①。高征阅（2012）认为，国际社区与本土化社区相比较，有社区成员多样化、社区建设先进化、社区文化多元化的特征。其具体表现为：国际社区由不同国际人士聚居构成，人口聚居密度不高，受不同的教育背景、职业、宗教信仰等方面差异的影响，国际化社区成员异质性突出，受社会文化背景的影响，生活方式差异更为突出；国际社区成员结构的复杂性决定了其对社区生活设施的需求与对服务管理的要求具有复杂多样性。国际社区参照国际化标准建设管理，具备国际性的规划建设、健全的公共服务设施、高品质的居住环境、先进的物业管理、完善的社区治理模式；国际社区更凸显对多元文化的包容性，社区成员不同的国籍种族、思维方式、文化背景、生活方式、语言表达、价值取向、宗教信仰、社区管理理念等，使得国际社区多元文化交汇并存。

（四）国际社区文化建设研究

从文化角度看，在国际社区内，外籍人士居住工作比例高，不同语言、不同文化交汇共生，多元文化的融合问题引起了学者的广泛关注。姚国强等（1996）指出，国际化社区文化建设要强调整体性、适调性和调控性。社区工作者要以社区成员的各种文化背景与价值目标为基础设定文化建设目标，使社区个人和组织产生归属感和认同感。同时，要善于调查社区的人文结构，挖掘并发挥各自的文化优势，使本土文化与外来文化有机融合，从而形成新型的、富有时代气息的、符合本社区特点和成员需求的社区文化特色②。李慧玲（2008）在调查义乌国际社区中发现，在中外交往过程中存在文化背景、价值取向、思维方式及语言表达、宗教信仰间的

① 王佩军. 关于社区开放与国际性社区发展的思考［J］. 上海城市管理职业技术学院学报，2003（06）：19 -21.

② 姚国强，郭常明. 国际化大都市社区文化的管理定势［J］. 上海艺术家，1996（01）：24 -25.

差异与障碍，社区应提供多元文化服务，应在政府主导下促进文化交流、加强宗教事务管理，构建和谐国际社区①。茅茂春（2009）认为，国际化社区文化是生活在其中的人员所共有的文化环境、生活方式、社区情感、价值观念等的总和，是社区成员与环境之间互动的结果。国际化社区成员有所差异，价值取向不同、文化背景不一，应该建立由政府主导、居委会牵头、民间组织与社区成员互动、物业公司协助的“社区文化共同体”制度②。钱前等人（2013）对南京国际社区社会空间特征进行分析和研究后指出：外籍人士对语言认同度高，语言交流能够满足社区生存和生活的需求；外籍人士对中国风俗习惯认同度一般，社区内的文化交流活动有待提升；社区内外地人与本地人价值观念契合程度较高，但在居民观念与生活习惯方面不同国籍人士存在明显差异③。陈宇鹏（2012）指出，国际社区管理面临着因不同国籍人群生活习惯不同而产生的居民服务需求多样化、外国人文化资本缺少和跨文化交流障碍、国际社区外国人的社会支持网络不够的挑战，并提出建立一站式社区公共服务中心、社区工作者加强和提高跨文化交流能力、开展社区多元文化交流活动、培育社区非政府组织和志愿者的建议④。

（五）国际社区管理研究

从管理角度看，随着外籍人士的增多和国际社区规模的扩大，国际社区管理问题引发了学者的关注与思考。国际性社区的发展是一个社会管理制度建设和基层政治发育的过程。国际社区应坚持服务原则并加强文化融合，着力推进小区自治组织建设。林志凯（2006）指出，香港作为国际大都市，将西方先进的社区管理理念与当地工作实际相结合，倡导“服务社

① 李慧玲．跨文化的互动与认同：义乌“国际社区”多元文化的考察与思考［J］．广西民族大学学报：哲学社会科学版，2008（06）：73－77.

② 茅茂春．上海国际化社区文化构建思维透视［J］．城市开发，2009（21）：14－15.

③ 钱前，甄峰，王波．南京国际社区社会空间特征及其形成机制：基于对苜蓿园大街周边国际社区的调查［J］．国际城市规划，2013（03）：98－105.

④ 陈宇鹏．多元文化背景下“国际社区”管理与服务的创新研究［J］．长春师范学院学报：人文社会科学版，2012（02）：28－30.

会，服务他人”的社区工作理念；健全社会福利服务体系，加大社区建设经费，实现服务对象全覆盖，服务领域广、项目多、场地多、设施齐全，以满足更多更广的人群的不同需求；拥有专业化的社会工作者队伍，并有强大的社会力量、活跃的义工团队和组织作为后盾①。黄鹏进（2009）指出，要吸引并成功留住优秀的国际人才，就要解放思想，引进国际化社区建设标准体系，创立社区党组织、居代会、议事协商委员会、居委会“四位一体”的自治管理模式，培育亲切怡人的社区氛围②。王名、杨丽（2011）以北京市朝阳区为例对国际化社区治理展开研究。调研后发现，北京市朝阳区国际人口占比最多，朝阳区国际社区已在社区治理方面进行创新，但仍存在社区自治力量不足、社区服务设施使用效率低下、社区志愿服务体系有待完善等问题。同时，他们还提出了国际社区治理的以下几点建议：①充分利用现有的人力、物力、财力、制度、资源等条件，并在此基础上筹措更多资源；②社区设施、社区服务管理达到国际水准，社区具有开放的理念、开放的空间、便利的服务、融合的文化；③尊重社区差异，政府对国际化社区建设做出规划、制定指标体系来引导和监督，但要充分发挥社区的自主性和创造性；④优化社区治理结构，健全基层社会管理；⑤引入契约合作模式，打造多元化、项目化的公共服务体系，促进企业、社会组织、志愿组织以及社区居民广泛参与公共服务③。华峰（2013）分析对比了国际上以美国、新加坡、日本三个国家为代表的社区管理模式，分别是社区自制模式、政府主导模式、混合模式，借鉴国外社区管理做法对政府和非政府组织提出建议：政府首先要加强法律法规建设，奠定国际化社区管理的制度基础；其次，要改革公安、外交、教育、民政、卫生等部门多头管理的状况，完善国际化社区的管理机制；最后，应发展非政府组织参与到国际社区建设和治理中来，使它们在社区服务、

---

① 林志凯．香港社区建设经验给深圳的启迪［J］．经济前沿，2006（04）：74－77.

② 黄鹏进．推进杭州社区国际化建设的建议［J］．生活品质，2009（01）：65－67.

③ 王名，杨丽．国际化社区治理研究：以北京市朝阳区为例［J］．北京社会科学，2011（04）：63－69.

矛盾调解、提供就业、维护稳定等方面发挥重要作用①。

三、国际社区的构成要素

有关国际社区的构成要素，部分专家学者曾对此进行过专门的研究探讨。文嫮等（2005）对上海国际社区需求特点和规划原则进行了初探，认为国际社区构成要素如表 2－4 所示。

表 2－4　对上海国际社区构成要素的调研结论

<table>
<tr><th>一级指标</th><th>二级指标</th><th>三级指标</th></tr>
<tr><td rowspan="12">生活类</td><td>安全</td><td></td></tr>
<tr><td rowspan="4">社区的内部环境</td><td>达到国际标准的基础配套设施（道路交通、邮电通信、公用娱乐设施、银行、超市、餐饮）</td></tr>
<tr><td>社区内文化认同、语言交流无障碍</td></tr>
<tr><td>居民的主要职业构成和教育层次</td></tr>
<tr><td>母国风味的特色购物中心</td></tr>
<tr><td rowspan="4">社区的周边环境</td><td>母国风味的异国氛围餐厅</td></tr>
<tr><td>靠近水体、大型公共绿地或公园</td></tr>
<tr><td>靠近高级娱乐、运动休闲场所</td></tr>
<tr><td>靠近国际学校</td></tr>
<tr><td>社区的配套设施</td><td>靠近国际医院</td></tr>
<tr><td>离工作单位的远近</td><td></td></tr>
</table>

资料来源：文嫮，宁奉菊，曾刚，等．上海国际社区需求特点和规划原则初探［J］．现代城市研究，2005（05）：17－21.

王丰芳等（2006）对上海四大国际社区进行比较分析，总结了几大标志性特点，具体如表 2－5 所示。

① 华峰．国际化社区的出现与应对［J］．学海，2013（01）：40－45.

表 2－5　上海四大国际社区几大标志性特点

一级指标	二级指标	三级指标
政府治理类	规划	“国际化城市先导区核心区建设三年行动计划”
生活类	宗教	基督教国际礼拜堂
	教育	引进国际著名教育机构前来创办国际学校
	银行	外资银行
	保险	外资保险公司、信托公司、担保公司、风险投资公司等公司
	酒店	国际酒店
	街区	国际街区

资料来源：王丰芳，仓树勤，李郁郁，等．四大国际社区各显优势［N］．房地产时报，2006－03－27.

焦爱华（2008）对上海浦东国际社区的人文环境发展状况进行了调查研究，分析的国际社区构成要素如表 2－6 所示。

表 2－6　焦爱华提出的国际社区构成要素

一级指标	二级指标	三级指标
生活类	居住	变频供水
		宽带接入
		可视对讲
		门窗报警
		家庭服务系统
		闭路电视监控
	绿化	一般新建小区绿地比例不低于 35%，高档小区要高于 50%
	娱乐	
	教育	
	文化	
	体育	
	商业	精品商业
	宗教	

续表

一级指标	二级指标	三级指标
政府治理类	涉外服务	
创新创业类	孵化创业功能	创业园
		知识产权保护
		知识、技术、管理等生产要素参与分配的激励机制
		有行业影响的知名企业
	综合服务平台	软件技术增值服务平台
		高性能计算机中心
		公共实验室
		网络中心
		技术测评服务中心
		人才平台
		创业投资平台
		跨国风险投资基金和风险投资公司

资料来源：焦爱华．浦东国际社区人文环境发展状况研究［D］．上海：上海交通大学，2008.

高征阅（2010）对上海市国际化社区进行研究时，将国际社区构成要素归纳为如表2－7所示的几个方面。

表2－7 高征阅提出的国际社区构成要素

一级指标	二级指标	三级指标
生活类	自然环境	自然条件
		生态环境
	住房	
	交通	
	购物	商业、商店
	医疗	医院
	教育	学校

续表

一级指标	二级指标	三级指标
生活类	文化	图书馆
		文化中心
		活动室
		娱乐设施
		风土人情
		价值观念
		生活方式
		行为规范
政府治理类	制度	社区的规章制度
绩效类	人口	人口数量、类型、构成与分布
		社会关系

资料来源：高征阅．上海市国际化社区发展中的文化融合问题研究［D］．上海：复旦大学，2010.

王清（2010）对上海市国际安全社区建设评价进行了研究，指出影响国际安全社区安全等级的因素如表2－8所示。

表2－8 王清提出的国际安全社区构成要素

一级指标	二级指标	三级指标
政府治理类	安全管理	民政的社区参与以及对各种安全知识的掌握程度
		社区层面对安全社区的建设推广
		相关政府部门的管理监督

资料来源：王清．国际安全社区建设效果评估体系研究：以上海市国际安全社区建设评价为例［D］．上海：复旦大学，2010.

王晓虎（2011）对浦东新区外籍人口集聚与国际社区建设进行了研究分析，提出了国际化社区构成要素，具体如表2－9所示。

表 2-9　王晓虎提出的国际社区构成要素

一级指标	二级指标	三级指标
生活类	居住	别墅型（包括独栋别墅和连体别墅）
		公寓型
		混合体
政府治理类	社区管理	外籍人口对国际社区的认同
		居委会工作人员的语言沟通能力
		居委会工作人员中的外籍人才占比
		物业公司
		外籍人才参与度
绩效类	社区居民来源	集中于某一国家
		来自多个国家和地区

资料来源：王晓虎．浦东新区外籍人口集聚与国际社区建设［D］．上海：复旦大学，2011.

孙博远（2012）对北京国际社区的现状及进行了探讨和展望，提出国际社区构成要素如表 2-10 所示。

表 2-10　孙博远提出的国际社区构成要素

一级指标	二级指标	三级指标
政府治理类	就业	《北京市人民政府外事办公室年鉴》根据职业构成将北京市常住外籍人员划分为八类：外交人员、外国记者、外企代表机构和外商投资企业人员、外国专家、外国留学生、外国侨民、寄养儿童和其他人员。其中，外交人员、外国记者、外国留学生、外企代表机构人员和外商投资企业人员的就业地点较为明确，是研究的重点考察对象
生活类	餐饮	
	购物	
	娱乐健身	
	居住	外交公寓
		商品住房
		各类酒店旅馆
绩效类	外国人的总量	外国人的总量

资料来源：孙博远．北京国际社区现状及展望［J］．北京规划建设，2012（03）：72-76.

陈宇鹏（2012）对多元文化背景下国际社区管理与服务的创新进行了研究，提出的国际社区构成要素如表 2－11 所示。

表 2－11 陈宇鹏提出的国际社区构成要素

一级指标	二级指标	三级指标
生活类	医疗	一站式社区公共服务中心
	语言培训	一站式社区公共服务中心
	护照办理	一站式社区公共服务中心
	租房	一站式社区公共服务中心
	子女教育	一站式社区公共服务中心
政府治理类	专业的社会工作机构	
	专业化、职业化的社会工作人才队伍	
	多元文化交流	社区内建立文化交流中心
		开展“社区多元文化节”等活动
		以体育活动为载体，举办篮球赛、足球赛等体育活动
	非政府组织	各种协会等非政府组织
	志愿者	组织社区志愿者活动

资料来源：陈宇鹏．多元文化背景下“国际社区”管理与服务的创新研究［J］．长春师范大学学报，2012，31（02）：28－30.

世界卫生组织（WHO）提出，安全社区包括九个方面：交通安全、工作场所安全、公共场所安全、涉水安全、学校安全、老年人安全、儿童安全、家居安全、体育安全。世界卫生组织提出的“安全社区”的六大标准如表 2－12 所示。

表2－12　世界卫生组织提出的安全社区构成要素

一级指标	二级指标	三级指标
政府治理类	安全管理	有一个负责安全促进的跨部门合作的组织机构
		有长期、持续、能覆盖不同性别及年龄人员和各种环境及状况的伤害预防计划
		有针对高风险人员、高风险环境，以及提高脆弱群体安全水平的预防项目
		有记录伤害发生的频率及其原因的制度
		有安全促进项目、工作过程、变化效果的评价方法
		积极参与本地区及国际安全社区网络的有关活动

北京市朝阳区麦子店街道国际安全社区建设标准和指标如表2－13所示。

表2－13　北京市朝阳区麦子店街道国际安全社区建设标准和指标

一级指标	二级指标	三级指标
政府治理类	安全管理	一站式公共服务大厅
		城市综合管理指挥中心
		民愿接待室
		社区服务中心
		社区警务工作站
	活动中心	国际青年中心
生活类	购物	爱心超市
	文化	楼门文化
	医疗	卫生站

资料来源：安红昌，刘丽红．国际安全社区麦子店街道考察与启示［J］．商场现代化，2008（19）：320－321.

综合文献分析，可将国际化社区的主要构成要素归纳为政府治理类、生活类两大要素指标。也有个别学者还提及绩效类和创新创业类指标，绩效类指标主要是通过描述外国人口数量及国籍构成来判断社区的国际化程度，此类指标并非我们研究的重点；创新创业类指标我们将在随后的章节探讨。

政府治理类指标是构成国际化社区的重要组成部分。政府应加强对国际社区建设与发展的宏观调控与支持，出台并完善有利于国际社区发展、有助于外籍人士在京生活工作的政策制度，为国际社区建设保驾护航。

国际化社区的生活类指标更侧重社区内的公共设施、社区服务与管理。社区是否宜居、国际化、以人为本，是衡量城市国际化社区的硬件设施与管理水平的重要指标。

第四节　国际人才社区环境理论

国际人才社区是指以一定地域为基础，区域中的政府治理、生活环境、创新创业环境等趋向国际水准，并具有相应的国际化特色，聚集了相当数量的国际化组织和国际人才，提升了国际人才的工作绩效，推动了国际化城市建设的社区。国际人才社区是在保障国际人才拥有良好的生活环境的基础上，对于工作、创新创业环境的兼顾，力求满足国际人才在国际社区内起居生活、休闲娱乐、子女教育、医疗养老、就业工作、科技研发、创新创业、社会交流、文化交往等多元化的需求，达到国际人才工作、生活平衡的目的。

本部分主要在国际社区研究的基础上，总结归纳学者观点，从政府治理环境、生活环境、创新创业环境三方面阐述国际人才社区的环境构成要素。

一、政府治理环境

政府的宏观调控和引导，是推进国际人才来中国工作生活的重要保障。近年来，北京、上海等城市迈向国际化发展，对于国际化人才的需求也逐渐增加，政府应在引才、用才、聚才政策方面加大完善和实施力度，为国际人才的发展营造良好的政策环境，并激励人才充分发挥能力，实现高绩效目标，为本地区的科技、经济发展做出贡献。

（一）研究制订国际引智相关计划

中国政府相关机构为吸引国内外优秀人才率先出台了引才、人才奖励计划。例如，中共中央组织部推出“千人计划”，人力资源和社会保障部推出“赤子计划”“留学人员回国创业支持计划”“高层次留学人才回国资助计划”等，教育部推出“长江学者奖励计划”“高校学科创新引智计划”“春晖计划”“新世纪优秀人才支持计划”，中国科学院有“百人计划”“创新团队国际合作伙伴计划”，中国科学技术协会有“海智计划”，等等。

当前，北京、上海等各城市已实施多项引才计划，颁布多项关于海外人才来华创新就业的政策，并已初见成效。北京市已实施中央“千人计划”、北京市“海聚工程”、北京市朝阳区“凤凰计划”等吸引国内外高层次人才来京就业的项目，并先后出台了《北京市鼓励海外高层次人才来京创业和工作暂行办法》《北京市促进留学人员来京创业和工作暂行办法》《关于实施北京海外人才聚集工程的意见》《北京建设海外高层次人才创新创业基地暂行办法》等一系列鼓励海外高层次人才来北京工作的政策措施文件，为国际人才在北京创新创业提供了有力支持与保障。

上海市作为较早引进国际人才的地区，于1998年起就已陆续颁布有关国外人员到上海工作的政策条例。目前，上海市也已实施“海外高层次人才集聚工程”“雏鹰归巢计划”“曙光计划”“上海市浦江人才计划”等吸引海外人才的引智项目，并先后出台了《鼓励留学人员来上海工作和创业的若干规定》《引进国外技术、管理人才项目管理办法》《关于支持留学人员回国创业意见》《关于服务具有全球影响力的科技创新中心建设实施更加开放的海外人才引进政策实施办法（试行）》等政策文件。

浙江省实施了“5050计划”、《浙江省“海外高层次人才引进计划”暂行办法》、《浙江省关于支持留学人员回国创业的意见》和《浙江省151人才工程（2011—2020年）实施意见》等引才政策。

广东省有“广东省引进创新科研团队计划”、“广东珠江人才计划”、广州开发区海外高层次人才引进和培养“213工程”和深圳“孔雀计划”。

江苏省出台了“江苏双创计划”“无锡 530 计划”“姑苏人才计划”。

（二）加强海外连接

除建立人才计划外，政府还应加强与海外科研机构、人才特区的联系与合作。首先，与国外先进机构建立密切的合作关系为中国科研人员提供了更广阔的平台，可学习、借鉴到更高精尖的知识与技术，有利于中国科研能力、科研水平的提升。其次，无论是中国在海外设立科研机构还是海外机构在中国设立研发中心，都有助于吸纳海外优秀人才进入中国科研机构开展研究工作。最后，国际合作与联系有助于中国在科研机构、科技城、人才特区、国际人才社区建设方面借鉴国外经验，从而为国际人才提供更为成熟、国际化的设施与服务。

（三）保持廉洁高效

除做到以上两点外，政府还应致力营造开放的社会环境、维护社会的公平公正、保持自身的高效廉洁。在全球化的今天，中国应坚持营造开放的社会环境，一方面是中国人才走向世界，学习先进的智力技术，推进中国政治、经济、科技、文化领域与世界的接轨，以及吸纳国际人才到中国参与建设发展，引入国际化的智力与科学技术；另一方面是包容更多的文化，使世界各地的人才能合作共生。坚持开放才能将中国城市建设成为国际一流的宜居之都。维护社会公正的根本目的在于实现平等与效率、整合与发展的协调。公正合理的法律、政策和社会制度是人才发展不可或缺的条件。政府应努力创造公平、公开、公正、民主的社会氛围，提供一个人人机会均等的国家化社会平台。此外，政府应在政策执行、办事效率、服务质量等方面保持高效、透明、廉洁，并尽可能简化办事流程。

（四）合理规划布局，制订国际人才社区建设方案

政府应在国际人才社区选址、规划建设、配套设备、管理服务、资金支持等问题上进行宏观布局与掌控。政府应制订国际人才社区的建设方案与管理政策，组织、协调相关负责部门具体落实政策，并给予国际人才社区充分的自主管理权。

（五）构建高效的社区管理机制

政府应鼓励国际人才社区进行高效的市场化管理，将竞争机制引入社区服务机构，这将有利于提升社区服务的多样性、服务水平与服务质量。此外，应鼓励社区居民参与到社区管理过程中，社区负责部门可直接了解社区居民的需求，这将有利于社区居民间的互动互助，培育社区居民的社区归属感和认同感。应努力形成政府主导、社区机构主管、居民参与的社区管理制度。

（六）为社区居民提供人性化的生活相关政策保障与便利设施

政府应就入住对象设定、房租定价、就医就学等问题制定具体可行的政策措施，引入高质量的医疗与教学资源，并规划建设社区周边的公共交通。

政府在为海外人才营造创新创业环境的同时，也应考虑制定关于海外人才生活方面的扶持政策，为其在华生活减轻负担与扫除障碍，主要涉及社会保障政策、子女教育和配偶安置等内容，具体包括便利的出入境和居留政策、永久居留证及加入中国国籍政策、配偶及子女落户手续简化、海外人才一次性资金奖励、为海外人才提供优质医疗服务、海外人才及配偶子女参加社会保险服务、海外人才配偶的工作安置或生活补贴制度、子女自由申请公立学校或国际学校就读、中国籍子女高考优先录取及外国籍子女录取政策等。

（七）提升国际人才社区的知名度与影响力

政府应借助电视、网络等媒体资源，多参与国际活动，积极宣传和推广本地区的国际人才社区，充分将社区优势、特点展现在国际人才的平台上，不断吸引更多优秀的海外人才、国际人才来社区工作和生活。

二、生活环境

国际人才社区的生活环境大致可分为社区自然环境、社区公共设施与服务、社区文化环境三方面内容。

（一）社区自然环境

社区自然环境建设涉及社区内公共绿地、公园、水体等的自然规划，以及对社区环境的维护情况。国际人才社区建设应注重对绿化带的设计规划，营造绿色生态环境。同时，建成后应注重对社区整洁环境的定期维护，并增强环保理念和意识。

国际人才社区的自然环境建设不仅需要社区范围内的建设与维护，更需要城市范围内的生态环境的营造与维护。环境污染问题只能通过提高城市环境质量才能得以解决。在追求可持续发展的今天，环境保护已进入人们的日常生活之中。政府应加强对环境污染的治理和自然环境的规划与保护，使城市成为天蓝气净、环境优美的生态景区，提高人们生活环境的品质。

（二）社区公共设施与服务

社区公共设施与服务的内容广泛，覆盖国际人员生活的各个方面，包括居住、商业、文化、交通、安全、生活服务等。

一是在房屋居住方面，各国家、民族的居民受原有生活习惯和方式的影响，居住偏好不同。欧美人士对豪华型别墅有强烈的爱好，在工作地点上有较高的流动性，住房几乎全部为租赁。东南亚的新加坡、日本、韩国等国家以及中国港澳台地区人士和留学归国人员要求社区设施中档或者高档，他们在中国长期发展的需求较强，喜欢在具有多国人才的社区生活。日本人和韩国人喜欢与本民族居民聚居在一起。海外华人乐于与同是高素质、高层次的居民生活在一起。

二是在社区安全方面，应注重社区的社会性与安全性的协调。居住空间的安全感程度决定了人们居住时间的长短。国际人才社区的建设应根据国际安全社区的标准采取相关安全防护措施，有效保障国际居民的人身、财产安全。

三是在日常生活需求方面，应满足国际人才饮食、休闲娱乐、购物、交通出行等方面的需求。不同国家有着不同的饮食文化与习惯，为适应不同国家、民族人们的口味，社区内应开设具有各国特色的餐馆，可建设

"美食一条街"满足居民的饮食需求。工作中产生的紧张情绪和压力，使高收入人群更希望在闲暇时间通过休闲娱乐、运动健身方式舒缓压力、放松心情，调节紧张的生活节奏。因此，国际人才社区应配套建设达到国际标准的健身中心、游泳馆、球类场地、电影院等休闲娱乐场所，以及适合儿童游玩的儿童乐园等设施。此外，为满足国际人才的消费购物需求，国际社区可引进拥有国际品牌的超市、商场等国际化的大型购物场所，使居民不出社区就能够挑选到满意的产品。便民的交通设施也是国际居民重视的要素之一，社区内可放置公共自行车及便民摆渡车，方便居民在社区内的出行。社区周边应临近高速公路、公交车站、地铁站等公共交通设施。

四是在服务机构的建设方面，应建立包括国际学校、医疗机构、养老机构、中介服务机构等。国际人才的家庭成员往往会陪伴一同来华生活，因此，子女教育是他们不得不考虑的问题。国际社区应建设涵盖幼儿园、小学、中学的国际学校，并以优秀的师资力量保证教学质量。调查显示，外籍人员普遍对社区内的医疗机构较为重视。因此，不单要建立符合国际标准的医院，还要设立便民的社区医疗诊所，在条件允许的情况下尽可能配备家庭医生，要设立国际化的体检中心，满足国际居民日常身体检查的需求。养老机构的设立不仅可以满足国际人才家属的需要，而且为在中国长久定居的外籍人士提供了老年生活的保障。除此之外，社区内应设立派出所、银行、邮政通信机构、社保机构和中介机构，方便外籍人士办理出入境手续、银行事务、社会保障等事宜，实现"一条龙"便捷服务。

五是在社区基础设施建设、社区服务方面，应本着"以人为本"的原则，尽可能消除外籍居民在使用设施、享受服务过程中的语言障碍。在硬件建设上，社区应健全国际化视觉识别系统，在社区内设置绘有国际通用标识的多语言指示牌；在软环境上，加强网络服务和热线服务的双语能力，创造多元便捷的政务与信息咨询环境。社区工作者应提高跨文化交流能力和管理水平，充分了解社区外国人所在国家的政治经济、习俗禁忌、生活习惯、思维方式、价值取向、社会心理等各方面情况。吸引优秀的社区工作者加入社区外国人管理和服务队伍中，针对外国人开展专业的社区社会工作，不断完善社区的国际化的生活服务系统，营造国际化的生活环境。

（三）社区文化环境

国际化社区居民的国籍、种族、文化背景的差异决定了国际化社区内多元文化的碰撞。在社区文化管理方面，成功意味着多元文化的交流与融合，失败则多因文化的冲突及其引发的矛盾，因此，国际化社区文化环境的建设对于国际化社区的治理起着十分重要的作用。和谐共生的社区文化环境，可以增强社区居民的归属感、认同感，有利于社区的安定与团结，还可促进文化的传播与交流，有利于各民族相互学习与影响。

在社区文化建设中应遵循以下几点事项：

一是注重社会公平。在国际社区中，本国居民与外籍居民在社区资源分配与居民权益上应享受同等的待遇，在社区事务的参与和管理上享有同等的权利与地位。

二是关注个性需求。由于各国的生活环境不同，国际社区的居民会存在差异化的需求服务，因此，应注重满足社区居民多样化的需求，尽可能为外籍居民提供便利的社区服务，提升居民的满意度。

三是求同存异。应倡导居民尊重他人的风俗习惯、宗教信仰，彼此理解、彼此包容①。

四是积极举办社区文化活动。社区可举办“社区文化节”、文化体验课程等文化交流活动，积极搭建国际居民的文化交流平台。此外，还应考虑教堂、祈祷室等宗教场所的建设，充分照顾不同宗教信仰的社区居民的需求。

三、创新创业环境

国际人才社区与国际社区的重要区别在于国际人才社区进驻了高科技产业群以及研究院所、跨国公司等工作单位，使国际人才不出社区即可办

---

① 牛仲君，崔越．北京的国际化社区建设：麦子店、望京社区的发展［J］．当代北京研究，2012.

公，实现了工作、生活的一体化，为国际人才营造良好的创新创业环境也成为国际人才社区建设的重要内容。国际人才创新创业环境的建设离不开政府和社区的共同努力。

（一）关于创新创业环境的研究

创新环境的概念由欧洲创新研究小组首先提出，在之后的研究中，不同的学者提出了不同的定义和指标设计。通过文献梳理发现，在人才环境、创业环境和创新环境方面的研究较大程度上存在交叉问题，关于国际人才创新创业环境的研究较少，关于国际人才社区的创新创业环境的研究更少。我们梳理了人才环境、创新创业环境的相关文献，将前人研究结果中对构建国际人才社区创新创业环境有借鉴意义的结论在此分享。

李婷等（2005）指出，科技创新环境由影响科技创新的公共和私有部门及机构组成，通过各行为主体的制度安排及相互作用，经济地创造、引入、改进和扩散新的知识和技术，使科技创新取得更好的绩效，将创新作为变革和发展关键动力的开放网络系统。她进一步指出科技创新环境建设的发展方向为：①促进企业成为科研开发投入和科技创新中的主体；②增强政府的宏观调控和服务功能，弱化政府直接参与的职能；③制定和完善符合国际规则和区域特点的科技政策体系；④加快科技创新市场的成熟和规范，强化市场优化科技创新资源配置、转移创新成果和合理分配创新收益，加快建设服务中介机构、技术市场、人才市场、信息市场；⑤营造吸引科技创新人才的氛围，建立“进得来、留得住、用得好”的良好环境①。

边文霞（2006）将科技创新人才环境分为宏观环境和微观环境（见表2－14），并且进行了人才对微观环境需求度的分析，主要包括人才对企业环境、对创新团队、对工作类型的需求因素②。

① 李婷，董慧芹．科技创新环境评价指标体系的探讨［J］．中国科技论坛，2005（04）：30－31＋36.

② 边文霞．科技创新人才环境实证研究［J］．首都经济贸易大学学报，2006（02）：34－40.

表 2－14　边文霞提出的科技创新人才环境指标体系

一级指标	二级指标	
宏观环境	政策法律环境	
	鼓励创新、宽容失败的人文环境	
	市场经济环境	
	研究与开发环境	
	公共基础设施环境	
	政府服务环境	
微观环境	企业技术创新环境	
	尊重可接受创新成果的企业文化环境	
	企业对科技创新的激励制度	
	企业对科研经费的投入力度	
	企业对年轻人才的培养环境	
	宽松的工作环境	
企业环境	工作上的自主性	良好的人际关系
	个人发展	金钱财富
	业务上的成就	
创新团队	较好的研究群体	较自由的学术气氛
	较高的学术起点	较充足的研究经费
	较丰富的研究积累	
工作类型	收入高的工作	关系和谐的工作
	实现个人抱负的工作	有意义的工作
	稳定性的工作	
人才所需能力	较强的创造力	强烈的成就欲望
	较强的学习能力	团队协作精神
	联系实际能力	

续表

一级指标		二级指标	
人才创新的影响因素	工作本身	同事公正评价	对同事能力满意度
		领导公正评价	自我价值实现
		人际关系满意度	
	薪酬水平	工作时间自由度	
		与付出相比的收入水平	
		与外单位相比的收入水平	
	教育程度	学历教育对创新的帮助度	
		企业对人才的需求度	
		个人前途与本企业前途的相关度	
	创新效益	工作任务决定权	
		创新给企业带来的效益	
	物质激励	物质对创新的激励度	

赵新华（2013）根据可操作性、全面性、前瞻性、政策导向性原则，从六个方面构建了科技创新环境评价指标体系，如表 2－15 所示。

表 2－15　赵新华提出的科技创新环境评价指标体系

一级指标	二级指标
市场环境	生产要素市场的稳定性
	产品市场的需求水平
	市场竞争的公平性
	市场竞争程度
	进入市场的成本负担水平
	市场规则的规范性
	市场道德和信用水平
政府政策环境	政府采购支持水平
	税收优惠程度
	财政资金对科技创新的支持力度

续表

一级指标	二级指标
政府政策环境	审批及管理程序的便易性
	科技创新法律体系的完善程度
	对知识产权的保护力度
资金环境	直接融资水平
	抵押担保难易程度
	股权变现、转让难易程度
	风险投资体系完善程度
	一条龙的信贷服务水平
	企业信用体系完善程度
	科技保险服务水平
信息环境	科技信息资源服务平台的畅通情况
	科技成果交易平台的建设情况
	公共技术服务平台的建设情况
	知识产权交易平台的建设情况
	科技中介服务平台的建设情况
	大型科学仪器共享平台的畅通情况
人才环境	高等教育人才培养机构
	人才流动机制的有效性
	高新技术科研人员储备量
	吸引人才计划
	培养人才计划
	人才激励制度
文化环境	个人主义和集体主义的态度
	对风险的态度
	权利差距
	对创新的接受程度

资料来源：赵新华．科技创新环境分析及评价指标体系研究［J］．上海市经济管理干部学院学报，2013（04）：9－14.

黄昱方等（2014）提出的城市创新创业环境影响因素如表2－16所示。

表2－16　黄昱方等提出的政府支持下城市吸引"海归"的环境要素

<table>
<tr><th>一级指标</th><th colspan="2">二级指标</th></tr>
<tr><td rowspan="4">创新创业环境</td><td>人才资源环境</td><td>公共服务平台</td></tr>
<tr><td>投融资环境</td><td>生活环境</td></tr>
<tr><td>市场环境</td><td>政策环境</td></tr>
<tr><td>基础设施</td><td></td></tr>
<tr><td rowspan="4">人才支持能力</td><td colspan="2">营销人才</td></tr>
<tr><td colspan="2">生产质量管理人才</td></tr>
<tr><td colspan="2">高端产品设计和开发人才</td></tr>
<tr><td colspan="2">人力资源管理人才</td></tr>
<tr><td rowspan="4">创新创业配套服务</td><td>法律顾问服务</td><td>服务需求信息平台</td></tr>
<tr><td>财务管理服务</td><td>共享的实验室平台</td></tr>
<tr><td>信息系统管理服务</td><td>人才资源管理服务</td></tr>
<tr><td>行业信息数据库平台</td><td></td></tr>
<tr><td rowspan="3">生活环境</td><td>子女教育</td><td>交通环境</td></tr>
<tr><td>卫生环境</td><td>医疗保健水平</td></tr>
<tr><td>住房</td><td></td></tr>
<tr><td rowspan="6">政策制度</td><td colspan="2">制定创新创业优惠政策</td></tr>
<tr><td colspan="2">制定促进产学研合作的相关制度</td></tr>
<tr><td colspan="2">对创新资源进行整合规划</td></tr>
<tr><td colspan="2">制定保护创新活动的相关政策</td></tr>
<tr><td colspan="2">提供政策信息平台</td></tr>
<tr><td colspan="2">制定创业融资政策</td></tr>
<tr><td rowspan="5">城市现代化水平</td><td>工作机遇</td><td>人文环境</td></tr>
<tr><td>城市开放度</td><td>生态环境</td></tr>
<tr><td>休闲娱乐</td><td>工作环境</td></tr>
<tr><td>城市国际化水平</td><td>社会治安环境</td></tr>
<tr><td>市民素质</td><td>薪资水平</td></tr>
</table>

续表

一级指标	二级指标
政府服务质量	政府协调区域间创新系统矛盾
	协调区域创新系统主体间的矛盾
	政府提供社会网络信息支持
	政府促进园区等载体提供优质服务
	政府服务部门的办事效率和服务观念
	人才政策执行力度

资料来源：黄昱方，陈成成，陈如意．政府支持下城市吸引海归创业人才的环境要素研究［J］．科技管理研究，2014（12）：23－28.

林道谧等（2015）在研究互联网产业“海归”发展的创新创业环境中，进行了评价指标的构建（见表2－17）。

表2－17　林道谧等提出的“海归”发展创新创业环境指标

一级指标	二级指标
生活环境	生活设施便利程度
	文化活动丰富程度
	生活成本合理情况
工作环境	工作发展空间
	容易找到工作机会
	工作单位待遇
科研环境	科研基础设施完备
	科研资金投入充足
	科研激励机制合理
政策环境	政策对创新创业支持的力度
	政策对创新创业支持的持续性
	政策对创新创业支持的灵活性
金融环境	政策项目资金充裕程度
	天使和风险投资活跃程度
	银行和民间信贷渠道便利程度

续表

一级指标	二级指标
商务环境	基础设施建设完善程度
	中介机构服务发达程度
	社团组织活动活跃程度
人才环境	高校及科研院所能提供充足优质应届毕业生
	能不能吸引全国乃至全球优秀人才
	企业机构能提供充足有经验工作人员
技术环境	国际上技术创新方面的前沿信息容易获得
	企业之间的技术交流有效地促进创新
	高校及科研院所的科技创新很快被企业应用

资料来源：林道谧，路江涌．建设促进移动互联网产业海归人才发展创新创业环境研究［J］．管理现代化，2015（05）：60－62.

创新创业环境涉及企业、科研院所、高等院校、政府、国际组织、中介服务机构、社会公众等多个主体，还包括科学技术、知识产权、人才、资金、政策法规、文化氛围等多个要素，是各创新主体、创新要素交互复杂作用下的一个整体，是一个开放的复杂巨系统①。因此，国际人才社区中创新创业环境的营造不仅需要社区出资出力，还涉及其他多个主体，是多方共同建设的结果。

（二）创新创业环境的构建

国际人才社区创新创业环境的构建可以分为三个维度，即政府搭建创新创业的宏观环境、社区营造创新创业的中观环境和企业鼓励创新创业的微观环境。

1. 政府搭建创新创业的宏观环境

国际人才创新创业环境建设中政府的作用是建设创新创业的宏观环

① 宋刚．钱学森开放复杂巨系统理论视角下的科技创新体系：以城市管理科技创新体系构建为例［J］．科学管理研究，2009（06）：1－6.

境，具体可在政策条件、创新创业基础设施、平台服务、资金、人文环境等方面提供支持。

第一，实施创新创业政策。人才的创新创业需要依托良好的政策条件，这离不开政府对于人才创新创业的支持。以北京市为例，《北京市鼓励海外高层次人才来京创业和工作暂行办法》从引进海外人才的标准、引进程序、优惠政策待遇等多方面，为海外人才来京创业和工作提供了支持与保障。其主要内容包括：鼓励企业建设海外高层次人才创业孵化基地，促进海外高层次人才创业企业集聚发展；对来京工作的海外高层次人才给予工作条件和平台的支持（允许担任中级以上领导职务、项目负责人等，给予资金支持，简化科研手续，按照国际标准管理和评价引进人才工作绩效等）；保障海外高层次人才在专有知识、技术专利、科研成果等方面享有的知识权益并给予资金补贴；等等。

第二，助力基础设施建设。创新创业基础设施建设离不开政策的支持与资金资助。政府可以围绕重点产业、重大项目、重点工程等建设需要，建设人才基地，聚集海外高层次人才与团队，并为人才基地建设提供相应政策支持，优化创新创业的政策环境。

第三，搭建创新创业信息服务平台。在信息化建设过程中，应依托高新技术创业服务中心、技术创新服务中心、科研成果转化服务平台、知识产权交易平台、科研仪器共享平台、科技网站等中介组织，为创新创业主体提供技术培训、信息咨询等科技中介服务。

第四，提供充足、多渠道的资金支持。首先，政府应加大对科研创新的资金扶持力度，在基础设施建设、人才激励计划等方面加大资金投入，起到引领示范的作用。其次，应出台相关政策措施，积极引导各类金融机构、中介服务平台对创新创业企业及各类人才提供资金补贴、贷款、担保等服务，支持科技创新。最后，推动科技创新保险业务的发展①。

① 赵新华．科技创新环境分析及评价指标体系研究［J］．上海市经济管理干部学院学报，2013（04）：9－14.

第五，营造良好的人文环境。首先，增强知识产权保护意识。这可以减少科研成果剽窃、专利产品盗用等不良现象，能充分保障产权人利益，可以提高人才创新的积极性，促进科研成果的产生和转化，维持公平、公正的创新创业环境与市场氛围。其次，鼓励形成创新创业的氛围。倡导“鼓励创新、宽容失败”的创新理念，营造尊重知识、尊重人才、尊重创造的创新氛围，鼓励科研人员大胆尝试、大胆创新。

此外，政府还需不断提升和完善服务效率与质量。在政府服务方面，政府应提高服务意识、服务水平、服务效率和政策透明度，加强人才政策的执行力度，拓宽双向沟通渠道，简化办公流程，达到让科技创新人才满意的水平。在创新创业过程中，政府应发挥桥梁作用，协调区域间创新系统的矛盾，协调区域创新系统主体间的矛盾，为人才创新创业保驾护航。

2. 社区营造创新创业的中观环境

国际人才社区在创新创业环境建设中主要做好跨国公司、科研院所、国际组织等企业、机构的引入工作，产业集群的建设工作，以及配套的人才服务工作。

国际人才社区资源汇聚与人才汇聚相辅相成。一方面，应借助人才集聚效应大力发展高新技术、新兴产业，形成产业集聚；另一方面，应借助产业集聚效应吸引更多海外高层次人才加入国际人才社区。

国际人才社区应建设健全与国际人才工作发展配套的人才产业化服务体系。首先，加大对人才市场、培训机构及信息网络等硬件设施的投入，更新服务手段，提高服务质量，完善人才市场和人才培训体系。其次，完善服务功能，以人才市场为依托，广泛开展人才招聘、人才测评、人才培训、信息咨询以及人事代理等配套服务，深化服务内涵，提供全方位人才服务。再次，在企业注册、税务登记、融资贷款等方面提供“一站式”办公和“一条龙”服务，简化审批环节。最后，社区内设立国际人才工作点或联络点，为国际人才搭建寻找合作伙伴、投资伙伴的信息交流平台。

3. 企业鼓励创新创业的微观环境

企业的内部环境是国际人才创新创业的微观环境。良好的组织创新环境对员工创新行为能够起到鼓励作用。文魁（2007）指出，科技创新人才最关注个人发展，其次依次是业务成就、工作自主性、人际关系、金钱财富。企业应为科技创新人才创造宽松的工作环境，如采取弹性工作时间，创造自由的办公环境等，丰富和完善科技创新激励机制，帮助科技创新人才实施职业生涯发展规划。陈小平（2011）在对北京奥运功能区国际人才需求满意度调查分析时提出，国际人才更关心成就、名誉、地位、晋升机会，可采取下列措施激励国际人才创新创业：①开展优秀企业、优秀国际人才评选表彰活动；②帮助企业梳理规范各项规章制度，提高对国际人才的尊重感；③建立园区企业国际人才“终身培训机制”；④帮助园区企业建立科学的绩效考核体系和合理确定国际人才的薪酬结构等。《外籍人才来华就业意愿调查报告》（2011）显示：外籍人才在企业中工作关注的内容主要有：提供的薪酬收入（68.73%），从工作中能获得的满足感（28.09%），获得培训、教育、个人发展的机会（25.7%），晋升机会（22.91%），人际关系与工作氛围（21.51%），工作流程是否顺畅（18.63%）。企业能否提供辅导教练、语言培训等项目帮助新入职的外籍人士适应新环境（17.93%）成为国际人才选择企业的标准之一。

因此，企业应在规章制度、办公环境、工作条件、技术资源、薪酬待遇、自我实现、工作团队、人际关系、文化氛围等方面尽可能满足国际人才的需求，在企业内部营造国际化的工作环境。

第三章　国外国际引智、科学城建设与社区治理模式

本章主要运用标杆研究方法，解读并剖析英国、德国、美国、日本、韩国等国家的国际引智、科学城建设以及社区治理模式的相关经验做法，为本研究提供国际标杆经验借鉴。

第一节　英国国际引智、科学城建设与社区治理模式

一、英国国际引智经验

英国科研实力雄厚，吸引了许多留学生、外籍科研人员等国际人才聚集，这与英国政府在保留、使用国际人才方面给予的支持和资助是分不开的。

（一）英国国际科技创新人才资源现状

英国历来是国际留学生和科研工作者青睐并竞相前往的目的地。这些国际人才成为英国科技创新人才体系的重要组成部分。在国际留学生方面，英国是继美国之后的第二大国际学生留学目的地，国际留学生在英国全体学生中占很大比例，尤其是攻读学习型、研究型硕士学位的留学生众多。爱尔兰、德国、法国、中国、印度、尼日利亚是向英国输送留学生的主要国家，英国高校是多种文化并存的国际化校园。

国际化学术人才对于推动英国科学成果创造和科研体系发展起到了关

键作用。英国之所以进行创新人才国际化，很大部分是由于英国缺少本土人力资源，该国在高端人才聘用方面采取广泛引进外籍人才的政策①。

（二）引才政策

1. 制定以创新为核心的国家科技发展战略

1994 年，英国在《实现我们的潜能——科学、工程和技术战略》中明确以创新为核心的新的国家科技发展战略。英国自 1998 年起陆续发表关于科技创新政策的白皮书，其中包括强调政府必须帮助企业建立创造性的伙伴关系，透过合作获得竞争优势的白皮书《建设知识经济，挑战竞争的未来》。此后英国政府相继发表了《卓越和机会——21 世纪科技创新政策》《变化世界中我们的机会》《为创新投资——科学、工程与技术的发展战略》《在全球经济下竞争：创新挑战》《科学与创新投资框架2004—2014》《从知识中创造价值》《创新国家》《你能够相信的改变：创新领导力》《技术创新中心在英国目前和未来所扮演的角色》《技术蓝图》《创新与研究发展战略》等白皮书。白皮书一直以创新为主题，阐明政府在创新中应起的作用和所面临的挑战，强调投资、知识、技术、人才要素是国际科技创新的关键，确定英国科技创新未来的发展目标与规划。

2. 设立人才奖励与资助计划

为吸引世界优秀创新人才，英国政府针对不同科技创新群体，先后制订一系列人才奖励、资助计划，吸引国外学生到英国学习，吸引中青年杰出人才到英国从事学术研究（见表 3－1），给予国际优秀人才丰厚的资金奖励，并涵盖支持创新人才的全过程②。

---

① 望俊成，邢晓昭，鲁文婷．英国吸引和培养国际优秀科技人才的举措和特点［J］．科技管理研究，2013（19）：28－32.

② 望俊成，邢晓昭，鲁文婷．英国吸引和培养国际优秀科技人才的举措和特点［J］．科技管理研究，2013（19）：28－32.

表3－1　英国人才奖励与资助计划

奖励/资助计划	对　　象	奖励/资助内容
海外研究学生基金计划（The Overseas Research Students Awards Schemes）	被允许参与或已经参与全职研究计划的海外研究学生（非欧盟）	为其支付本国研究生和海外研究生之间的学费差价
牛顿国际人才计划（The Newton International Fellowships Scheme）	处于职业生涯早期并希望在英国从事研究的非英国科学家	为全世界优秀的准博士后研究人员提供在英工作两年的机会，申请者在两年任期之后可能有资格获得连续10年、每年6 000英镑的资助金来支持其与英国研究员的社交活动
Wolfson研究价值奖（The Royal Society Wolfson Research Merit Award）	给予大学额外的支持，聘请优秀科学家到英国从事研究，资助领域涉及除临床医学外生命和物理科学的各个领域	提供连续5年、每年1万到3万英镑的资金支持，此后获奖者必须在所属大学永久任职
伊丽莎白女皇工程奖（The Queen Elizabeth Prize for Engineering）	不限国籍的在工程学领域有显著贡献的个人或不超过三人的团队	以英国女皇的名义颁发100万英镑的奖金，每两年授予一次

3. 鼓励留学生创业实验方案

鼓励留学生创业实验方案面对优秀的外籍毕业生，但是以高科技产业为主。申请者需要有相关的履历，或是证明自己有成功的潜力以及相关技术。英国政府会评估个别申请者对英国可能带来的经济效益，申请者的投资资金没有最低限额，资金也可来自其他投资者，但是申请者必须符合三个条件：①第一年内要能雇用至少两名已居留当地的全职员工；②申请者本身的投资资金至少占5%；③申请者至少要有前半年的资金，开始获利之前，申请者必须要有足够的经济能力养活自己以及家人，不能以其他的工作来补贴生活。英国教育与就业部（Department for

Education and Employment，简称 DFEE）在其网站设有一项自我测试的问卷，申请者可以自我评估申请成功的可能性。但是即使申请人毫无工作经验，也有申请成功的可能性。从提出申请到知晓结果，大约需要两星期的时间。申请成功后，申请人将得到 18 个月的首次居留期，到期后必须再提出申请。申请者以此身份在英国居留四年后，就可以申请永久居留。申请者的配偶以及年龄未满 18 岁的儿女，也有权一起留在英国，申请者的家人有权在英国工作，但是申请者不得在事业创立阶段依靠家人的收入。

4. 吸引更多外籍专业人士

由于部分劳动力严重不足，英国政府修改了工作证申请方案（Work Permit Scheme）以及职业训练工作方案（Training and Work Experience Scheme，TWES），以吸引更多外籍专业人士。其中，TWES 需申请另一种工作证（WP2），TWES 针对专业人才最不足的行业招募人才，如护士、助产士（nurse）、顾问医师（consultant doctors）、临床心理医师（clinical psychologists）、职业治疗师（occupational therapists）、兽医（veterinary surgeons）、物理治疗师（physiotherapists）、药剂师（pharmacists）、保险统计员（actuaries）、航空工程师（CAA licensed aircraft engineers）、中小学教师、信息科技工作者、通信电子业者，以及信息及计算机工程师等。

5. 灵活的移民政策与类别多样的签证政策

（1）移民政策方面。2001 年英国工党政府允许海外人才在没有获得工作职位的情况下，事先到达英国，并且拥有 1 年的时间寻找工作。这项政策没有人数上限，是 30 年来对移民政策的最大松动。根据英国移民局的规定，在英国大学就读的外籍学生也可以提出申请，先决条件是该名学生的学业并没有得到任何补助。提出申请的学生在获得批准后，就可以取得在英国 1 年的居留权，如果在 1 年内找到工作的话，就可以延长居留权，4 年后就可以得到英国的永久居留权。

（2）签证政策方面。英国放宽对签证的种种限制，根据申请人年龄、教育程度、申请课程长度、从事的工种不同，采取不同的签证规则。2011年英国内政部公布了新一级的“英才移民”签证，旨在吸引在科学、人文、工程及艺术领域的国际杰出人才①。

二、英国六大科学城建设

（一）六大科学城总体概况

自2009年起，为了带动经济发展，英国先后建设了约克、纽卡斯尔、曼彻斯特、伯明翰、诺丁汉、布里斯托六大科学城，它们的位置示意图如图3－1所示。

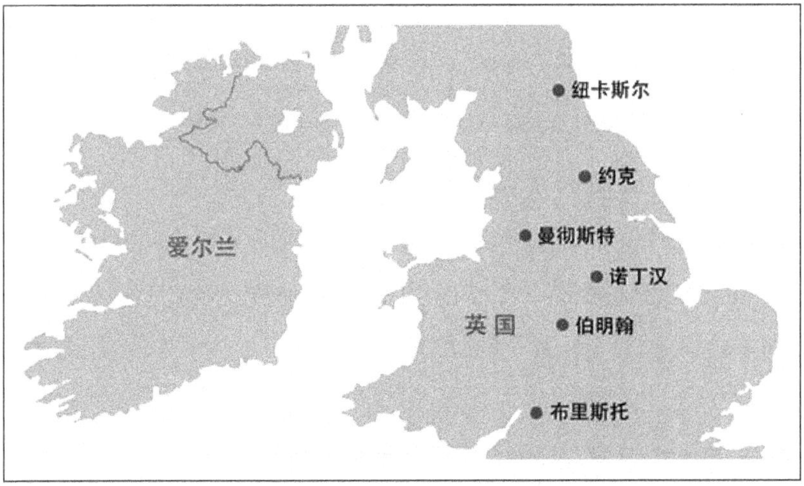

图3－1　英国各大科学城位置示意图

六大科学城有着不同的社会经济特征，如表3－2所示。

① 望俊成，邢晓昭，鲁文婷．英国吸引和培养国际优秀科技人才的举措和特点［J］．科技管理研究，2013（19）：28－32.

表 3 –2　英国六大科学城社会经济特征

城市	共性	社会特征
约克	接受大量经济援助的北部城市	人口超过 200 万，服务业发达，拥有以高水平院校为支撑的科学基础
纽卡斯尔		人口仅 18.2 万人，以工程和糖果业为主的制造业呈衰退趋势，旅游业、高科技产业、服务业兴起
曼彻斯特		人口 100 多万的老工业大都市，工业衰退，拥有实力较强的高校但高技术活动较少
伯明翰	经济发展相对较强	英国第二大城市，拥有较强的制造业和服务业
诺丁汉		城市规模小，经济多样化
布里斯托		城市规模小，城市发展依靠伦敦的外溢效应

资料来源：袁晓辉，刘合林．英国科学城战略及其发展启示［J］．国际城市规划，2013（05）：58 –64.

每一个科学城计划都由所在城市地方政府，至少一个研究密集型的大学、区域发展署以及产业和商业代表组成的联盟来管理。各科学城的发展基础如表 3 –3 所示。

表 3 –3　英国各科学城的发展基础

科学城	人口	大学和研究机构	议会	区域发展署	发展基础
约克科学城	18.2 万	约克大学	约克市议会	约克郡发展署	本地有 240 个科技和创意机会，1998—2004 年创造了 2 600 个工作岗位和 40 个公司，9 000 多人参与科技相关工作
纽卡斯尔科学城	25.9 万	纽卡斯尔大学	纽卡斯尔市议会	东北部发展署	在能源和医药方面拥有较强的科学研发基础，已经支撑了 150 个新企业的成长，获得 50 万英镑社区参与基金

续表

科学城	人口	大学和研究机构	议会	区域发展署	发展基础
曼彻斯特科学城	42 万	曼彻斯特大学、博尔顿大学、索尔福德大学、曼彻斯特城市大学	博尔顿、拜瑞、曼彻斯特、奥德海姆、罗奇代尔、索尔福德、斯托克波特、塔姆赛德、特拉福德、维冈	西北部发展署	英国北部的经济发动机，拥有 9 000 个学生资源，以及曼彻斯特知识之都的合作基础——曼彻斯特论坛（Great Manchester Forum）
布里斯托科学城	38 万	巴斯泉大学、巴斯大学、布里斯托大学	布里斯托市议会	英格兰西南部区域发展署	可持续发展领域发展迅速，是环境科学研究中心，港口附近的流域媒体中心（Watershed Media Centre）是创意产业集中地，在航空产业等方面也具有优势
伯明翰科学城	99.2 万	伯明翰大学、华威大学、斯塔福德郡大学、阿斯顿大学	伯明翰市议会	西米德兰经济发展署	区域有良好研究基础，特别是在生物医药、电子设备、能源科学等方面，伯明翰在欧洲创新指数中排名第 29，在英国排名第 4
诺丁汉科学城	28.5 万	诺丁汉大学、诺丁汉特伦特大学	诺丁汉市议会、诺丁汉郡议会	EMD 中东部地区发展署	拥有超过 50% 的知识密集型工作，7 000多名科学相关专业学生，2 个主要科学园区，3 个职业教育中心

资料来源：袁晓辉，刘合林．英国科学城战略及其发展启示［J］．国际城市规划，2013（05）：58 – 64.

除布里斯托科学城外，其他五大科学城都根据地方大学和研究机构的优势，明确了优先发展的学科产业，制订了与商业化、创新以及更广泛的教育和公众参与相关的行动计划，如表 3 – 4 所示。

表 3－4　英国各科学城的行动计划

科学城	优先发展的科学基础	发展目标	发展计划
约克科学城	生物科学和健康护理、信息和通信技术、遗产和艺术技术	成为英国领先的科学城，2021年前创造15 000个技术工作岗位，吸引10亿英镑的投资	培育中小企业和创业人才，提供指导；创造高技术部门的工作机会；引领教育和培训，保证科技基地发展；提升其作为科技中心的国际知名度
纽卡斯尔科学城	老龄化和健康、能源和环境、分子工程、干细胞和再生医药	在老龄化和健康、能源保护、干细胞等研究领域保持引领地位；成为欧洲最高产的科技企业孵化地；保持国际科技教育领先地位；成为英国社区和市民参与科学活动的最集中的五个地区之一	商业化项目：创新机器，受区域发展署和欧洲区域基金资助，企业家与地方研究机构合作推进产品和服务的商业化，2025年之前创建500个新企业；教育项目：帮助孩子理解科技方面的职业机会；公众参与：通过活动和宣传项目将科学城品牌化；实体项目：新科学中心的建设，包括商业、住宿、娱乐等
曼彻斯特科学城	生命科学、通信和广播、清洁、航空、核技术和产业	成为具备活跃的支撑创新的生态系统、知识之都	强化创新合作：运用现有的机会，探索全球市场需要的新的合作模式；真实世界的科学：让科技与更广泛的公众和公众利益密切相关；创新生态系统：加强创新支撑环境和设施
布里斯托科学城	广泛覆盖的科学门类、没有提出专门化的产业	英国航空产业基地、欧洲的硅谷、创意产业和环境技术基地	联结：通过BEN网络建立企业间网络、企业与投资者的网络，提供科技产业的有用信息，帮助成员熟识，为企业提供建议和支撑；投资：举办一年一度的投资节；品牌化；通过网站讲述故事，宣传布里斯托的科技优势，并多次举办国际会议

续表

科学城	优先发展的科学基础	发展目标	发展计划
伯明翰科学城	高级材料、电子媒体和信息通信技术、能源、医药技术和健康护理、交通技术	在先进材料、电子媒体、能源、媒体技术和健康、交通技术等领域引领发展，促进区域繁荣，提高市民生活质量	研究基础：重点关注应用研究和商业联合研究，与区域外合作发展国际网络；知识转移：科技基地向公司和公共部门的转移；人力资源基地：与当前市场需要接轨；公众了解科学：鼓励更多年轻人参与；大型项目：提升其作为科技中心的形象
诺丁汉科学城	医药研究和技术、环境保护技术	到2020年，诺丁汉将成为全球科学、研究和教育的领先城市，对诺丁汉城市区域和东中部地区的繁荣做出贡献	培育诺丁汉作为科学发现和高等教育的国际领袖；激发社区为科学遗产自豪；转化科学技术为商业价值

资料来源：袁晓辉，刘合林．英国科学城战略及其发展启示［J］．国际城市规划，2013（05）：58－64.

六大科学城建立了广泛的政府、大学、产业之间的联系，形成“官产学”合作的良性互动，为不同群体的对话提供平台。各科学城的发展目标与发展计划如表3－5所示。

表3－5　英国科学城发展目标与发展计划

发展战略	具体内容
发展目标	1. 提升在全国或世界范围内作为科技中心的声誉； 2. 保持优势科技领域的领先地位； 3. 创造支撑创新的生态系统； 4. 促进地区繁荣； 5. 提升市民生活质量

续表

发展战略	具体内容
发展计划	1. 充分发挥地区大学的优势，增强企业与大学、企业与企业、企业与投资机构之间的合作，培育本地企业家网络，加强不同主体之间的联结； 2. 加强科技领域的教育和培训，特别是制订了针对年轻人的科学参与计划； 3. 通过实体项目，再造场所吸引人才和企业； 4. 通过社区小组和定期活动提高公众对科学城的认知以及对科学的兴趣； 5. 通过举办各项会议和活动，实现科学城的品牌化，吸引更多国际资源

（二）纽卡斯尔科学城的主要特点

纽卡斯尔在能源和医药方面拥有较强的科学研发基础，已经支撑了150个新企业的成长，获得50万英镑社区参与基金。在纽卡斯尔科学城计划中，由纽卡斯尔大学、纽卡斯尔市议会和东北部区域发展署共同负责计划的制订与落实。

在《纽卡斯尔科学城发展远景》中，提出了纽卡斯尔发展的三个目标：①依托本地高校与研究机构的擅长领域，保持城市在老龄化与健康、干细胞与再生、可持续的能源和环境三个科学领域中的领先地位，吸引投资与国际优秀人才；②支持新兴企业创建和创新成果的研发转化，充分挖掘科学为基础的商业潜力，实现城市和区域的繁荣；③鼓励地方民众，特别是年轻人参与科学城计划，使其成为推动城市持续创新的重要组成部分。

纽卡斯尔科学城的主要特点有：①吸引投资合理布局；②支持新创业孵化和创新成果转化；③鼓励公众参与科技创新；④建立内部分享机制；⑤提高国际声誉。

（三）诺丁汉科学城的主要特点

诺丁汉科学城地理位置优越，环境宜居，具有完善的教育设施，经济发达，能为优秀科技人才提供良好的工作与生活环境。

诺丁汉科学城致力于生物科技研究，英国顶尖研究和教学型医院之一的女王医学中心就坐落在这里，目前已成为英国最大的生物科学创新中心和孵化器。

诺丁汉科学城科研力量强大。首先，优质的高等教育是诺丁汉科学城发展的重要基础。诺丁汉科学城是英国中东部地区最大的高等教育中心，共有120所学校，政府对当地学校的投资超过1.35亿英镑。两所世界顶尖的大学——诺丁汉大学和诺丁汉伦特大学共有约6万名学生。在未来几年的发展中，诺丁汉的教育水平还将持续提升。其次，城内科技企业研发中心众多。日本丰田、中国长安汽车均在此设立研发中心，雇佣人员主要来自当地以及大学科研机构、世界领先的汽车工程企业等。学校、企业、研究机构之间密切合作，使得科学城的科研成果转化迅速，推动了地区的科技发展。

此外，科学城在收入、住房和办公设备等方面具有强大竞争力，吸引着国内外优秀的科技企业与科技人才来此工作和生活。

三、国际化社区治理模式

英国社区治理源远流长，著名的社区睦邻运动就起源于英国，在多年的发展过程中形成了一个相对成熟和稳定的机制，其中的治理经验值得我们研究和借鉴①。

（一）英国社区是以政府为主导，其他分支机构共同参与管理的治理模式

社区以政府为倡导者，在社区组织、民间机构、志愿者团体等组织共同参与下，提供社区公共服务。英国政府宽容的政策支持，促进了民间组织自身功能的不断扩展与规范。在对社区的管理中，政府主要负责制定相关政策法规，发挥对民间组织工作进行指导、监督、支持、协调的作用，民间组织进行具体的社区管理与服务事项。

（二）完善的社区医疗卫生服务

社区医疗卫生服务体系完备，为居民提供便捷、经济、高效的医疗卫

---

① 曾映明，查竞春，何少东．英国的社区治理［J］．特区实践与理论，2010（02）：52－55．倪赤丹，苏敏．英国社区发展经验及对当代中国的借鉴［J］．理论界，2013（01）：53－56.

生服务。

（三）有保障的社区公共安全服务

为了提供良好的社区公共安全服务，英国实施了睦邻警察服务、邻里守望项目，建立了社区矫正制度。

（四）人性化的社区服务

英国政府实施高福利政策，投入大量资源，给弱势群体提供免费医疗与养老服务。同时积极发挥民间志愿组织和志愿者的作用，共同提供多样化、个性化的社区服务。

（五）公共住房保障服务

英国政府推出住房计划，建设保障性住房，发挥金融机构、社会组织的作用，共同解决公民住房保障难题。

（六）将社区经济开发融入社区发展

英国的社区发展实践包括启动社区经济发展项目、推动社区就业服务项目，将社区经济开发融入社区发展。

英国的社区管理理念与中国建设国际人才社区的理念有许多不谋而合之处，其在社区自治治理模式、健全的医疗卫生、多元化社区服务、公共安全以及住房保障方面的政策措施与经验都值得我们借鉴到国际人才社区的建设当中。

第二节　德国国际引智、科学城建设与社区治理模式

一、德国国际引智经验

（一）挽留本土高层次人才

为了防备本土高层次人才的流失，德国政府设定目标要使德国的大学

成为“未来国际领袖人物的熔炉”。从2002年到2005年，德国政府先后拿出1.8亿欧元，在高等院校设立“青年教授”岗位，稳定并吸引杰出的青年学者在德国高校从事科研工作，并创造各种条件，支持青年科学家。2000年和2002年分别设立青年科研岗位和青年教授席位，为青年学者的职业发展创造条件。2004年，设立“Sofia Kovalevskaia”奖，以吸引优秀的青年研究人员到德国的研究机构工作，并在科研早期建立自己的团队。2004年颁布一项8 200万美元的计划，用于培养和支持德国青年科技人才①。2005年6月，德国政府又通过高等教育“创优计划”，拿出1.9亿欧元以促进高等院校的国际竞争力。此外，德国政府还通过建立科技园和孵化器来挽留高科技产业人才，目的在于应对经济转型，推动新经济、高科技产业的发展，通过产业和项目来吸引科技人才②。

（二）创造条件致力于德裔学者回流

德国政府致力于创造各种条件吸引德裔海外人才回国发展。2003年，德国成立“德国学者组织”机构，为海外德裔青年学者提供教育或科研领域的高级职位，以解决科研人员的后顾之忧，同时为其配偶就业和子女教育尽可能提供机会。2007年8月，洪堡基金会推出“颁发奖学金和奖金的科学生涯阶段模式”，对博士后、科学家、青年领导人给予资助或特权，以确保他们更好地开展科研工作。自2007年初以来，洪堡基金会还新辟了一项800欧元/月的研究补贴，旨在为奖学金获得者与德国之间开展合作创造优化的框架条件。此外，德国政府根据自身海外人才主要集中在美国的现实，还于2003年在美国成立民间社团“德国学者协会”，专为那些身在海外的优秀人才回国工作牵线搭桥③。

---

① 高峰，唐裕华，张志强，等.21世纪初主要发达国家科技人才政策新动向［J］.世界科技研究与发展，2011（01）：168－172+92.

② 王辉耀.德国的国际人才竞争战略［J］.国际人才交流，2011（10）：51－52.

③ 盛景荃.德国如何吸引和培育优秀科技人才［J］.华东科技，2008（04）：62－64.

（三）制订顶尖人才奖励资助计划

德国政府制定奖励政策，吸引国际顶级科学家。2001 年，德国实施“赢取大脑”工程，德国政府和研究机构投入上亿欧元资金，以促进本国和国外人才到德国做研究工作①。2007 年年底，德国联邦政府出台“国际研究基金奖”。设立该奖项是德国政府为吸引全球高层次创新人才推出的一项重大措施。该奖项是迄今为止德国设立的最高级别的国家科学奖，奖金最高可达 500 万欧元。该奖项面向所有学科和所有国家，支持德国科研机构、高校与国际组织的合作联盟，旨在吸纳所有国家的定向科学家到德国工作。该奖项资金更侧重于支持建设新的研究小组和研究机构的规划。

2008 年，德国设立亚历山大·洪堡教席奖，5 年内向每位获奖者提供高达 500 万欧元的巨资，以吸引各国顶尖科学家。

（四）改革移民政策

20 世纪 50 年代联邦德国经济快速发展，人才与劳动力短缺问题日益严重。联邦德国政府认为临时性输入外籍移民风险较小，于是启动了著名的“科技人才计划”，招募了 360 万外籍工人来联邦德国工作，他们为联邦德国经济复兴做出了巨大贡献。2000 年，德国 IT 业出现人才紧缺困境，于是推出“绿卡工程”，后来，德国又在移民立法中增加了面向高技术人才的积分制度。同年，德国改革国籍法，意在通过放松国籍限制保留非德裔人才，规定凡在德连续合法居住 8 年以上，并已获得在德永久居留权至少 3 年，其子女在德国出生的外国人才，其子女自出生之日起自动享有德国国籍，待其成长至 23 岁后，在德国国籍和其外籍父母国籍中选择其一，如果拥有的非德国国籍不可能放弃，允许拥有双重或多重国籍②。

---

① 高峰，唐裕华，张志强，等. 21 世纪初主要发达国家科技人才政策新动向［J］. 世界科技研究与发展，2011（01）：168 – 172 + 92.

② 德国简化移民政策初见成效　“蓝卡”吸引专业人才［J］. 国际人才交流，2013（03）：11.

（五）招收留学生吸引国际人才

德国的公立大学不收学费，只在每学期开始时收取一笔学生注册费，这对发展中国家的留学生有很强的吸引力，留学生主要来自中国、印度以及东欧地区。德国是高福利国家，医疗、教育、养老都实行免费政策，这也吸引了很多留学生毕业后留德工作。为吸引留学生，德国政府还规定，外国留学生只要被德国企业聘用，就可以获得居留许可①。德国教育部长埃德尔加德·布尔曼考虑到德国出生率下降、大学新生减少的现象，还计划进一步扩招外国留学生，将德国大学生中外国留学生比例从8%提高到10%②。

二、德国科技创新体系

德国是世界典型的创新型国家。德国创新体系较为成熟、稳定，主要包括政府部门、高等院校、科研机构、中介服务机构、企业等主体。各创新主体功能明确，主体间互动频繁，创新要素流动通畅。德国科技创新体系的基本结构如图3-2所示。

（一）政府治理环境

1. 职能明确的政府科研管理部门

德国科研管理工作由许多部门共同负责，各部门各司其职，协调合作。德国联邦教研部是国家科研的主要职能部门，它负责制定科技政策，控制政府科研经费，编制全国性的科研规划并促成实施，对国家科学研究进行引导调控。德国联邦议院的研究技术和技术影响审查委员会、教育科学委员会、自然环境保护及核安全委员会和联邦预算委员会等四个委员会对国家科技决策有着重要影响。科学会议是德联邦政府与各州政府于1957年共同组建的，目的是实现决策科学化，协调与评估科研活动。1974年

① 李丽．发达国家吸引海外高端科技人才策略引发的思考［J］．未来与发展，2009（07）：58-61.
② 王辉耀．德国的国际人才竞争战略［J］．国际人才交流，2011（10）：51-52.

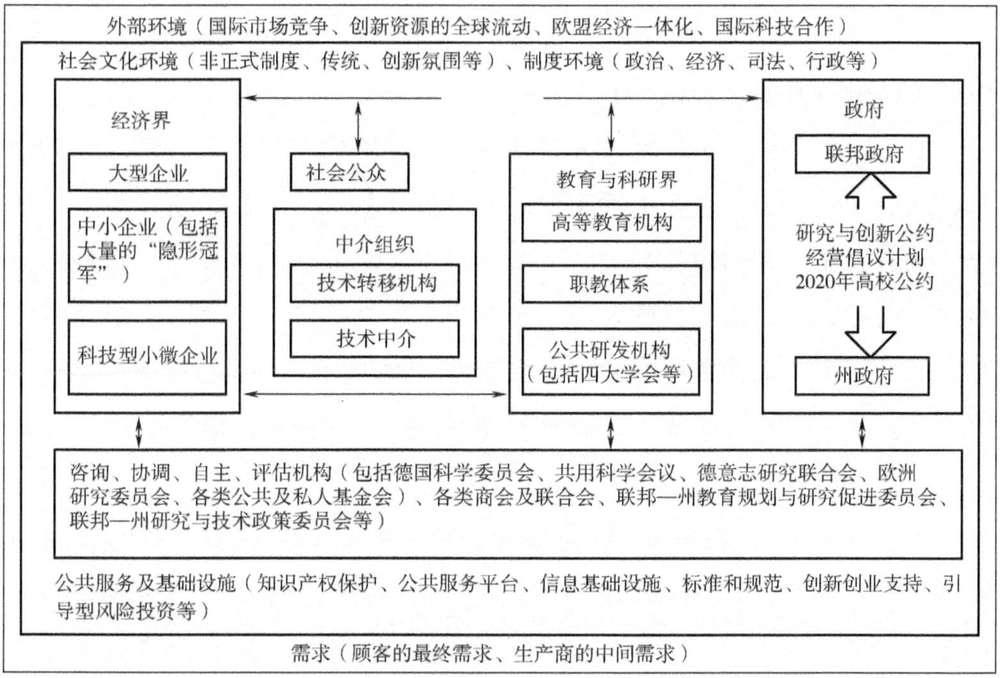

图 3-2　德国科技创新体系的基本结构

资料来源：陈强．德国科技创新体系的治理特征及实践启示［J］．社会科学，2015（08）：14-20.

德国设立由联邦总理和各部部长组成的内阁教育科学和技术委员会，负责协调联邦政府内阁职能部门间的科技政策。科学决策委员会由德国联邦教研部于 1992 年成立，主要研究德国的科技优势与不足、科技发展的总体方向和重点，常常涉及跨学科问题，而且着重对科学发展与社会发展之间的联系进行宏观研究，促进科技发展中的趋利避害，以减少科学研究的负面效应①。

2. 充足的科研经费投入

第一，德国联邦政府逐年增加教育和科技投入。联邦政府出台的很多有关科技文件中都提到提高科研经费投入的问题。例如：2004 年，《研究

① 吕波，曹庆萍．美国与德国科技研发体系比较研究［J］．中国科技论坛，2005（01）：136-140.

与创新协议》中规定，大型研究协会的研究经费每年要保持至少3%的增幅；2006年，《德国高科技战略报告》提出，加大创新领域的投入，以确保德国的全球竞争力和技术领先地位①。

第二，德国科研机构有多种资助渠道，如政府、企业、各种非营利性基金组织和欧盟等。企业是德国科研经费投入的主要来源，研发总投入的66%来自企业；联邦和各州政府主要负责资助具有重大意义的、跨地区的研究机构和计划。德国的基金会分为两类：一类是以国家政府为出资方的基金会，主要资助科研项目或提供奖学金，如洪堡基金会、阿登纳基金会等；另一类是私人基金会，以其作为国际资助的补充②。欧盟研究框架计划也是德国研发活动的重要资助渠道之一。

第三，政府的科研经费投入分配合理。政府首先以机构基金和项目基金的形式将科研经费分配到各研究机构，各研究机构再依据各自的特点采取不同的管理模式将科研经费分配到各研究所。例如：马普学会从事尖端基础研究，负责科研项目的专家可自主开展研究工作，科研经费分配到个人；赫尔姆霍兹联合会研究团队间的项目竞争，以团队为单位分配科研经费；弗朗霍夫学会主要从事为企业、政府提供技术转移等服务，研究经费一部分来自政府，另一部分通过对外技术服务从市场和企业中获得。

3. 科学的经费管理制度

第一，在科技投入管理方面，德国建立了严格的评估制度。首先，开展立项前的评估，对项目的选题质量、可行性、资源可获得性以及未来的机遇与挑战等各方面进行全面考察。其次，德国政府规定各项目委员会需定期对所负责的科研机构和研究项目进行系统评估，其结果作为经费分配与使用的重要依据。再次，各评估机构联合成立德国评估共同体，并制定

① 陈强．德国科技创新体系的治理特征及实践启示［J］．社会科学，2015（08）：14－20.

② 李鹏，刘彦．德国科研体系的发展及对我国创新基地建设的启示［J］．科学管理研究，2011（02）：52－57.

统一的评估标准，从有用性、可行性、公平、精确性四个维度来确保评估质量。最后，评估团队国际化。根据研究所性质与研究水平的不同，评估团队中吸纳了不同比例的外籍专家。马普学会的国外专家比例最高达60%，莱布尼茨科学联合会的比例只占30%。选用国外专家参与评估工作，可以将本国科技活动纳入国际背景下进行考察，提升科技活动的质量①。

第二，德国科技发展政策的基本原则是“科学自由、科研自治、国家干预为辅以及联邦分权管理”。一方面，德国政府重视科研自由，基本不干预由国家资助的基础研究。另一方面，德国政府强调科研自治，科研机构在科研人员安排、科研选题、具体事务管理等方面有充分的自治权，政府主要通过制定科技政策来引导和把握科研经费的使用、科研工作的发展方向和科研重点。此外，德国政府重视科技意识的普及和科技氛围的营造，鼓励公众参与科技创新、了解科研成果，形成全民重视和支持科技发展的社会风气②。

（二）创新创业环境

1. 实力雄厚的非营利研究机构

在德国，非营利研究机构属于官办性质的独立科研机构，是德国最重要的基础和前沿领域研究的重要科研力量，是国家长期战略性重点基础研究项目的主要承担者。马普学会主要从事自然科学、生命科学和人类学领域的基础研究，其天文望远镜、图书馆、大型仪器设备等科技资源向社会开放；赫尔姆霍兹联合会是德国最大的科研团体，主要研究对人类生存环境有决定性影响的复杂系统，主要从事能源、地球与环境、生命科学、关键技术、交通和太空等具有应用前景领域的研究；莱布尼茨科学联合会主要在人类与社会科学、经济学、空间与生命科学、数学、自然与工程科学以及环境等领域开展战略研究、基础研究并提供基础设施；弗朗霍夫学会

① 陈强．德国科技创新体系的治理特征及实践启示［J］．社会科学，2015（08）：14－20.

② 胡小桃．德国科技创新的政策体制分析［J］．湖湘论坛，2014（03）：97－101.

是德国乃至欧洲最大的应用科学研究机构，研究范围涵盖全部工程科学领域，致力于科研成果的转化，为企业提供有偿的技术开发和技术转让。此外，非营利研究机构还有德国的公立科研院所，主要从事竞争前技术研究、政府行政开发研究和人文科学研究等。以上非营利研究机构研究方向明确、实力雄厚，为德国的科技发展与创新奠定了坚实的基础，做出了巨大的贡献①。

2. 均衡的高校教育体系

德国拥有世界上教育系统内最为均衡的高校教育体系。在基础教育阶段，实行 12 年义务教育制度，公立学校学费全免，教师为终身公职人员。教育体系中高等院校与职业技术学校并重。高等院校主要分为三类：第一类是以培养科学研究型人才为主的综合性大学；第二类是以培养高技术人才为主的应用技术大学，这类大学注重同企业之间的合作以及技术应用和知识商业化研究；第三类是艺术学院和电影学院等。"双元制"是德国职业教育的重要特点，是指企业和政府共同教育培养的方式。职业教育学校承担着培养专门的职业技能型人才的任务，学校由政府和企业共同管理，教育费用由政府和企业共同承担。学校教育既注重理论学习又注重实践应用，为社会基础领域输送大量的实用性技能人才。

大学研究机构也是德国科技创新的主体之一，主要开展基础研究和应用研究，同时为国家培养后备科研人才。德国推出了"卓越大学计划"，具体战略规划主要是：①向研究生院提供资助，为选择献身科学事业的年轻人提供最佳的科研学习条件；②卓越集群，即在特殊研究领域建立"卓越中心"来加强大学和科研机构的合作研究，并为中心提供资助；③进一步提高入选的顶尖高校（慕尼黑大学、慕尼黑工业大学、卡尔斯鲁厄工业大学、柏林自由大学、海德堡大学等）的国际地位②。

---

① 孙殿义．政府在国家科技创新体系中的作用：德国创新体系建设对我国的若干启示［J］．中国科学院院刊，2010（02）：191－194.

② 李鹏，刘彦．德国科研体系的发展及对我国创新基地建设的启示［J］．科学管理研究，2011（02）：52－57.

3. 专业化的科技服务机构

德国的科技服务机构种类众多，业务范围涉及广泛。服务机构在科研成果研究和成果转化方面提供科研项目评估、技术鉴定与转移、融资咨询、创业辅导、发展规划、寻求合作伙伴与国际合作、信息收集与咨询等众多服务。德国商会、协会在政府与企业间充当着沟通桥梁的作用，致力于解决中小企业融资的“信息不对称”和咨询服务等方面的问题。德国技术转移中心、弗朗霍夫协会和史太白技术转移中心是德国的三个主要技术转移服务机构，三者的定位因机构属性不同而略有差异，但均为德国的技术转移做出了突出的贡献，有效地促进了知识和技术要素在创新主体间的流动①。德国技术转移中心是国家级的公共技术转移信息平台，提供最基本的技术供需、专利等的信息查询和咨询服务。弗朗霍夫协会凭借实验室、仪器设备等物质基础和研究人才，直接为德国中小企业提供技术创新和研发服务。史太白技术转移中心成员分布在全球54个国家，是专业齐全、特色鲜明、影响范围广泛的技术服务组织。该中心的服务内容除技术咨询、研究开发、国际性技术转移外，还涉及企业管理运营方面的内容，目的是在经济全球化的竞争中提升企业的竞争力②。德国科技创新服务平台不仅促进国内的合作，也着眼于促进德国企业、科研院所在欧盟乃至全球范围的技术研发和技术转移等方面的合作。

4. 注重企业创新与协调发展

高度重视企业技术创新，鼓励中小企业协调发展。工业企业也是德国科技创新的重要主体之一，德国先后制订“工商企业研究开发人员增长促进计划”“企业技术创新风险分担计划”“中小企业研究合作促进计划”“小型企业服务投资促进计划”“欧洲复兴创新计划”等，形成推动企业开展创新活动的政策体系③。在德国约有1/3的企业从事研发工作，它们

① 王海燕，梁洪力．德国创新体系的特征与启示［J］．中国国情国力，2014（04）：68－70.
② 王经亚，陈松．德国技术转移体系分析及借鉴［J］．经济研究导刊，2009（08）：203－205.
③ 张明龙．德国创新政策体系的特点及启示［J］．理论导刊，2008（02）：108－109.

通常建立研究实验室进行以满足市场需求为导向的科学研究。

德国的经济和文化环境鼓励新型现代工业企业之间的合作，一件新产品的推出往往是多家企业共同努力的结果。通过设立《反对限制竞争法》和《中小企业促进法》等专门法律法规，为中小企业发展提供制度保障。同时，德国政府加大了对中小企业的资金支持力度：实行贴息政策，鼓励德国相关政策性银行向中小企业放贷；专门制定面向中小企业的减税计划，以保证中小企业有更多的自由发展资金；拨放专款支持中小企业参加各种展会，增加与大型企业、投资者的交流合作机会，拓展市场，增加贸易往来①。正是德国政府的举措，使得德国中小企业、自主创新创业型企业有了更广阔的发展空间，一定程度上助力了德国科技与经济的发展。

5. 产学研一体化机制

德国产学研一体化机制完善，通过政府主导与市场运作相结合的方式，建立了有利于资源配置和高效运行的科技研发与转化的平台管理模式和运行机制，加速了创新知识的产品转化。德国的研究机构、高校、企业、政府部门联系密切，政府运用政策引导，实行社会研发资源共享，充分利用现有设备、快速流动的信息和知识，使高校与科研机构的研究成果得以迅速应用，而技术转移服务机构的实际运作，使得创新产品在企业中得以呈现。完善的科技创新平台为加快科技成果转化提供了重要保障②。

三、国际化社区治理模式

德国的社区治理具有以下特点。

（一）公民参与城市社区管理

德国的城市治理实行政府引导、公民参与、社区自治组织多元合作的新模式。公民广泛参与城市治理以 1977 年柏林人民公园修建为起点。为

---

① 王海燕，梁洪力．德国创新体系的特征与启示［J］．中国国情国力，2014（04）：68－70.

② 张明龙．德国创新政策体系的特点及启示［J］．理论导刊，2008（02）：108－109.

反抗政府不合理侵占城市绿色公共区域，附近居民与当地教会的社区工作者及地方市民行动委员会联合行动，呼吁修建一座公园来缓解城市建筑的拥挤。群众与政府的协商谈判直到1984年才有了结论，政府授予一块土地建立柏林人民公园，此后五年这座由公民自发兴建的公园的使用权完全自由合法化。人民公园的建立唤起了社区居民的公民意识，此后柏林公民参与城市治理的热情高涨。德国莱比锡东区实施再生计划是联邦政府主导、公民参与的成功范例。位于德国东部的第二大城市莱比锡在工业化进程中遭受了严重的环境污染与破坏。为了使城市再发展，1996年莱比锡参与了由联邦政府实施的“社会整合的城市”项目，旨在依靠社区民众自主自救、积极参与互助的行为来重建城市。政府与公民积极沟通合作，通过网站、新闻媒体、咨询服务中心等渠道加强信息的公开性和透明度，广泛听取民众意见与建议，共同建设新城市。德国城市治理更加体现了公平、民主、和谐，公民可以积极参与到城市治理过程中，充分保障了公民的权益与利益①。

（二）柏林邻里管理项目

“邻里管理”项目的主要目的在于鼓励本地居民参与社区更新的具体工作，鼓励居民自组织自管理。“邻里管理”工作组直接在社区内办公，建立与顶层政府、底层居民和社会性组织与经济性组织的多层面沟通以促进社区的建设与更新。“邻里管理”项目涵盖居民日常生活的方方面面，具体包括居住环境、就业、培训、学校与教育、健康与医疗、运输及环境、社区文化、娱乐与体育，并负责整合多样化多种族的社区居民，以及社区形象的建设与改善。“邻里管理”工作组的管理员需要具备较高的沟通技巧和社会比较学基础，特别要掌握如何与青年人及外来移民进行有效沟通。“邻里管理”项目为公民与政府间的沟通搭建了桥梁，使公民实现

---

① 王晨．新合作主义视域下的公民参与城市社区治理：基于德国城市绿色空间治理的思考［J］．理论探讨，2015（03）：163－166.

了对社区的自主管理①。

（三）完善的社区卫生服务②

第一，德国联邦政府、州政府、基层社区三级机构共同负责卫生管理工作。联邦政府主要负责制定卫生政策，并对州医疗卫生服务进行管理指导，与州卫生部门协作具体实施。州卫生部门主要负责执行政策法规，监督各医学协会、基金会的工作，并负责传染病预防与治疗、急救医疗、健康教育等卫生管理工作。区域性卫生行政部门是社区卫生服务的管理机构。

第二，德国注重社区卫生服务，社区家庭医师承担着很大一部分居民的医疗卫生服务。据统计，2005 年德国医师分布比例为家庭医师 42%，医院 48%。在卫生服务提供的人次上，有 90% 的人提供社区卫生服务，提供医院服务的只占 10%。

第三，德国的社区卫生服务主要由私人诊所（家庭医生）提供。部分私人诊所与医院签订合同，保障病人在社区和医院间的顺利转诊，并有利于提高社区医疗服务质量。

第四，德国是社会健康保险的发源地，德国 95% 以上的居民享受社会健康保险，这为社区卫生服务奠定了基础。健康保险制度规定居民就诊需先找社区家庭医生，医院一般只提供住院服务。居民凭健康保险卡可到任何与健康保险公司有服务合同的全科诊所就医。

第五，社区内设有社会站和老人院，专为病人或老年人提供社区医疗护理服务和生活照顾。社会站和老人院内医疗设备齐全、医生护士服务周到，老人院内生活环境舒适，治疗与娱乐场所健全，这为病人和老年人提供了良好的疗养和安享晚年的社区环境。

---

① 薄力之，邓琳爽．边缘社区的公众参与：以柏林邻里管理项目为例［J］．上海城市规划，2013（02）：88－93.

② 杨春华，宣瑞祥．德国社区卫生服务的现状及对我们的启示［J］．全科医学临床与教育，2006（02）：99－101.

第三节　美国国际引智、硅谷科技园区建设与社区治理模式

一、美国国际引智经验

（一）国家制定顶层战略规划招揽国际人才

美国政府历来重视科技创新的发展和对国际人才的吸引。第二次世界大战期间，美国就从德国、意大利等战败国网罗到大量顶尖科学家，推动了美国原子物理学、核物理学、化学和数学等学科的发展①。自21世纪以来，美国先后出台了《美国2000年教育战略》《加强21世纪美国竞争力法》《实现美国潜能的科技人才》《美国的科技竞争力》《加强自然科学、技术、工程学及数学教育法案》等有关科技人才发展战略与规划的政策法案②。2015年美国颁布的第3版《美国国家创新战略》中提到，对于像美国这样的先进经济体，创新是经济增长的源泉。美国政府、企业都将科技创业与国际人才吸引放在重要的战略发展位置上。

（二）历史悠久的移民政策

美国是世界移民人口庞大的国家，美国的开放性、兼容性、创造性，吸引并鼓励世界各地的优秀人才移民美国。第二次世界大战后，美国为恢复竞争实力和争取世界霸权，加强对科技领域的研发投入。1952年，美国国会通过战后第一个移民法律——《1952年移民法》，该法律取消了排除亚洲国家移民的条款，鼓励亚洲国家优秀人才在美国工作定居。1965年，在美国民权运动的推动下，美国国会通过新的移民法，为全世界各国移民平等敞开大门，并将美国急需人才列入限额移民的优先考虑范围。

---

① 尹锋．美国如何吸引全球人才［N］．学习时报，2016-06-23（002）．

② 高峰，唐裕华，张志强，等．21世纪初主要发达国家科技人才政策新动向［J］．世界科技研究与发展，2011（01）：92+168-172.

《1990年移民法》首次推出EB－1签证（又称“杰出人才”移民签证），申请对象是在科学、艺术、教育、商业或体育方面具有才能，其成就得到国内外认可并广泛报道记载的外籍人士。满足标准的外籍人士可直接申请移民获得绿卡。EB－1签证还细分为EB1－A、EB1－B、EB1－C类签证，分别面向不同类别的杰出人才。除EB类签证外，美国还推行一种非移民签证——H－1B签证，是范围最广的工作签证。外籍专业技术人员借此可在美国连续居住6年，他们的配偶及子女（未满21岁）也被允许在美国合法居住。H－1B签证可将外籍专业人才直接送往美国顶尖科技公司和大学，该项目已经成为美国硅谷和华尔街等地的人才来源支柱①。1990年，美国已有2 330万外国出生的移民，占世界移民总数的15%；2005年，美国移民总数已达3 840万人，占世界移民总数的20.2%。移民人口的增加也给美国带来了大量的劳动力，其中不乏高层次人才。这与美国修正移民法规、放宽移民政策等引进人才的措施密不可分。大量国际优秀人才的引进，使得美国在经济、文化、科技各领域提高了竞争实力②。

美国工作移民政策主要分为两类。

一是职业移民政策。职业移民也称技术移民，主要指的是具有某种特殊才能和技术专长的外国居民通过应聘在美国工作进行的移民。美国对技术移民设定了配额限制，并有着严格的筛选机制。一方面，通过增加配额，引进更多的技术移民；另一方面，细化并提高技术移民的标准，引进高素质人才。

二是非职业移民政策。为解决科技人才短缺的问题，美国还实施了18种非职业移民签证政策，涉及科技、工程和教育人才流动的签证主要有工作类签证、学生和交换类签证。很多人才通过短期的居住工作，最终取得在美国的永久居住权和公民身份，这成为美国高科技人才的重要

---

① 刘红梅．美国人才开放战略及其启示［J］．发展研究，2011（04）：98－102.

② 周建华．发达国家吸引海外高层次人才的主要做法［J］．中国人才，2011（21）：56－57.

来源①。

（三）国家和社会层面多样化的科技奖励制度

美国实施丰富多样的科技奖励计划。自20世纪50年代以来，美国逐步建立了与市场经济发展相适应的科技奖励机制，它已成为美国政府鼓励基础研究和引导技术创新的重要手段之一。美国的科技奖励体系主要由两方面组成：①国家科技奖励；②社会科技奖励。

美国国家科技奖励是指由美国联邦政府设立的奖项，如国家科学奖、国家技术奖、费米奖、E. O. 劳伦斯奖、青年科学家总统奖等，如表3－6所示。

表3－6　国家科技奖励奖项

奖　项	资格要求
美国国家科学奖（美国最高科学荣誉，由总统颁发）	1. 在物理学、生物学、数学、工程学、社会科学或行为科学的任一领域做出突出贡献； 2. 在影响科学观念发展上取得非凡成就； 3. 在科学和工程学发展方面进行卓越研究，特别对科学本身做出实质贡献，并为科学界同行所公认； 4. 在改革和加速工业发展方面做出突出贡献； 5. 在教育领域产生深远影响； 6. 必须是美国公民或者已经申请美国国籍且具有永久居留权的人士
国家技术奖（创新改革者的最高荣誉，由总统颁发）	1. 通过技术创新，并依靠创新技术的发展和商业化操作对国家经济、环境和社会福利做出杰出贡献的个人、团队和公司； 2. 不论个人还是团队，必须是美国公民； 3. 被提名企业可以是营利性或非营利性的，但必须由美国人占有50%以上的股份或财产

① 曹永红．美国吸引国外科技人才的政策及对我国的启示［J］．现代营销：学苑版，2012（03）：98－100.

续表

奖　　项	资格要求
费米奖 （总统奖，历史最悠久、最具权威性的科技奖之一）	1. 被提名者要求是在能源科学技术研究方面贡献一生并造福人类的科学家、工程师或是科学政策制定者； 2. 被提名者须在世； 3. 被提名者不限于美国公民
E. O. 劳伦斯奖	1. 在化学、材料研究、环境科学技术、生命科学（包括医药）、原子能技术（裂变和聚变）、国家安全和防止核扩散、高能和核物理领域有突出成就的科学家和工程师； 2. 被提名者必须是美国公民
青年科学家总统奖	1. 针对在科研、教育、公共服务领域取得成绩的青年科学家、工程师； 2. 获奖者应是美国公民或在美永久居民

资料来源：洪峡．美国科技奖励机制的研究［J］．全球科技经济瞭望，2009（06）：44－51.

除国家奖励外，美国的科技咨询机构、专业协会、基金会、科研院所、大专院校等社会力量也组织设奖、评审并颁发社会科技奖励，如表3－7所示。

表3－7　社会科技奖励奖项

奖　　项	设立机构	奖项内容/授予对象
美国科学奖	美国科学院 （非营利性私营学术机构）	在天文学/天体物理学、行为/社会科学、生物和医学、化学、地球和环境科学、工程和应用科学、数学和计算机科学、物理学和综合学科等不同领域均设有奖项
美国工程院奖	美国工程院 （美国工程科技界最高水平非营利学术机构）	共设立五个工程成就创新奖：Charles Stark Drap奖、Fritz J. and Dolores H. Russ奖、Bernanrd M. Gordon工程创新和科技教育奖、Founders奖和Arthur M. Bueche奖

续表

奖　　项	设立机构	奖项内容/授予对象
美国物理学会奖	美国物理学会	主要表彰在科学研究、教育和公共服务方面做出杰出贡献者
美国化学学会奖	美国化学学会	美国化学学会奖的62种奖项中属于化学学科的有40几种，其余分属教育、科普、管理等方面，这些奖项都用来鼓励在化学领域有杰出成就的人员

（四）给予人才丰厚的薪酬待遇

美国科技人才收入是发展中国家收入的几十倍。20世纪七八十年代，股权激励在美国盛行，激励着员工充分发挥积极性为企业服务。此外，许多企业还对国际人才提供生活补贴等福利，如为子女提供学费、为家属提供医疗保障、免费提供汽车和住宅等，解决人才的生活问题。

（五）吸引海外留学生机制

世界顶尖高校大多云集于美国，这使美国高校成为世界留学生青睐的求学圣地。美国通过实施“富布赖特计划”、颁布《国际教育法》等策略大力吸引海外留学生。美国还设立了多种资助外国留学生的基金，如国际开发署和富布赖特基金会、福特基金会、洛克菲勒基金会都为第三世界国家的留学生提供了种类繁多的奖学金，每年对外国留学生的投资多达25亿美元。各大学也相继推出各自的留学教育政策和奖学金计划[①]。此外，应届毕业生还可办理为期一年的滞留工作证。在个别学科领域，学生实习期可由12个月延长至29个月，以吸引紧缺人才留美工作。美国先进的教学水平和优惠的引才政策，吸引着大批国际学生到美国留学，据统计，一半以上理工科博士拿到学位后都会选择在美国工作5年，美国据此留住了

① 郑永彪，高洁玉，许睢宁．世界主要发达国家吸引海外人才的政策及启示［J］．科学学研究，2013（02）：223－231.

大批国际高精尖人才①。

（六）通过设立海外研究机构和与海外机构合作等方式招揽国际人才

首先，美国政府与企业在其他国家和地区设立了多个研究机构，吸收大量科研人才。知名公司如微软、IBM、惠普、戴尔等均在多个国家（地区）设立研究开发中心。其次，美国凭借着自身雄厚的科研实力和领先的研发成果，在国际学术交流和科技合作上吸引着世界各地的研究机构与科研人员、企业家和投资者与之展开交流合作②。

（七）通过完善的生活保障体系和自由流动机制吸引国际人才

美国在住房、医疗、保险等方面实现了社会化，再加上拥有比较成熟的住房市场，可充分保障国际人才的生活条件。美国的人才流动不受户籍、地域的约束，即人才可自由流动。

二、硅谷科技园区

硅谷位于美国西海岸旧金山到圣何塞之间长不到 100 千米的平坦谷地，是全球成立最早的，也是最有成效的科技园区，亦是世界著名的人才集聚区。硅谷在创新创业环境方面的建设经验，为改善中国创新创业环境提供了借鉴。

（一）政府治理环境

硅谷科技园区的发展离不开国家的科技战略支持。在人才引进方面，以美国科技人才政策为依托，凭借宽容的移民政策、优厚的资金支持计划、广泛的国际交流合作，美国吸引着大批海外优秀科技人才到美学习工作。硅谷是承接国际尖端人才的重要科研基地，通过 H－1B 签证获得美国工作居留权的科技人才，有很大一部分选择到硅谷开展科研工作。硅谷科技人才的汇聚离不开政府计划的支持。另外，硅谷良好的科研环境离不

① 周建华．发达国家吸引海外高层次人才的主要做法［J］．中国人才，2011（21）：56－57.
② 刘红梅．美国人才开放战略及其启示［J］．发展研究，2011（04）：98－102.

开政府的宏观把控与管理。美国颁布了《谢尔曼法》《小企业法》《小企业技术创新法》《联邦技术转移法》《经济复兴税法》等法律，保护科技企业的发展。政府在创新创业、税收、移民、金融、反垄断、知识产权保护和专利制度等方面建设、完善了法律和政策措施，为硅谷的创新人才提供了自由开放的创新发展环境，而硅谷内部则可采取宽松的自治制度，有利于科技创新的发展。

（二）创新创业环境

1. 人才高地优势

硅谷地区高等院校、科研机构、科技企业云集，智力资源密集程度居美国之首，形成了产学研一体化机制。硅谷拥有科研力量雄厚的世界知名学府——斯坦福大学、加州大学伯克利分校等五所著名学府，并有十几所专业院校、技工学校以及100多所私立专业学校。这些高校既承担着基础研究与开发工作，又为硅谷科技研究直接输送各领域研究人员、技术人员。目前，硅谷已有上万家科技企业，汇集了惠普、英特尔、苹果、思科、雅虎、eBay等世界一流公司。在美国前100强企业中，硅谷的企业占四成。硅谷的半导体集成电路和电子计算机产量约占全美国的1/3和1/6①。在硅谷，高校与企业间有着密切的联系合作，组成各种专业化的新型联合体，高校注重理论与实践教育相结合，与企业共同研究新技术、开发新产品，并鼓励扶持学生创新创业，将先进的科研项目和技术发明快速转化为经济效益。斯坦福大学特别为此设立了研究激励基金、鸟饵基金、缺口基金等基金，为创业者提供资金支持②。

2. 创业融资渠道多元化

硅谷的创业融资渠道较为多元，可包括政府贷款援助、风险投资、创业板上市等途径。

---

① 方学敏．硅谷启示［J］．天津经济，2012（01）：11－14.

② 朱巍，陈倩倩．“硅谷”经验对“光谷”创新创业环境建设之启示［J］．科技管理研究，2015（13）：52－55＋70.

第一，政府贷款援助、信用担保。1953 年，美国成立小企业管理局（SBA），SBA 为那些无法通过合理借款渠道融资的小企业贷款提供担保，通过 SBA 贷款担保，银行就会批准贷款申请。SBA 成为当前创业融资最普遍的来源之一①。

第二，硅谷的风险投资体系成熟，提升了园区内衍生新技术企业的能力。硅谷的风险投资公司发展多年，集中了一批既懂业务又富经验的风险投资家。投资公司善于发现前景好的高新技术，从而使硅谷高科技成果迅速从研究走向生产，走向消费终端，并实现从科技成果到收益的转化。

第三，成熟的高新技术股票和证券市场也发挥着不可或缺的作用，著名的纳斯达克就是美国为风险投资服务的证券交易市场。

3. 发达的科技中介服务机构

硅谷的中介机构发达，为高技术创新企业提供多方面的专业性服务，为企业发展保驾护航。中介服务机构主要包括六类机构：会计、税务机构、法律服务机构、咨询服务机构、猎头公司、保安公司。其具体包括：人才资源服务机构，为硅谷企业寻找世界范围内的优秀人才；技术转移服务机构，将技术成果转移给企业，同时将社会需求反馈到大学，实现大学—企业—社会间的良性互动；金融资本服务机构，为创新企业提供丰富的风险资金和完善的金融服务；管理信息咨询服务机构；财务服务机构；法律服务机构，为创业公司提供知识产权、执照法、贸易法等各类特殊服务②。

硅谷依靠中介服务组织建立的完善的创新创业配套服务，将研究机构、科技企业、消费市场紧密联系起来，实现了从创新构思到科技成果，再到产品呈现并最终创造收益的快速转化。科技服务机构将产学研这一产业链更加顺畅及时地连接起来，造就了硅谷每年极高的科技发明成果转化率。

---

① 张秀娥，祁伟宏，方卓．美国硅谷创业生态系统环境研究［J］．科技进步与对策，2016（18）：59-64.

② 曹绪亮．美国硅谷中介服务体系的借鉴意义［J］．中国高新区，2005（01）：64-65.

4. 创新创业的工作环境与氛围

硅谷的组织结构是一种分权式、扁平化的网络结构，这一结构能够有效地鼓励组织间、企业间、企业与大学之间的交流合作。硅谷的企业往往以任务为导向，随时结合成不同的新的组织迎接任务与挑战。这一工作模式极大地提高了生产效率，增强了硅谷的竞争实力。

善于创新、敢于冒险、崇尚竞争、平等开放是硅谷的价值观念。这极大地激发了硅谷人的创新精神，为硅谷的企业注入了活力①。

5. 创新创业的多元文化环境

硅谷的社会结构平等、包容开放。硅谷的工程师和企业家来自五湖四海，2013 年硅谷人口中，30% 是白人，31% 是亚裔，26.5% 是西班牙裔；硅谷人口中有 1/3 在美国以外出生，而硅谷科学家和工程师中约 60% 在美国以外出生；5 岁以上的硅谷人口中约有一半在家中说英语以外的语言。然而，种族和文化的差异不但没有阻碍他们之间的联系，反而通过交流更易产生创新想法②。

（三）生活环境

在生活环境方面，圣何塞市政府为硅谷创建了良好的生活环境。良好的气候条件加上高端的生活质量吸引了大批高端人才。

硅谷曾被评为全美最安全的地区，在市政府的开支中，公共安全占比最大。仅为了改善现有的消防站，就有一个规模 1 亿多美元的专项基金。硅谷公共交通体系完善，并设有交通委员会（VTA），负责该地区公交系统的运行。在市政建设方面，硅谷强调环保和“绿色”。目前它已是美国物资回收和重新利用率最高的地区。

1999 年中国学者就已提出向硅谷地区学习社区绿化的做法。硅谷地区园林绿化的特点有：①道路绿化不仅为行人遮阴，还可美化市容、吸收

---

① 林道谧，路江涌．建设促进移动互联网产业海归人才发展创新创业环境研究［J］．管理现代化，2015（05）：60－62.

② 汤汇浩．高科技园区综合发展要素及其作用实证分析：以张江高科技园区与美国硅谷的比较研究为例［J］．中国科技论坛，2011（06）：87－93.

汽车尾气及噪声。②硅谷的建筑与建筑间、建筑与道路间不设围墙，人们可以自由出入，包括市政府大院。开敞的空间给人以亲近感。③各单位绿化创造出浓厚的企业文化氛围。为充分发挥员工的才能和智慧，保证员工在宽松、舒适、优美的环境中创造更多价值，各企业都十分重视内部的美化，许多公司都设置喷泉、水池、假山、小桥、流水、画廊以及篮球场、健身房、运动场等。④建筑多为低层，并且密度低。建筑色彩淡雅，造型别致。⑤居住庭院宽敞优美。住宅建筑多为连栋式小型住宅、独立式住宅及高级别墅，并配有较大院落。人们的生活环境幽静自然，安全整洁。⑥公共区域多以区域公园、社区公园等绿地为主，自然景观优美[①]。

圣何塞市重视文化设施和娱乐场所的建设，营造良好的文化生活环境。该市的“国王图书馆”是美国密西西比河以西最大的城市公共图书馆，也是美国第一个大学和市政府合办的图书馆。为彰显硅谷特点，在圣何塞市众多博物馆中特别设立了技术创新展馆。馆内把硅谷最新的高科技用直观的模型、图像和文字呈现给大家，并且鼓励参观者参与到编程、建模的过程中，以激发人们的想象力和创造力。

硅谷国际人才集聚，圣何塞市是一个有大量外国移民、文化呈多样性的城市，每年会庆祝许多不同种族的节日，融合中国、意大利、菲律宾、日本、印度等国传统文化，并且市政府会给予鼓励和支持，使多元文化在硅谷交汇融合[②]。

三、国际化社区治理模式

美国国际化社区治理模式有着广泛的代表性，归纳起来具有如下特点[③]。

---

① 高仁凤．硅谷地区绿化特色及启示［J］．北京规划建设，1999（01）：11－14.

② 何洪泽，邹德浩．加强服务优化环境［N］．人民日报，2006－12－10（003）．

③ 国际大都市社区管理模式及其启示［C］//上海行政管理学会、国家行政学院科研部．政府管理体制创新：国际大都市区域发展战略：“国际大都市区域发展与政府管理体制创新”理论研讨会论文集．上海：上海行政管理学会、国家行政学院科研部，2011：7.

（一）政府机构制定政策

政策制定了相关政策影响社区的发展，同时鼓励和支持社区组织的发展，形成合作机制，共同探索社区发展的路径。

（二）第三方机构提供服务

非营利组织在社区治理中发挥重要作用，依靠志愿组织和志愿者为社区提供各种公益服务，推动社区发展。

（三）社区企业提供帮助

社区企业也为社区发展贡献了力量，例如，它们为社区个人创办企业提供融资咨询服务，提供创业资本贷款，等等。

第四节　日本国际引智、筑波科学城建设与社区治理模式

一、日本国际引智经验

（一）积极推行“科技立国，人才制胜”战略

在国际竞争日趋激励、技术引进越发困难的背景下，日本出现忽视基础研究、创造力不足的状况。对此，日本积极推行“科技立国、人才制胜”的战略，制定了吸收国外优秀研究和技术人员的政策。日本的政策重点逐渐由注重科学技术转向科学技术与科技人才并重的战略导向，人才政策逐步深入细化，并推出“240 万科技人才开发综合推进计划”“21 世纪卓越研究基地计划”“科学技术人才培养综合计划”等人才培养与引进计划，其目的是培养各学科领域的尖端科技人才、为科技人才建设一流的人才培养基地、培养社会产业所需人才等①。

① 高峰，唐裕华，张志强，等.21 世纪初主要发达国家科技人才政策新动向［J］.世界科技研究与发展，2011（01）：168－172.

（二）移民政策相对保守但出入境政策放宽

日本在移民政策上仍保持相对保守的态度，但为了吸引国际尖端人才，对出入境政策进行了修改。日本政府在2014年3月11日内阁会议上通过了《出入境管理及难民认定法》修正案，将IT、医疗等领域具备高学历、高技术的外国人，获得在日永久居住权所需在留时间从5年缩短到3年。新制度的对象包括研究人员、技术人员以及跨国企业经营者和大学教授，只要学历、年薪满足一定条件即可，其配偶也可赴日工作，并可携父母、保姆同行①。2014年7月以后，在日本的外国人须更换新的外国人登录证并将其改名为“在留卡”，在留期间可自由往返日本，不再需要办理再入国许可证，这一办法使在留外国人出入境更加便捷，并降低了花费的成本②。

（三）学术机构积极实施国际引智计划

日本引进国际高端人才的计划并非全部由政府部门负责，而是由半官方的学术机构主管，政府只负责提供经费补助。这些机构主要有日本学术振兴会、日本产业技术综合研究所、日本理化学研究所等。

日本学术振兴会依据政府科技政策推动科技相关学术振兴计划，网罗日本国内与国际尖端科技人才，并资助进行科技研究，推动国际科技合作，支持产学合作，搜集及传播科技研究相关信息等。以2002年为例，投入180亿日元进行相关资助，其具体资助办法是：①提供给青年科学家研究奖助金。以三年为期，提供给博士后特殊科技人才每月46.8万日元，提供给博士后一般科技人才每月37.9万日元，提供给博士生每月20.5万日元，并提供研究奖助经费，每年补助150万至300万日元不等；奖助日本国内博士后人员赴海外研究，2002年共奖助118位。②推动国际科技合作。向国外博士后人才在日本从事研究提供资助，资助项目包括：往返机

① 日本修正出入境管理法吸引外国尖端人才［J］．中国人才，2014（07）：59.

② 顾丹丹，周超．日本引进海外人才政策分析及对我国的启示［J］．商场现代化，2014（25）：124－125.

票费用、生活津贴、房租补助、旅费津贴、平安险与疾病保险、研究奖助金，邀请外国学者到日本讲学或从事研究的奖励资助，邀请重量级杰出科技人才（如诺贝尔奖得主）到日本讲学或从事研究的奖励资助。

日本产业技术综合研究所，原隶属于日本通商产业省之工业技术院。该所每年接受政府补助经费，并从外部获得研究经费收入，以供所内研究员从事长、短期研究。客座研究员包括从国内大学及研究机构延聘人员和国外延聘人员，并分为三等级，即研究员、博士后研究员、特别研究员，向他们提供不同级别的资助。

日本理化学研究所，为日本政府资助的公共法人研究机构，从事重要科学研究，包括基础与应用科学。该所为提升研究水平，推动国际科技合作，特别邀请世界级杰出科学家前来从事研究或讲学工作。杰出科学家分为三类，根据级别给予不等的经费资助与待遇，包括超级杰出科学家（诺贝尔奖得主或具有相当成就者）、杰出科学家（世界知名科学家受邀成为本所顾问）、客座教授（世界知名科学家受邀在本所从事合作研究工作）。

大学及公立研发机构在人才录用与管理上力求公平、公正、公开，以广泛招募为原则，招聘对象不受性别、年龄、国籍的影响，在录用结果、薪资待遇、业绩评价上客观统一，这为日本国内外人才竞争提供了良好的环境。

（四）积极实施招收国际留学生计划

同很多发达国家一样，日本也积极招收国际留学生，以提升高等教育的国际化程度和世界影响力。早在 1953 年，日本就制定了“国费留学生制度”，最初日本招收国际留学生主要是为亚洲经济发展做贡献。1983 年日本颁布《关于 21 世纪留学生政策的提案》，计划到 21 世纪初，来日本留学生数达到 10 万人次，该计划也被称为“十万人计划”。2007 年，日本首相安倍晋三在亚洲门户战略会议上提出“亚洲门户构想”，将日本留学生政策由“国际贡献”提升为“国家战略”，即转变为“吸引高科技人才模式”。2008 年，日本六个政府部门联合提出到 2020 年实现“30 万人留学生计划”，将吸引国际留学生作为国家战略的一部分。该计划主要强调：建立与国外优秀大学的合作关系，促进国际交流，提升高校国际竞争力；产学官联合，促进留学生毕业在日本就业创业；发展日本文化魅力，吸引留学生；实施对公费留学生的优惠接收政策，以培养亲日派精英；鼓励短期留学项目。可见，“30 万人留学生计划”更受政府的重视，其目的在于通过吸引国际留学生为本国科技发展吸收、培养优秀国际人才①。同时，日本高校设立了丰富的奖学金制度，以吸引海外留学生。

（五）日本企业积极吸纳海外人才

第一，日本企业转变了招聘战略，将人才选聘的视野放宽到全球的劳动力市场，致力于聘用国际优秀人才。近年来，日本企业面临技术人员短缺的问题，很多企业将人才市场聚焦到了印度、越南、泰国等新兴国家，广泛聘用科学技术人才。

第二，日本企业在海外设立研究机构，聘用海外人才到机构中工作。20 世纪 80 年代初期，松下电器公司率先在美国设立了基础研究机构，此后万事达公司、丰田公司也在美国设立研发中心，富士通公司、日立公司在英国设立了研发中心。

第三，日本政府大力扶持猎头公司拓展海外劳动力市场，在全球范围内寻找优秀人才②。

第四，日本努力为海外人才提供良好的工作与生活环境，在住房、子女教育、社会保障方面给予优惠和补助。

（六）实施国际化科技合作项目，柔性引进国际人才

日本积极实施国际科技合作项目，推进国际合作研究。例如，1989 年，日本推出“国际合作研究项目”，该项目以创新技术研发和研究交流为主要目标，由合作双方国家或地区在科学技术基础领域进行双边合作研

① 尹贞姬，王昱．日本留学生政策与国际人才培养模式研究［J］．东北亚外语研究，2015（04）：70－75.

② 王挺．日本吸引海外人才的政策与措施［J］．全球科技经济瞭望，2009（05）：28－36.

究，一般由双方研究机构各出 5～10 名研究人员，构建 10～20 人的研究团队，研究经费各自承担，研究期限为 5 年。

近年来，日本聚焦亚太地区科技发展，由日本学术机构提供资助，开展亚洲地区国际科技合作项目，具体项目包括亚洲研究基地项目、亚洲非学术平台建设项目、形成战略的亚洲科学技术交流等，拓宽了国际人才交流合作的渠道。

二、筑波科学城

日本筑波科学城不仅是日本最大的科研中心，而且已经成为具有独立城市功能和完善设施的“新城”，是一个“产、学、住”一体化的科技工业城市。下面，将分别从政府的治理环境、创新创业环境和良好的生活环境三个方面，详细解析日本筑波科学城建设中的典型经验。

（一）政府治理环境

1. 起始于政府主导型的建设和管理模式

20 世纪 60 年代，日本提出“技术立国”的国家发展战略。为实现这一目标，日本政府决定选择在日本建造国家级科学城，促进国家技术发展。最初，筑波科学城的模式为“中央政府投资，中央政府管理”，依靠政府指令，推动其形成与发展。

2. 管理模式由政府主导型向政府与市场有效结合转变

在意识到筑波科学城科学技术发展迟缓，政府主导的发展模式存在局限性后，政府开始转变科学城的管理模式。筑波科学城的转型加强了科学研究、技术创新、成果转化、商业化生产之间的联系，并将科学发展与城市环境改善完美融合①。

日本政府积极引入市场调节机制，推动科研机构与科研成果的市场化。

① 白雪洁，庞瑞芝，王迎军．论日本筑波科学城的再创发展对我国高新区的启示［J］．中国科技论坛，2008（09）：135－139.

在科技人才资源方面，筑波科学城正逐步改善人才由政府直接配备的局面，采取更为灵活的科研人员聘任制，并大力实施吸引海外人才的政策措施，努力将筑波科学城发展成为对内、对外均开放的研究开发基地。

3. 健全的立法保障和大量优惠政策

自建设筑波科学城以来，日本政府为保障筑波科学城的更好发展，出台了《筑波研究学园城市建设法》《筑波研究学园城市建设计划大纲》《高技术工业聚集地区开发促进法》《研究交流促进法》等一系列法律政策，通过立法手段，对房地产租赁、设备折旧、税收、信贷、外资引进等给予多种优惠政策和措施，有力地保障和促进了科学城的发展[①]。

（二）创新创业环境

1. 提供优越的研究基础和科研环境

筑波科学城是日本最大的科研基地。20 世纪末，筑波科学城累计获得的政府投资高达 2.5 兆日元。日本全国 30% 的国家研究机构和 40% 的研究人员都聚集在筑波科学城，国家研究机构全部预算的 50% 左右投资在这里[②]。科学城内设有：宇宙研究中心，拥有最先进的质子加速器；工业实验研究中心，包括工业技术院的 9 个研究所；农业科研实验中心；研究人类的灵长类试验站；高空气象台；等等。筑波科学城拥有全日本最先进的科研设备，如环境研究所的大型激光雷达，日本宇航局的巨大太空模拟室，电子技术室的卫星结构清洗室和同步光源，无机物质研究所的分辨率为 2 埃的电子显微镜，物理研究所的 175 000 高斯的超导磁体，化学研究所的超导分光仪，等等[③]。这些顶尖的仪器设备为科研人员提供了优越的研究基础与科研环境。

---

① 刘芹，张永庆，樊重俊. 中日韩高科技园区发展的比较研究：以中国上海张江、日本筑波和韩国大德为例 [J]. 科技管理研究，2008 (08)：122-124+130.

② 谭旭峰，孟庆华. 日本筑波科技城："现代科技的乌托邦" [J]. 中国高新区，2004 (09)：60-61.

③ 马永斌，刘帆，王孙禺. 科学园区大学主导与政府主导模式的利弊分析：基于剑桥科学园与筑波科学城的对比 [J]. 科技管理研究，2010 (06)：32-34.

2. 承办国际学术交流及科研交流活动

筑波科学城科研能力、水平的提升，吸引了诸多国内外科研机构，它们与筑波科学城在教育、科研、产业上保持密切的联系，科学城内国际会议逐年增多，国际人才与日俱增。

3. 在日本科学技术振兴中发挥重要作用

筑波科学城目前已成为日本技术信息网络的重要节点和对内对外信息交流的窗口。通过转型的再发力，科学城大量的科技创新成果巩固了日本的科学技术基础，缩短着日本与欧美等地发达国家的技术差距，在电子学、生物工程技术、机电一体化、新材料、信息工学、宇宙开发、环境科学、资源能源、地球科学、土木建筑、农业等领域的前沿技术发展中发挥了重要作用①。

（三）生活环境

1. 基础生活配套设施丰富完善

科学城规划从 1963 年到 1969 年历时 6 年变更 5 版最终得以确定，自始至终把“配套设施”建设放在重要位置，如能源中心、真空垃圾收集系统等先进的基础设施和公园城市化、绿色商业中心等理念，均是其注重配套设施的体现。筑波科学城公共设施类型丰富。对于生活服务类基础设施的建设，是“居住区”成为“生活区”的关键。筑波科学城公共设施涵盖医疗、教育、文化、体育、商业、绿地公园六大类型，在满足基本生活需求的同时，考虑到了多样性和高品质，如表 3－8 所示。

表 3－8 筑波科学城公共设施类型、数量、密度特征一览表

公共设施	类　型	数量（处）	密度（处/平方千米）
医疗设施	医疗中心医院、筑波医院、筑波大学附属医院等	6	0.22
	社区诊所、牙医诊所等	65	2.41

① 白雪洁，庞瑞芝，王迎军．论日本筑波科学城的再创发展对我国高新区的启示［J］．中国科技论坛，2008（09）：135－139.

续表

公共设施	类　型	数量（处）	密度（处/平方千米）
教育设施	中学：筑波高中、竹园高中、筑波东中学、立春日中学等	15	0.56
	小学：沼崎小学、茎崎小学、立春日小学等	18	0.67
	幼儿园：摇篮幼儿园、岛名幼儿园、稻穗幼儿园等	61	2.26
文化设施	图书馆、博物馆、市民交流中心	21	0.74
体育设施	游泳馆、体育馆	14	0.52
	含球场的公园	35	1.30
商业设施	银行及 ATM70 处，餐厅 680 处左右，理发店 55 处，商场 5 处、便利店 96 处	906	33.56
绿地公园	筑波北部公园、赤冢公园、竹园东公园等	27	1.00
合计	—	1 168	43.24

资料来源：赵勇健，吕斌，张衔春，等．高技术园区生活性公共设施内容、空间布局特征及借鉴：以日本筑波科学城为例［J］．现代城市研究，2015（07）：39－44.

科学城国际人才聚集，国际化的公共设施的配备为居民提供了国际化的服务，如幼儿园中有很多是双语幼儿园，公共场所标识和官方服务语言一般有三种以上。园区内教育设施数量多，分布密集，为生活在这里的科研人员子女提供了优质的教育环境。

2. 自然生态环境良好

筑波科学城在发展过程中，始终注意保持良好的自然生态环境。园区内规划了大量绿化用地，大量小面积的绿地公园穿插在研发教育、商业服务、生活居住等功能之中，建设中保留了平地林的自然环境和田园式的研究及居住环境。城市森林是筑波科学城绿地的重要组成部分，今天的筑波科学城，绿地环绕，空气清新，环境宜人。筑波科学城形成了颇具特色的连接城市公园的公园路绿色回廊和干线道路的绿色廊道。人们可以步行去购物或去公园，真正享受田园式的体验。越来越多的人不仅选择在这里工作，而且选择在这里居住。良好的自然生态环境是科学城留住人的重要因素。

筑波科学城的建设、开发、管理和运营机制由政府主导，这与中国建设中“政府主导性较强”的特征相符，其科学城规划、科技创新环境建设、公共配套设施类型、布局特征对中国国际人才社区的建设有着很大的借鉴意义。

三、国际化社区治理模式

在日本国际化社区治理中，政府、民间组织各司其职，共同推动社区的发展。日本社区管理呈现以下几个特点①。

（一）社区管理的民主化

民主化特点主要体现为社区参与度高。民间自治组织参与地方政府召开的审议会、听证会等会议。选举产生了社区权力机构。居民直接参与的意愿不断提升。

（二）社区治理的市场化

引入市场机制，克服了传统行政机制的诸多不足，打破了政府在社区治理中的垄断，扩大了公民的选择权，提高了社区治理的效率。

（三）社区权力的多元化

政府、町内会、各类社区民间组织、企业和居民等参与了社区治理，形成了多元化的社区治理权力体系。

第五节 韩国国际引智、大德科技园建设与社区治理模式

一、韩国国际引智经验

韩国在建设与发展历程中，也曾经历人才外流的阶段。20 世纪 60 年

---

① 国际大都市社区管理模式及其启示［C］//上海行政管理学会，国家行政学院科研部．政府管理体制创新：国际大都市区域发展战略：“国际大都市区域发展与政府管理体制创新”理论研讨会论文集．上海：上海行政管理学会、国家行政学院科研部，2011(07)．

代，韩国经济落后，工业项目、科技项目几乎是空白，为改变现状，韩国政府向美、英、日、法、德等发达国家派遣了大批留学生、技术进修生，学习先进的科学技术。因大批留学生学成不归，而人才环境又难以吸引外籍人才来韩国科研深造，韩国面临着各领域科研人才短缺的局面。随着经济、科技和社会发展步伐的加快，科技人才的供不应求使韩国政府开始重视人才的开发与管理，出台一系列吸引本国海外人才归国和吸引外籍人才的政策。

（一）制订海外人才引进计划

1. 海外韩裔人才回流计划

1996 年，韩国将吸引海外人才回归作为国家科技部的主要工作目标，在此之前政府就已进行了人才回流的相关工作。20 世纪 70 年代，韩国教育部在美国和欧洲组织韩国科学家和工程师专业协会，80 年代在日本和加拿大成立类似协会，此后又扩张到中国、俄罗斯，以吸引海外韩国籍人才回归①。20 世纪 70 年代，韩国建立韩国科学院，并确立吸引海外高级人才到韩国工作学习计划，以提高本国科技水平，包括“长期回国计划”、“临时回归计划”和“外国学者访问计划”。20 世纪 90 年代，韩国政府又在海外国家建立海外人员数据库，个人资料对韩国大学和研究机构（包括私立机构）开放，用人单位可根据自身需求，迅速锁定目标引进海外高层次本族裔人才。

与此同时，政府管辖的一些战略性科研机构也制订了各自吸引人才回国的计划措施，内容包括：①注重质量，对引进人才制定严格标准。韩国科学与工程基金会对吸引人才的标准做了明确的规定。②法律保护，创造吸引人才回归的社会环境。韩国相继制定《韩国科技研究所援助法》《科技成就法》《技术开发促进法》《工程技术人员晋升法》等一系列法律条例。③贯彻研究人员优先原则。④向回国人员提供优厚的物质待遇。韩国科技研究所在政府支持下实行新的工资标准，在当时韩国人均月工资只有

① 孔娜．韩国、新加坡引进高层次人才战略现状分析及对我国的启示［J］．科技信息，2012（14）：83－84.

50 美元的情况下，回国人员每月可得到 250 ~ 400 美元的工资。有些私人企业除发放基本工资外，还设立博士津贴、硕士津贴等，并向回国者提供回国所需的搬家费，提供免费住房、子女教育津贴、国内交通津贴和实行海外旅行自由等。⑤吸引方式灵活多样。回国人员在国内工作的时间可长可短，允许永久定居，也可暂时居住，也允许回国后仍保留外国籍，对暂时不愿回国的学者，则动员其回国运行短期科研项目，开展各种学术合作，为韩国提供各方面的信息①。

2. 外籍人才引进计划

第一，韩国科学技术团体总联合会自 1994 年起配合韩国科学技术部推动“科学技术人才交流计划”，引进海外重量级科技人才进行短期讲学、技术指导，促成海外科技人才长期来韩国工作以推动科学技术人才交流，邀请外国优秀科技学生来韩国从事研修。

第二，2003 年，韩国计划引进 200 名左右居住于海外地区并已取得博士学位且具 5 年以上研究开发经验的韩国侨民及外国科学技术人才，同时针对俄罗斯及独立国家国协地区成员国、东欧各国、中国等国家招募科技人才，以充分运用海外高级人力资源；此外，在海外相关科技企业机关及研发团体从事研发工作有特殊贡献且经认定的非博士级人才亦在引进之列。海外科技人才共同参与韩国现存及新型技术研发，或讲授专门领域课程，及出席相关各类学术会议发表研究成果，担任相关技术研发机关的技术咨询等，协助韩国扩充研发范畴，提升国际竞争力。引进计划总经费 63 亿韩元，主要引进领域包括基础科学、机械研发、电子通信、化工科技、能源开发、能源技术等。

第三，韩国政府制订海外人才短期科技指导计划。为提升国内科研水平，针对科学技术部所指定的核心战略技术领域，韩国的政府经费研究所、公立研究机构以及大学均可申请邀请海外优秀科技人才做短期科

① 刘昌明．韩国是怎样吸引海外人才回国服务的：从科技发展的角度解读韩国的人才外流与回归现象［J］．国际人才交流，2004（07）：54 – 56.

技指导，包括向国内相关科技领域学生、研究员讲授课程，举办研讨会交流研发经验，与国内大学及研究机关做共同短期研究，以及担任新创科技研发计划及新技术开发的技术顾问等。2003 年度该指导计划总经费为 10 亿韩元，主要补助范围包括顾问费、商务舱机票等。科技人才须于审查通过后六个月内来韩国工作，用人机关则须办理海外科技人才邀访事宜之后提交聘雇海外科技人才实绩报告书。未来会考虑扩大申请至企业附设研究所。

第四，韩国政府制订海外人才长期工作计划。长期计划与短期计划类似，针对科学技术部所指定的科学技术领域，韩国的政府经费研究所、公立研究机构以及大学申请引进海外优秀科技人才。其主要工作内容是：担任大学生及硕士、博士课程教授及共同参与相关研究活动，或共同研究新型技术、提供技术开发建议及协助突破技术开发瓶颈等问题。2003 年度该指导计划总经费为 10 亿韩元，补助经费包括薪资补助、初期居家费用、经济舱机票、保险费、国民年金及房租补助等。引进对象为已取得博士学位并在海外优秀大学及研究机关担任研发工作的海外科技人才，并以能用英语讲授及研究者为主要争取对象，但兼具外国国籍及韩国国籍的海外科技人才则不在引进之列。

3. 积极实施海外优秀学生、研究员研修计划

为扩大韩国大学及研究机构的研究视野，韩国邀请外国优秀学生、研究员来韩国就读研修，相互学习交流，了解国外科技人才研究方向。与此同时，增进外国优秀科技学生对韩国科技水平的认知与好感，提升韩国的科技知名度与国际竞争力。针对韩国指定的战略技术领域以及尖端基础及技术领域，设有硕士、博士学位课程的研究所，经大学授权的授予学位认证的研究学术机关可以申请邀请外国优秀学生、研究员来韩国就读研修。2003 年度该计划总经费为 25 亿韩元，补助项目经费为硕士课程每月补助 70 万韩元、博士课程每月补助 90 万韩元生活费，邀请机关减免海外优秀科技学生学杂费、住宿费及保险费。

另外，于补助期间内取得学位或研究计划结束时则停止补助，但经甄选就读硕士课程的外国留学生顺利取得硕士学位后，继续攻读博士课程者仍得继续补助，但补助年限最多 4 年（含硕士课程），学业成绩未达标准或休学时停止补助。同时，每学期由指导教授或研究计划负责人对外国优秀学生、研究员研修成果进行评定，审查是否继续补助。

4. 承办国际会议引进国际人才

为吸引国际人才，韩国主动承办国际会议，与国际专家、海外人才进行交流合作。韩国仅 2002 年就举办国际学术会议 132 次，是世界上召开国际学术会议最多的国家之一，会议收获了大量国际论文，招揽了大批海外人才①。

5. 设立海外研发机构引进国际人才

韩国政府研究机构和企业在中国、美国、俄罗斯、以色列、德国等国家和地区建立了多个海外合作中心，并尽量聘用外籍人才或海外韩国人才，以集聚海外人才。韩国与世界各国广泛建立合作关系，已成功吸引美国英特尔公司、法国巴斯德研究所等国际著名机构及企业在韩国设立研发中心，为韩国带来科技人才、高新技术和前沿信息。

（二）为来韩国工作外籍人才制定优厚政策

韩国政府下力气改善教育、居住、文化等环境，为外国人营造更和谐、舒适的居住环境，放宽对海外人才的电子签证签发门槛，将准永居资格签证 F－2 的滞留期限从 3 年延长至 5 年。通过实施各方面引才措施，力争到 2017 年引进海外人才 3.66 万名，比 2012 年增加 50%②。

韩国政府推出三卡制度，即金卡、IT 卡和科学卡，引进海外科技人才。金卡和 IT 卡主要满足企业海外优秀人才的需求，科学卡则以科研体系所需的科技人才为主。2000 年 11 月，韩国为招聘信息通信和电子商务

① 赵忠伟，刘大杰，李云彪．韩国吸引海外人才经验值得学习借鉴［J］．劳动保障世界，2016（05）：36.

② 薛严．韩国公布吸引海外人才方案［N］．科技日报，2014－01－28（002）．

两类海外人才推出“金卡制度”，2003 年 8 月起扩大至生物科技、纳米科技、新型材料、运输机械、环境能源等专业领域。由“金卡制度”引进的海外科技人才分为普通技术人才和高级技术人才两类，发给分别可在韩国居留 2 年和 3 年的工作签证。当企业和应聘者续约时，签证期可以延长，以获得达 10 年的居留期。2008 年韩国政府推出海外优秀人才“双重国籍”政策，并出台“留学韩国计划”，加强政府、大学、企业间的合作，支持留学生毕业后留在韩国工作，并给予优惠待遇。对于外国高技能人才，韩国不但针对性地缩短入境手续办理时间，为其发放绿卡，并且规定在韩国居留服务 5 年以上的，可以参加地方选举。此外，韩国不分国籍，广泛聘用海外人才，并在工作前三年以初期定居和研究支援等名义提供 5 亿韩元经济补贴。韩国政府还制定了《吸引海外人才特别法》，为海外人才的工作及生活环境提供法律保障。

此外，重视科技奖励，强化激励人才的动力。韩国设立的奖励制度多达数十种，“总统奖”和“韩国科技大奖”为最高级别奖项。韩国科技部在 1996 年科技工作计划中提出设立“青年科技工作者奖”，奖励理工科研究领域 35 岁以下、成绩突出的青年研究人员。门类众多的科技奖励，极大地激励着留学回国人员为国家而努力工作①。

（三）实施本土人才国际化培养计划

2014 年 1 月，韩国公布了吸引海外人才的新一批方案，大幅加强对海外人才的支持力度。

为吸引研究教育型人才、企业活动型人才、潜力型人才，韩国政府制定了相关政策与制度，为优秀人才提供更多优惠和支持。同时，派遣国内科技团队到国外进行科学研究。为灵活就地运用俄罗斯、中国及东欧各国的科研基础设施，学习他国科学技术，韩国派遣本国科技人才到国外科研机构进行科学研究，学习、运用海外实验设备，以培训国内研究人员及积

---

① 刘昌明．韩国是怎样吸引海外人才回国服务的：从科技发展的角度解读韩国的人才外流与回归现象［J］．国际人才交流，2004（07）：54－56.

累科技管理的经验，并提升韩国技术开发能力及建立国际科技人脉网络。2003 年度，韩国提供 8 亿韩元的补助经费，从科研机构、大学、企业附属研究所中挑选研究团队到他国科研机构从事研究，共补助 15 个研究团队 6～12 个月的科研经费。

为加强国际的科研合作，韩国还采取了多项措施，包括：与其他国家共同建立研究机构，在国外建立海外合作中心，鼓励国外机构在韩国设立科研中心，积极承办国际会议。1989 年开始，韩国先后同美国建立了“研究共同体”、签订相关科技协定、建立“韩美科技财团”支持科技合作并选定了 7 项共同研究的课题，此外，还选派留学生、专家和教授到美国学习科学技术。1990 年，韩国与苏联建交后，首先将引进苏联尖端技术和人才作为重点目标，并于 1991 年签订科技协定，规定此后三年韩国同苏联进行 48 项技术研究合作，并邀请 200～400 名苏联科技人才参与韩国“G－7”工程，20 名到韩国大学和研究机构讲学①。

二、韩国大德科技园

（一）韩国大德科技园——韩国的“硅谷”

为振兴科学技术，发展高科技事业，支持产业结构的升级和调整，韩国政府采取了一系列政策措施，加快建设国家技术创新体系。韩国集中资金创建科研基地，以日本筑波科学城为蓝本，建设了大德科技园。

大德科技园是一个集科研、教育、生产于一体的高科技园区。大德科技园位于大田广域市西北部，距离首都首尔约 160 千米，始建于 1973 年，1992 年建成。

大德科技园发展转型大体经历了三个阶段。第一阶段从 1973 年到 1992 年，是园区规划建设阶段。第二阶段从 1992 年到 2000 年，以教育科研为主要特征的科技园区基本成形。第三阶段从 2000 年至今，科技

① 孔娜．韩国、新加坡引进高层次人才战略现状分析及对我国的启示［J］．科技信息，2012（14）：83－84.

园区的职能不断拓展，基本实现从教育科研型园区向产学研并重的研究开发特区转型，通过促进大学、研究机构技术转移，推动产学研相结合，实现了优秀研究成果的事业化，逐步发展成研究开发牵引型创新产业集群。

（二）具体运作模式

大德科技园具体运作模式如图3－3所示。

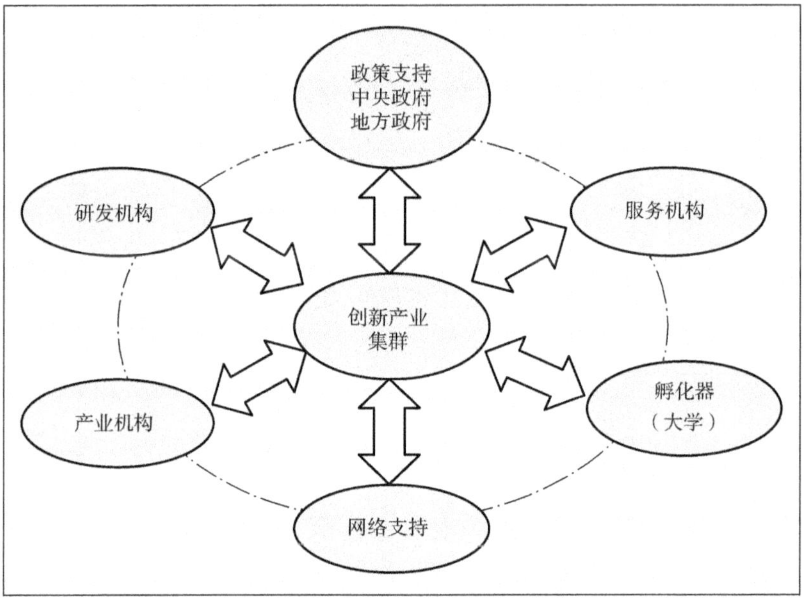

图3－3　大德科技园发展模式图

资料来源：孙占芳．韩国大德研究开发特区发展模式探讨［J］．科技信息，2011（31）：87－88.

经过几十年的发展，大德科技园已成为韩国最大的产学研综合园区，在亚洲乃至世界都具有重要影响。园内汇聚着韩国高等科技学院等6所高等学府、70多家政府和民间科研机构以及几千家高技术企业，拥有全国一流的研发设施与创业创新环境。其重点研究领域为生命科学、信息通信、新材料、精细化学、能源、机械航空等国家战略产业技术、大型复合技术和基础科技。

（三）政府治理环境

1. 完善的法律法规

从1973年建立大德科技园开始，韩国政府相继颁布了一系列法律法规以保障大德园区的发展，主要有《高技术工业都市开发促进法案》(1986)、《大德科学城行政法》(1993)、《大德研究中心管理法》(1994)、《大德风险企业特别法》(1997)、《外国人投资促进法》(1998)、《大德研究中心管理法》、《大德科学城管理法》(1999)、《技术转移促进法》(2000)、《大德研究开发特区法》(2004)。2005年韩国政府参照中国中关村科技园区立法将大德科技园的发展写入国家法案，并明确提出：为促进研发的集群而建立大的科技园，其具体目标是促进科研成果转化、支持企业产品上市、增强国家经济竞争力①。

2. 政府在资金投入、发展规划上给予大力支持

大德科技园的发展离不开政府的大力支持，韩国政府将大德科技园建设作为创新驱动经济转型的重要支点。

第一，韩国政府对大德科技园提供充足的资金支持。1973年建设之初投资约4兆韩元，到2001年韩国政府先后投资30兆韩元兴建科技园区。20世纪末韩国独立研发能力逐渐增强，但用于基础研究领域的科研经费投入较少。政府为加强基础研究，增加了资金投入。在1998年金融危机的情况下，政府对各研究机构拨款比上年减少20%，但对基础研究的投入却增加了25%。1999年继续加强基础研究，投入1 696亿韩元，比上年增加7.4%②。

第二，中央政府与地区政府共同谋划。起初大德科技园仅由中央政府规划，升级为特区后，特区培育计划由中央政府与大田市政府共同制订。中央和地方政府为培育大德研发特区而制定的战略相辅相成，如表3-9所示。

---

① 王伟，章胜晖．韩国大德研究开发特区的投融资环境与模式研究［J］．科技管理研究，2011(12)：56-59.

② 李晓丽．政府在大德科技园建设及发展中的推动作用［J］．今日科苑，2007(23)：107.

表 3-9　中央政府和大田市政府培育大德研发特区战略

<table>
<tr><th colspan="2">中央政府战略</th><th colspan="2">大田市政府战略</th></tr>
<tr><td rowspan="3">研发成果商业化</td><td>强化技术商业化力量</td><td rowspan="4">领域集群</td><td rowspan="4">情报技术、生命科学、机械电子装置、超微粒子技术、人工智能机技术、空间技术、换代零部件及新材料等专门集群培育</td></tr>
<tr><td>搞活技术评价及经营</td></tr>
<tr><td>促进公共研究成果商业化</td></tr>
<tr><td rowspan="5">培养风险企业</td><td>培育骨干企业，提供高新技术</td></tr>
<tr><td>搞活技术金融化</td><td rowspan="4">研发成果商业化</td><td>公共研究成果的商业化促进</td></tr>
<tr><td>扩充入驻用地及设施</td><td>培育研究开发服务业</td></tr>
<tr><td>培育专门人才</td><td>搞活风险创业</td></tr>
<tr><td>全方位营销及扶持经营服务</td><td>强化风险企业培育</td></tr>
<tr><td rowspan="4">构筑国际化环境</td><td>构筑外企经营环境</td><td rowspan="3">促进研发力量集中</td><td>产学研技术交流及扩散体系</td></tr>
<tr><td>改善外国人定居环境</td><td>构筑需求指向型人力培育体系</td></tr>
<tr><td>构筑国际化网络</td><td>促进特区研究开发事业</td></tr>
<tr><td>构筑生活文化基础设施</td><td rowspan="2">构筑整合创新支援体制</td><td>设立大德特区支援本部</td></tr>
<tr><td colspan="2" rowspan="4">与其他区域联系及成果扩散</td><td>搞活大田战略产业企划团</td></tr>
<tr><td rowspan="3">建立国际研发活动设施</td><td>支持外国人投资企业及研发中心</td></tr>
<tr><td>改善外国人生活环境</td></tr>
<tr><td>扩充国际交流基础设施</td></tr>
</table>

资料来源：邓婉君，迟风玲．韩国大德研究园转变的启示［J］．高科技与产业化，2012（07）：104-106.

3. 优惠的税收减免政策

大德科技园为园区高科技公司及人才提供公司所得税和个人所得税优惠。此外，对于处在个人外商投资区的高科技公司、处在综合外商投资区的公司都有不同程度的税收减免政策。

（四）创新创业环境

1. 设立基金项目扶持科研机构与企业

政府特为大德科技园设立了“创业基金”，以扶持迁入大德科技园的科研机构与企业，并提供搬迁补贴、设施补贴、招工补贴、人员培训补贴。除此之外，还设立了科学技术振兴基金、产业基础基金、产业技术开发基金、中小企业创业基金等[①]。

2. 产学研一体化机制

大德科技园坚持技术开发与产业化并重的发展理念，建立形成产学研一体化的管理体制和运行机制。推动技术研发与技术转移是园区的工作重点，在韩国政府的支持下，大德科技园已经形成了实验设施共用、各类信息共享、官产学研互动的专业化、集约化的高科技研发园区，鼓励研究型大学和科研机构直接主持和参与国家及企业的重大科研项目，共享实验平台和构建信息交流平台，产生更多以市场为导向的研发活动和科研成果。当地政府建立了中小企业支援中心，为中小企业提供市场信息、创新咨询、资金支持、技术开发支持等全面的支持服务；此外，有研究开发信息中心为企业提供国内外科研信息与技术成果和专利信息等，还有技术开发洽谈中心和新技术成果实用化支援机构，协助企业实现技术成果产品化、市场化。高等院校和研究机构建立了技术创新中心（TIC）、技术商业孵化器（TBI）、区域研究中心（RRC），加速了研究技术成果的商业化和产业化，为韩国经济、社会的持续发展提供强大的科技支撑。

3. 多渠道的投融资模式

大德科技园投融资渠道众多，为园区内科技企业的发展提供了良好的资金环境。首先，大德科技园的一些研究机构，如原子能研究所、能源与技术研究院、机械与材料研究所等，以及高等院校如韩国科学技术学院、情报通信大学、忠南国立大学等，都纷纷下设中小企业孵化器，以尖端领域为中心，使风险投资创业和中小高科技企业得到发展。其次，注重风险投资。韩国在扶持风险企业的过程中，将政策重点放在振兴风险投资上，政府的援助贷款是风险投资渠道之一，并鼓励来自民间与外国的风险投资。再次，科斯达克上市，主要目的在于扶持高新技术产业，特别是中小

① 李晓丽．政府在大德科技园建设及发展中的推动作用［J］．今日科苑，2007（23）：107.

型风险企业，为这些企业创造一个直接的融资渠道。最后，政府投资引导。韩国中小企业厅扩大援助中小企业与风险企业的资金规模，该资金主要用于以低息贷款的形式支援风险企业。而且，政府还设立了一系列基金项目，扶持自主创业企业及特定部门的科技研发活动①。

4. 与大学紧密合作

在大德科技园内拥有6所著名的高等院校，它们是：韩国科学技术学院（KAIST）、大德大学（DDC）、忠南国立大学（CNU）、韩南大学、情报通信大学（ICU）（2009年3月并入KIAST）、科学技术联合大学（UST）。学校与企业共同进行研究与开发工作并设立研究中心，产生了大量的科研成果与创新产品。

5. 与海外研究开发创新群集结以协同发展

大德科技园与法国索菲亚—安提波利斯、中国北京中关村科技园区、中国武汉东湖新开发区和长江集团、英国曼彻斯特科学园区、土耳其安卡拉数码城以及迪拜科技产业区等15个海外机构保持合作协同发展关系。

（五）生活环境

大德科技园认为引进和留住优秀人才是进行科技研发、科技创新的关键。为吸引优秀人才，大德科技园注重基础设施建设和美化周边城市环境，并为科研人员提供优厚待遇，围绕科技与产业建设完备的配套设施和支持体系。大德科技园积极改善外国人的事业环境和居住环境，以吸引外国先进企业和研究机构进驻。园区于2007年规划建成16.5万平方米的外国人专用事业区及6.6万平方米的公寓园区，并且设立国际学校和外籍人士专用医院②。一流的科技研发环境和优越的生活环境吸引了大批国内外优秀创新创业人才来大德科技园工作和生活。

① 王伟，章胜晖．韩国大德研究开发特区的投融资环境与模式研究［J］．科技管理研究，2011（12）：56－59.

② 孙占芳．韩国大德研究开发特区发展模式探讨［J］．科技信息，2011（31）：87－88.

三、国际化智能社区治理模式[①]

（一）智能社区的概念

在全球智能化的今天，“智能社区”这一概念出现在人们的视野中。世界“智能社区论坛”（ICF）认为，“智能社区”是“智能城市”、“电子城市”和“电子社区”的统称，而“社区”的概念也被扩大为可以是城镇、城市、县或郡或某一地区。智能社区在政府公共政策的引导下，在社区地域范围内，以宽带设施为基础，利用各类信息基础设施和信息技术手段，使社区内的居民与企业享受先进的信息通信服务，提升社会公共福利。

构成智能社区的基本要素包括：①完备的信息基础设施。社区内的网络基础设施能够使社区居民便捷地交流。②全面的信息技术应用。社区拥有以信息技术为支撑的社区综合服务平台和社区门户网站，并体现社区文化、社区价值和社区经济等。社区应根据自身需求建设具有本社区特色的信息化应用系统，以实现社区服务与管理，丰富居民生活。③社区资源有效开发与利用。有效开发和利用社区资源，能实现基础信息、公共信息、社区资源在社区内与社区间在线共享。

智能社区的评价从五个方面考量：①普及宽带基础设施；②具备知识型劳动力；③帮助弱势群体学习数字技术与宽带知识；④扶持具有创新意识的企业；⑤努力宣传与维护本社区的优越性。

（二）韩国首尔江南区智能社区

2008 年 5 月，世界智能社区论坛将韩国首尔江南区评为 2008 年度“最佳智能社区”。江南区是首尔经济、金融、贸易、文化、教育中心，也是韩国经济实力最强的地区。2003 年起，韩国行政自治部与江南区政府、江南有线电视就已联手开发了“电视电子政务”服务。江南区先进

---

① 华淑华．韩国首尔江南区：智能社区建设成功因素分析［J］．信息化建设，2009（03）：46－48.

的信息化服务体系的建设为社区居民提供了极大的便捷和帮助，提高了政府办事效率，使其获得“最佳智能社区”这一殊荣。江南区社区服务的优秀经验有以下三点。

一是创新政府服务模式。早在1997年，江南区政府就已将办理税后和部分申请事务的公共代办点联网，可通过网络办理登记申请、批准文件等事项。目前，江南区从服务社区民众的角度出发，相继建立了85个电子政务系统，居民不受时间、地点的限制可随时获取行政服务，极大提高了政府的办事效率，江南区成为世界上最早实施政府行政服务入户的社区。2006年，江南区开通“电视电子政务”服务，运用数码广播技术通过电视提供行政服务，实现了居民在家利用电视机就可缴税和办理行政业务，极大地方便了不熟悉互联网的中老年人。近年来，政府拓展了更为“人性化”的便民服务，比如：在老人家中安装探测器，以探测老人是否有活动以确保老人在家中的安全；为老人、小孩提供地点跟踪器以防走失；等等。

二是搭建政府公众交流平台。江南区政府设立了网上电子信箱系统，向公众征询法律方面的意见和建议，促进公众与政府间的交流。这一方面有利于政府知晓公众的意愿，另一方面有利于提高公众参政、议政的积极性。

三是建立线上线下相结合的教育培训。为了提升互联网在社区内部的普及率，江南区首先对中老年群体开设了“地区信息化教室”的培训课程，向他们普及网络知识，并指导他们如何使用电脑与信息服务体系，至今已有40多万中老年人参加过培训。

韩国首尔江南区智能社区的服务模式对中国国际人才社区建设有着很大的启发。在国际人才社区中，可充分利用智能平台建设社区公共服务体系，实现社区居民足不出户就可了解社区内外信息、与政府部门取得联系、办理相关业务、进行网上办公、享受社区服务，智能化的社区管理可以为居民提供更优质完善的社区服务，更好地吸引海外人才来社区居住。

第六节　国际经验比较分析与启示

综上所述，英国、德国、美国、日本、韩国的国际引智、国际化社区治理具有一定的共性，同时因国情、历史发展、政策、建设基础等方面的不同而呈现相应的特色。下面对上述国家的国际引智、国际化社区治理做比较分析。

一、各国的国际引智经验比较分析与启示

（一）各国的国际引智经验比较分析

表3－10列出了五个国家国际引智经验的比较分析。

表3－10　各国的国际引智经验比较分析

国　家	国际引智
英　国	制订重量级的人才奖励与资助计划
	依托教育资源优势吸引海外留学生
	鼓励留学生创业
	吸引各行各业专业人才来英国就业
	实施灵活的移民政策
	实施类别多样的签证政策
德　国	吸引海外人才同时推动德裔学者回流
	制订人才奖励资助计划
	改革移民政策
	招收发展中国家留学生
美　国	国家战略层面注重科技创新与人才发展
	移民政策发展成熟，种类多样
	设立多样的人才激励奖项
	依靠教育资源优势吸引海外留学生
	依靠科技实力开展高水平的国际合作

续表

国　家	国际引智
日　本	放宽出入境政策
	科研机构、高校、企业分别引进海外人才
	聚焦亚太地区开展国际合作项目
韩　国	大力实施吸引海外韩籍科技人才回流计划
	制订多种类型的海外人才引进计划
	海外人才资助项目内容丰富
	依靠国际合作灵活运用海外人才

（二）各国的国际引智经验启示

表3－10显示，各国的国际引智重点可包括政策类和规划计划类，由此我们可以得到以下两点启示。

第一，政策类方面，主要包括移民政策、出入境政策、鼓励企业引进国际人才政策、与海外机构合作培养本土人才国际化政策、创新创业政策、完善的生活配套政策等。

第二，规划计划类方面，主要包括国际引智战略规划或者计划、人才奖励与资助计划、引进海外留学生计划等。

这对中国的国际引智工作很有借鉴意义，中国未来可以进一步加强国际人才政策、国际人才引进计划方面的工作，推进国际引智工作进程。

二、各国的国际化社区治理经验比较分析及启示

（一）各国的国际化社区治理经验比较分析

表3－11列出了五个国家在政府治理环境、生活环境、创新创业环境中值得学习借鉴的地方。

表 3－11　各国的国际化社区治理经验比较分析

国家	政府治理环境	生活环境	创新创业环境
英国	• 始终以创新为核心的国家科技发展战略 • 政府注重城市规划并设立国际化战略发展目标 • 依托高等院校、研究机构兴建六大科学城 • 成熟完善的科技创新人才吸引、培养政策 • 政府制订一系列研究开发计划并提供财政支持	• 空气污染、环境治理经验 • 便利的公共交通设施 • 发达的社区卫生服务 • 人性化的社区个人服务 • 可靠的社区公共安全服务 • 多元化的社区服务主体模式	• 以科技为基础的创新活动与城市产业部门联系，“有创造力”的城市生态系统 • 政府、大学、企业紧密合作，成果转化率高 • 全方位金融支持 • 科技服务体系完善 • 注重与国际资源和市场的联结性 • 教育资源雄厚、国际化 • 注重创新文化的培育
德国	• 不断创新科技政策 • 政府科研管理部门细化，职能明确 • 高等教育和职业教育并重 • 制定政策法律，鼓励企业成为创新主体		• 公共科研体系定位清晰，科研力量雄厚 • 严格的科研评估制度 • 研究经费投入充足，管理完善 • 专业化的科技服务平台 • 注重企业创新 • 中小企业合作发展 • 科研自由自治
美国	• 政府宽松的管理模式 • 市场化的经营管理 • 创造开放、公平竞争的市场环境和完善的公共服务 • 完善的知识产权保护法律体系 • 为海外人才提供留学、移民、签证等便利人才政策	• 气候条件舒适、环境优美 • 专业化的生活与服务基础设施 • 完善的文化娱乐配套设施 • 社区服务机构、志愿团体等第三方提供人性化、多样的社区服务	• 与研究型大学、科研院所紧密合作，研发转化有机融合； • 健全的中介服务体系 • 鼓励创新的文化氛围 • 注重培养园区中小企业集群 • 完善的人才网络、信息网络、技术支持、风险投资 • 重视企业间社会关系网络建设 • 简单灵活的企业组织结构

续表

国家	政府治理环境	生活环境	创新创业环境
日本	• 混合式社区管理模式 • 社区管理民主化、组织化、市场化 • 科技城完全由政府管理指挥，根据发展战略及时转型 • 明确的发展规划目标 • 健全的立法保障和优惠政策	• 丰富、密集的六大生活服务设施类型 • 国际化多服务语言的社区服务 • 注重基础教育 • 良好的自然生态环境	• 政府提供先进的科研基础设施与充足的科研设备 • 高端研究院所林立，科研资源雄厚 • 国际学术活动、科研交流聚集
韩国	• 政府根据国家发展战略调整科技园发展目标 • 中央与地方政府共同谋划科技园发展 • 依靠法律法规保障科技园区发展 • 优惠的税收减免政策	• 注重基础设施建设 • 美化周边城市环境 • 优越的生活工作环境 • 国际公寓、国际学校、国际医院 • 智能社区建设	• 多渠道的投融资模式 • 与高校紧密合作，资源共享 • 民间科研机构、高科技企业密集 • 产学研一体化的管理体制 • 引入国际先进企业、研究机构

（二）各国的国际化社区治理经验启示

各国的国际化社区治理经验对我国的启示主要包括：

第一，明确政府、社区委员会及其他社区建设主体之间的关系。国际经验表明，政府主要发挥指导和规划作用，鼓励市场化组织和第三部门等多主体共同建设国际化社区。

第二，建立健全社区管理法规体系。首先，以法律的形式确立新建立的社区管理委员会等自治社区的法人地位，赋予其相应的权利和义务，依法划定其与政府行为的边界。其次，通过法规和规章，赋予社区各类工作委员会或执行机构以一定的权力。最后，明确规定国家对基层社区组织所负有的财政义务。

第三，大力发展社区非营利组织。国际经验表明，社区非营利组织不仅是社区服务可利用的资源，也是培育社区文化、促进社区整合的力量，为实现公民的自治管理提供了有效的组织方式。

第四，提升社区居民的民主参与意识和志愿服务精神，塑造合格的公民，推动居民的社区参与。

第四章　对国内国际引智与国际化社区治理的实证调研

课题组对上海、南京、深圳、贵阳等城市的国际引智与国际人才社区治理实践进行实地调研，总结分析了国内几大典型城市的特色和经验做法，旨在为国内各大城市的国际引智和国际化社区治理提供可借鉴的经验。

第一节　上海国际引智与国际化社区治理实践

课题组对上海浦东国际人才城、上海人力资源服务产业园、上海碧云国际社区、联洋国际社区等地进行了深入调研，探讨并提炼总结了上海国际引智和国际化社区治理的实践经验。

一、上海国际引智经验

2015 年以来，上海颁布与实施诸多国际人才引进政策，促进建设具有全球影响力的上海科教创新中心。上海市国际引智经验主要体现在以下几个方面。

（一）提高人才集聚制度的创新性和活力

一是采用“双自”联动方式建设国际人才试验区。2015 年，《关于“双自”联动建设国际人才试验区的实施意见》在上海制定出台，该方案提出的计划为，到 2020 年初步形成“国际人才自由港”和“大众创业策源地”。这意味着上海将探索与国际接轨的人才跨境流动制度，实施首席科学家集聚工程。上海市引进世界范围内的首席科学家，为国内外高端人才提供优质的硬件设施。依托“双自联动”优势，上海市将国内外人才接轨，从世界范围内聚集人才。

二是服务的便利化程度提高，加快海外人才引进速度[①]。在签证方面，对海外人才，上海签发 R 字签证、Z 工作签证，在申请手续简化，时间、费用降低方面都做出改进，提高了签证便利化程度，此外，延长海外人才居住证时间，提供一站式受理，并且实施年龄限制。

三是出入境政策助力海外人才引进数量。公安部支持上海科教创新中心 12 项出入境政策积极推动了海外人才的引进。在永久居留方面，截至 2016 年 6 月底，上海共受理外籍高层次人才及其家属申请永久居留 503 人，较新政实施前同比增加 8 倍，申请量占全国的 50% 以上。在居留许可方面，上海共办理外国人居留许可申请 5 213 证次，为在上海工作的外国人办理 5 年期居留许可 1 700 余份，同比增长 9 倍。其中，为 96 名外籍人才办理了 5 年期工作类居留许可并加注“人才”，为 21 名外籍人才办理私人事务类居留许可并加注“创业”，有效支撑了海外人才引进。在海外人才居住证（B）方面，上海将有效期延长至 10 年，目前共办理 1 343 人。另外，对于五大人才业绩和贡献，分别给出了居住证积分、居转户和直接落户政策优惠。另外，启动了外国留学生毕业后直接留沪就业试点。

四是“双通道”助推国内人才集聚。“双通道”为人才的两种认定方式：①基于人才市场化评价导向；②由人才主管部门认定。根据市场认可程度和人才工作成果，上海市提供居住证积分，提供居转户和直接落户的优惠。2015 年 11 月，上海市人社局、科委、发改委及经信委等发布实施了《关于服务具有全球影响力的科技创新中心建设实施更加开放的国内人才引进的实施办法》，在评价方法、引进标准、引进对象、政策梯度及办理便捷等方面取得创新性突破，进一步确立了人才引进的市场主体评价权。

---

① 罗娟．上海建设科技创新中心的创新创业人才政策落实跟踪研究［J］．科学发展，2017（03）．

（二）优化科技创新人才培养

一是政府与高校联合，在高校中形成高校智库，通过使高校教师在政府挂职将高校与企业需求对接。2015 年 12 月，上海市人社局制定下发了《关于鼓励和促进博士后工作与企业科技创新平台融合发展的意见》，鼓励博士后“高尖端人才”与企业的科技创新平台对接，推动人才培养与保留。

二是在高校人才培养方面，改变固有模式、注重创新人才培养。2015 年，上海市发改委、人社局联合出台《上海市高等教育布局结构与发展规划（2015—2030）》，并制定《上海市关于深化高等学校创新创业教育改革的实施方案》，这两个政策明确了上海高校人才的培养规模、层次和结构类型，同时将创新创业人才的教育培养作为人才培养的基础。另外，依托“高峰”学科建设引进了一批高水平人才。政策强调创新创业人才的培养，并以此为基础，为高校人才培养方案的制订做出规模、层次、结构、类型方面的指导。

三是制定科研人才双向流动政策，打通双向流动渠道。政府制定科研人员双向流动的实施意见，支持科研人员双向兼职，并鼓励科研人员离岗创业，推动创新创业人才的培养以及科技成果的转化。

四是完善人才分类评价体系，加快高层次人才职称评定。2015 年，上海市人社局出台《关于完善本市科技创新专业技术职称评聘工作的实施细则》，为海外高层次留学人才和国内特殊人才的职称评定提供新的政策，对两类特殊人才的评定提供便捷通道的支持。从结果看，通过便捷通道获得职称认定的比例明显上升。

（三）改善人才服务、生活环境和创新创业环境

一是改善人才服务环境，部门联动实施便利化措施。2015 年 4 月，上海市科委出台《关于试点开展上海市科技创新券工作的通知》，对创业团队和科技企业进行补贴，降低企业在研发方面需自行承担的费用。2015 年 7 月，上海市知识产权局制定实施了《关于加强知识产权运用和保护支

撑科技创新中心建设的实施意见》，该意见旨在营造良好的知识产权法治环境、市场环境和文化环境。意见表明，知识产权战略将伴随上海科技创新中心建设的始终。上海市人社局设立了“外国专家证”和“外国人就业证”一站式受理窗口。上海市公安局及自贸试验区分局出入境接待大厅增加了外国人永久居留受理、签证、居留许可受理窗口并提供自助服务设施，并在延长居住期限方面进行升级，对于符合条件的人才，实现自动延长。上海市公安局、人社局和外专局在外高桥保税区设立了一站式窗口，一个窗口合并了原本需 3 个部门办理的 12 类 20 余种业务，这种方式将业务办理的时间大大缩短，流程得到大幅简化。

二是改善人才生活环境，重点解决住房、医疗和教育等现实问题。人才居住环境的改善得到重视，从人才最关注的住房、医疗、子女入学等现实问题入手，对居住环境进行改造建设。2015 年，为鼓励和支持创新创业人才集聚的企事业单位等，上海市规土局等制定出台《上海市加快推进具有全球影响力科技创新中心建设的规划土地政策实施办法（试行）》。为解决海外人才的就医需求问题，上海市卫计委发布了海外人才在沪就医指南，并探索完善了涉外医疗服务模式与流程。为解决引进人才子女入学就读问题，上海市教委发布了《上海市外籍人员子女学校就读需求蓝皮书》，根据外籍人员工作区域分布和子女数量来确定学校建设的安排，建立适应国际教育的资源，增多适用于外籍人才子女上学的学校。此外，在住房方面，除了继续实施公共租赁住房政策以外，上海还提供了针对优秀科技创新创业人才的住房补贴。

三是加强创新创业服务体系建设和大力发展众创空间。通过大力发展市场化、专业化的研究开发、技术转移、知识产权等专业服务以及设立科技中介服务机构，推动科技服务业集群的建设；通过集中登记、一址多照等商事制度改革以及采取设一站式窗口、网上申报、三证合一等便利措施培育发展众创空间。2015 年 8 月，上海市科委、工商局、财政局等部门联合发布《关于发展众创空间推进大众创新创业的指导意见》及其配套文件，进一步放宽企业经营范围等管制及市场主体的转入条件，为鼓励发展众创空间创造条件。

二、浦东国际人才城的建设

上海浦东国际人才城是上海浦东新区人才工作的创新尝试，为国际高端人才创新创业和生活提供一站式服务，成为吸引海外高端人才在沪创新创业的重要社区。浦东国际人才城为其他地区提供了宝贵经验借鉴，具体如下。

（一）依托产业园区，发挥聚集和服务高端人才的作用

浦东国际人才城位于首批国家级海外高层次人才创新创业基地——张江高科技园区，周边集聚了大量高科技创新创业人才。人才城的定位是：围绕聚集和服务高端人才，成为集聚各种服务要素的空间载体、服务人才各类需求的综合窗口、畅通人才合作交流的温馨家园、构建上海人才高地的地标象征。

（二）科学设置服务内容，提供多元化人才服务

一是在政府人才服务综合区域，集聚了各相关行政部门的人才服务机构，为国际高层次人才创新创业和生活提供全方位、多层次、高质量的对接服务。

二是在政策受理方面，设立高层次人才服务、人才计划申报服务、创业服务等 7 个服务专窗。采用政策受理机构入驻开展定点服务、预约集中受理服务或接受委托送相关单位处理等方式，开展人才计划类、创业创新政策类等项目的受理、咨询和服务。

三是互动咨询方面，分为创业投资服务区、职业发展服务区和综合配套服务区。由国际人才发展中心明确专人提供咨询服务，由相关职能部门、园区招商部门和人才社团，通过定点、轮值等方式给予业务支持，包括为人才提供创业项目对接、创业政策咨询、高端岗位对接、人才交流政策咨询、投融资对接、生活服务等方面的各类信息并交流互动。

四是设立洽谈室、洽谈吧区域，提供相关软硬件设施，为人才与人才、人才与拟合作单位进行深度交流提供服务。

五是提供自助服务。设置触摸屏和电脑，为人才提供免费的信息查询服务和复印、传真等自助商务服务；安置书报架、饮水机、咖啡机等，为人才提供生活休闲类免费、自助服务。

（三）建设创业平台，提供创新创业服务

一方面，建设“创新企业孵化区”，为创业人才提供一体化孵化服务。浦东新区的产业区域与人才创业项目相结合，人才创业项目的落地充分利用了开发园区的地理空间。

另一方面，开辟“金融沙龙”，吸引银行和一些风险投资机构入驻。为吸引职业认证机构入驻人才城，推出“合作伙伴”协议，为它们提供资金方面的支持。

（四）提供活动场地平台，促进开展人才沟通交流活动

人才城既是国际人才发展中心，也是浦东留学生联合会的固定办公场所，还特别设立公共办公区域，形成海内外人才的“联络中心”，吸引世界范围内的人才协会到公共办公区入驻，并提供免费办公区域，吸引各类人才社团组织到人才城开展活动。人才城利用露天广场、酒店等区域，组织并引进与人才相关的大型品牌活动，如“国际人才大讲堂”等活动，支持人才自主举办各类活动。

（五）建设人才信息平台和人才数据库，为人才工作提供信息支撑

作为浦东国际高端人才引进和服务的协同平台，浦东国际人才城通过建立引才工作站和人才数据库，完善人才引进、评审及服务体系，实现人才引进体系和政策支持体系的前端匹配和相互贯通，在发展中调整人才结构。

（六）搭建人才网络交流平台，建设人才工作在线联盟

基于“人才工作人才做，人才服务人才做”的工作机制，人才城建立“工作在线联盟”，建立此联盟意义在于激发人才主体的积极性与自主

性，包含社区联盟、人才活动、人才城共治等多个组织。

（七）积极建设宣传平台，展示浦东国际人才风貌

1. 展示中心

展示中心的大厅占地960平方米，展示了浦东人才工作的重大成果，包含对人才工作的回顾，对打造人才核心优势形成了良好的宣传，成为人才创新创业的学习与展现平台。

2. 浦东国际人才网

人才城建立了浦东国际人才网，该网站面向全球国际人才，为人才提供一站式服务，将人才与政策及机构搜索功能进行配对，外包给留学生社团及海外新闻媒体专业运作。

三、上海人力资源服务产业园区的建设经验

（一）功能定位

上海人力资源服务产业园区由人力资源社会保障部和上海市共建，由上海市人力资源社会保障局和闸北区政府承建，是全国首个基于人力资源开发成立的园区。上海人力资源服务产业园区的建立，为人力资源产业发展提供了新的思路和创新，是中国人力资源产业发展的重要里程碑。上海人力资源产业园区主要有五大功能。

一是集聚产业。人力资源产业园区的建立为人力资源服务业的聚集提供了良好的平台，通过此举，吸引国内外有代表性的人力资源服务企业，进一步使园区成为上海甚至成为全国人才资源服务业集聚区。

二是孵化企业。为中小人力资源服务企业在政策、资源等方面提供支持，建立人力资源类行业孵化器，推动中小人力资源企业向大型企业发展。

三是拓展服务。在服务范围上扩大，使服务的种类齐全、专业化水平和技术含量更高，在项目上进行创新与拓展。

四是培育市场。以各类机构集聚为契机，建设专业化、信息化、规范化、国际化的人力资源市场。在产业集聚的基础上，利用资源优势，使人

力资源市场具备专业化、信息化、规范化、国际化的特征。以上海为基础，联动长三角，最终走向全国乃至世界。

五是促进人才国际化发展。产业园区聚集了国内外人力资源机构，加强了国际交流，并且在交流中加快了人力资源服务业走向国际化的进程，增强了在世界范围的竞争力。产业园区将培育更多具有国际视野及专业技能和职业素养的顾问，满足国际人才人力资源开发与服务，服务于人才国际化战略。

（二）主要经验

上海人力资源服务产业园区的先行建立，积累了诸多经验，如表4－1所示。

表4－1　上海人力资源服务产业园区建设的主要经验

维　度	具体经验
管理体制建设	该产业园实行“联席会议、联席会议办公室、园区服务办公室”的混合管理运营模式。联席会议第一召集人为分管副市长，其组成人员包括市人社局、区政府、市发改委等成员单位；联席会议下设办公室，主要由市人社局和区政府组成；办公室下成立园区服务办公室，由市人才服务中心、区招商办和区人社局派员组成临时服务办公室，形成市政府对产业发展进行规划、调控、决策、部署，市人社局和区政府协商解决，园区服务机构日常管理的三级管理体制
人力资源产业集聚	产业园区以上海人才大厦为核心，形成中国上海人才市场、中国上海人力资源服务产业园青年园、业务流程外包专区和人力资源服务产业交流平台。人才市场以上海人才大厦、新发展大厦、培训广场等人力资源大厦为载体，吸引国内外知名人力资源企业入驻。目前上海人才大厦作为产业园区的核心楼宇，成功吸引了40余家人力资源公司入驻。人力资源服务产业园青年园，以上海市青少年活动中心一、二期为载体，打造人力资源培训高地。青年园即产业园区的培训基地，其培训内容覆盖人力资源各个方面，主要由企业根据市场需求提供各方面的培训课程，提升园区工作人员的整体素质。业务流程外包专区以上海人才大厦为轴心向外延伸，形成人力资源服务外包产业基地，成为上海市紧缺人力资源项目的孵化基地和一流培训资源的集散中心。人力资源服务产业交流平台作为上海人力资源服务业产品交流平台，通过产品博览、交易等形式，大力推介园区人力资源服务企业创新产品，促进人力资源国际国内交流，同时，建立人力资源互联网产业园平台，探索人力资源服务电商经营模式，促进网上人力资源服务业发展

续表

维　度	具体经验
人力资源服务企业孵化	产业园区的重要功能就是孵化企业，孵化出一批专业、高效的人力资源服务企业，形成企业优势互补，逐步建立园区的人力资源服务产业链。利用政府优惠政策，凭借园区的品牌效应，许多起步较晚、规模较小但有特色、有创新的人力资源机构在园区内迅速发展。园区入驻企业服务项目从较高端的猎头服务、心理咨询、人才测评，到中低端的企业培训、人事外包、劳务派遣，基本涵盖了人力资源服务业的各个层面。目前园区总计人力资源企业从最初的20余家发展成168家，园区的孵化功能得到一定的体现
公共人才服务建设	产业园区公共服务主要涉及市、区两个层面的公共服务。上海市级服务主要由上海市人力资源和社会保障局所属市人才服务中心、市就业促进中心、市社保中心、市医保中心等机构提供，主要为入园企业提供人才引进、居住证、外国人就业服务、留学回国人员就业、人力资源服务许可年检、人力资源管理人员从业培训等人力资源公共服务。上海市的区级服务主要由区各级公共行政部门提供，服务内容主要包括企业工商注册、税务服务、商务咨询、出入境服务、就业登记。市、区两级机构共提供60余项公共服务，基本满足人力资源企业的服务需求
配套服务建设	为配合人力资源服务产业园区的发展，苏河湾管理开发公司负责产业园区范围内的国有楼盘管理工作，为园区企业提供统一的办公用房租赁和物业服务，盘活区内闲置楼宇，以较低的租赁价格吸引企业入驻；区政府通过提升周边楼宇服务能级，在购物、休闲、餐饮、健身等方面也进行了一定建设，以适应入园企业员工的相关服务需求
从业人员培养	为提升产业园区内从业人员的整体服务水平，上海市人力资源和社会保障局通过与上海人才行业协会、市委党校、高等院校等机构合作，每年组织入园企业员工进行培训。根据培训人员工作岗位的不同，培训班分为企业负责人、企业高管、普通员工等三个层面；根据培训需求的不同，精心设计培训内容，包括最新的人事人才政策解读、劳动关系分析、劳动合同法案例分析、企业财务管理、人力资源综合管理等课程。通过培训，规范了园区人力资源服务从业人员的职业操守，普及了人力资源服务的基本内容和常识，提高了普通员工的综合工作管理能力，为企业员工间的交流学习搭建了平台

资料来源：闻明．上海人力资源服务产业园区管理体制研究［D］．上海：上海师范大学，2015.

四、国际化社区的治理模式——以碧云和联洋国际社区为例

（一）上海碧云国际社区的特色和治理模式

1. 特色

上海碧云国际社区位于上海浦东新区腹部，被称为“小联合国”。截至今日，碧云社区已成为上海综合程度最强的社区，诸多外籍家庭集聚于此。社区规划理念超前，其功能定位为外向型、多功能、现代化。

2. 政府治理环境

上海碧云国际社区在整体规划和社区管理等方面为国际化社区治理提供了范例。

（1）产业与社区有机结合。碧云国际社区的最大亮点就是金桥产业园区与碧云国际社区的产城融合。生态产业园区与国际社区互为促进，产业园区的发展为社区带来稳定的居住人群，为社区住户提供高质量的就业，为社区的可持续提供支撑，同时，在碧云国际社区安居成为产业园区招商的亮点。

（2）战略定位于聚集外籍人才家庭。碧云国际社区始建于浦东大开发的历史背景下，从建立之初就以产业发展为基础，背倚金桥开发区，它的前身是金桥开发区的生活区。通用、可口可乐、三菱等 10 余家世界 500 强企业集聚金桥开发区，以及几十家 500 强企业落户上海市，带来了一大批外资企业的高管和留学归国人员。金桥开发公司立足于解决这批知识精英的居住生活问题，建设以出租物业为主的高端国际社区。碧云国际社区一方面利用机场便利的航线交通，为国际人才出行提供便利，导入部分客源；另一方面依托金桥出口加工区、陆家嘴金融贸易区、张江高科技园三大产业园区，产业园区的发展为社区带来稳定的居住人群，为社区住户提供高质量的就业，为社区的可持续发展提供支撑。碧云国际社区的客户类型包括中高层外籍人士，以欧美人士为主，以及国内高收入人群。

（3）构建符合国际人才需求的国际化社区管理模式。碧云国际社区坚

持以人为本，关注人的精神生活，营造人与人之间和谐交往的氛围，在社区管理中，处处体现着国际化特色。管理模式是国际化生活的品质保障，碧云国际社区的管理模式包括：①统筹管理。欧美外籍家庭的流动性促成社区形成“以租为主”的经营管理模式。社区对物化环境和功能内涵两个方面进行严格控制，从建成之初就严格选择引入的项目，严格挑选品牌和客户，形成声誉和经营的良性发展。碧云国际社区对标识进行统一管理，在广告位、空调室外机位等方面做出事先预留。在引进商户和租户时，除了考虑租金的给付能力，更重要的是考虑提供的功能是不是社区所需要的，品位是不是与社区品质相适应。②管家式服务。社区设立租售中心和物业管理中心，这两个服务机构提供双语服务，服务时间涵盖24小时，真正实现客户提包入住。③开放式管理。社区建设理念强调开放性。社区的公园、体育场等设施都是对外开放的，在碧云国际社区的一些小区里没有明显的围墙。④中外融合。社区通过品牌赛事、节日派对、学校交流打造文化品牌，每年举办100余场各类社区活动。碧云健康跑、中外家庭日、MINI世界杯等大型品牌活动，吸引上万名国内外人士参与，部分活动成为浦东新区重点文化项目，也是上海外籍人士参与数量最多的民间组织活动。碧云中外家庭闹元宵等节日派对是中国民俗与西方文明的深入交流互动，促进不同文化之间的相互融合。中欧国际工商学院、国际学校组织大量海外交流活动。碧云国际社区还成为2010年上海世博会礼仪大赛的举办地。此外，通过建立“碧云社区网”，提供周边商铺、租房、家政服务等信息，开发线上线下服务渠道。同时，网站开辟“你提我改”交互平台，让更多的国际人才参与到社区的建设和管理中。

3. 生活环境

碧云国际社区在生活环境方面的建设经验如下。

（1）建设以人为本的绿色社区。碧云国际社区适应了浦东外向型经济的特点和国际化战略的实施，在生态环保、节能减排、绿色低碳等各方面均有上佳表现。首先，建设国际化标准的居所。利用天然河道的小区布局，里弄围合式的花园洋房，纯正的美、英、法、德、意等多国建筑风格，进口的隔音隔热、防风抗震材料设备，采用进口木材建造的木结构别墅公寓，使社区成为充满欧美文化特色的国际化居所，是碧云国际社区住宅环境的特色。其次，进行人性化的尺度设计。碧云国际社区拥有宽松惬意的居住空间、公共空间，设计了人性化的塑胶自行车道、双语道路指示系统，建设了社区可再生资源服务电子平台，贯彻实施循环、低碳的现代生活方式。最后，打造国际化标准的环境。碧云国际社区是上海市内第一个达到“国家空气质量一级标准”的社区，是上海首个通过 ISO14001 环境质量体系认证的国际社区，是名副其实的“绿色社区”。

（2）全面提供国际标准的生活配套设施。碧云国际社区建设贯彻“国际化标准”理念，从建设单一的住宅小区提升为建设功能齐全、配套完备、开放式的大社区。社区配套功能齐备，与大型国际社区对标。在生活方面，已能够满足居住、教育、医疗等方面的需求。此外，社区还建有天主教堂和基督教堂，提供国际化的生活方式。

（3）打造中外融合、独具特色的国际社区文化。碧云国际社区积极打造中外融合、独具特色的国际社区文化，形成良好的社区互动平台。碧云国际社区具有良好的示范效应，在上海乃至中国有其典型的示范意义，更有着很高的国际认同度①。

（二）上海联洋国际社区的特色和治理模式

1. 特色

上海联洋国际社区 1993 年正式启动开发，该社区地处浦东新区行政文化中心，是大型高档生态、文化居住区，凭借其整体开发优势和全新规模理念，荣获建设部颁发的“规划环境金奖”，成为上海最知名的社区之一。该社区定位于高档住宅社区，大量外籍人士入住于此，因而被称为“浦东古北”。上海联洋国际社区位于碧云国际社区西面，定位为现代化、生态型的

① 毛巧丽．现代物业经营管理中的规划风险及其治理策略：以上海浦东碧云国际社区建设为例［J］．上海城市管理，2014（02）：66－69.

中、高档居住区，来自欧美、日韩、新马等地的数万居民已安家于此。联洋国际社区在地理位置和配套设施方面表现突出。

2. 政府治理环境

上海联洋国际社区在政府治理方面特色鲜明。

（1）充分利用地理位置优势。联洋国际社区地理位置优越，西边紧邻浦东文化中心，毗邻上海科技馆、浦东图书馆，南部为140万平方米的“城市绿肺”——世纪公园，区域内集中了仁恒河滨城、御景园、华丽家族、联洋年华、中邦风雅颂、水清木华、当代清华园、第九城市、金色维也纳等10余个高档住宅小区。

（2）建设服务国际人才的涉外服务站。联洋国际社区涉外服务站于2012年2月18日成立，是上海第一家社区涉外服务站。该服务站建立了一站式新型模式，即将入住登记、咨询指导、沟通交流集于一体，在服务站内可办理所有流程。

3. 生活环境

上海联洋国际社区在生活环境建设上形成了自己的特色。

（1）聚集丰富且极具国际特色的教育资源。东方幼儿园、浦东新区进才实验小学、上海师范大学附中国际部、上海市进才实验中学等都是浦东乃至上海鼎鼎有名的重点学校。其中，国际特色最显著的是上海师范大学附中国际部。上海师范大学附中具有招收外籍学生的资格，旨在营造一个多元文化的环境，培养更多合格的世界公民。上海师范大学附中国际部设置1~9年级，现有来自10多个国家的300多名学生。

（2）提供国际化的医疗服务。医疗设施方面，联洋国际社区主要依赖圣欣医院和联洋地段医院。圣欣医院是圣瑞集团第三家医院，也是上海首家引进国际理念，为市民提供专业化、高质量的医疗保健服务，提供人性化的就医环境的重点医院。联洋地段医院即浦东新区联洋社区卫生服务中心，该医院集医疗康复、预防保健、健康教育等于一体，环境舒适、整洁，极大改善了联洋国际社区的就医条件。

（3）提供健全的生活配套设施。以大拇指广场和联洋广场为中心，形成集购物、美食、休闲、娱乐、酒店、艺术 6 大生活功能于一体的生活区域。社区内的家乐福和卜蜂莲花超市作为不可或缺的生活配套，很好地满足了居民日常生活所需。招商银行、汇丰银行、东亚银行和交通银行等分行支行分类明确、功能强大，为中外人士齐聚的联洋国际社区带来源源不断的资金和政策支持。此外，蕙风美术馆 6 000 平方米的多功能展厅、550 平方米的文化休闲区及 200 平方米的艺术衍生品经营区与联洋国际社区外围的世纪公园、东方艺术中心、汤臣高尔夫球场紧密相连，极大地丰富了居民生活。

第二节　南京国际引智与国际化社区治理实践

本节主要从南京国际引智政策和规划、国际人才港、南京盛捷青奥国际社区等方面探讨并提炼总结南京市国际引智和国际化社区治理的实践经验。

一、南京国际引智经验

近年来南京引进海外科技人才政策方面的措施及做法，主要体现在以下几个方面[①]。

（一）搭建平台，不断拓展人才引进渠道

南京的人才政策着力于引进渠道的建设。为推进人才之间的交流，南京于 2010 年搭建了南京市高层管理人才交流服务中心。此外，南京市准确地把握各种机会，借助“留交会”等平台，与相关园区对接，同时还印制宣传资料等，广泛宣传人才政策，促进人才引进。

① 王敬英. 南京引进海外科技人才政策研究与建议［J］. 科技和产业，2015（06）.

（二）加大创业平台、载体的建设力度，打造人才发展环境

近年来，南京加大了创业平台、载体的建设力度，为人才的发展提供了良好的保障。南京科技创业社区的建立，吸引了众多的人才落户于此，社区配套设施齐备，孵化器、加速器等建立完善，载体面积不断扩大。此外，南京还加大了引进世界500强企业研发机构、中国500强企业研发机构的力度，吸引了众多国家重点实验室进驻，省级以上科技公共服务平台数量增多。

（三）加强创新创业扶持

为确保海外科技人才能稳定地、更好地在南京创业，南京市在给予科技人才的各项待遇条件上也加大了力度。在资金方面，对人才创业的投入加大了力度，人才经费投入力度加强，为创新人才提供住房。除此之外，获“南京特聘专家”者还享受生活方面的各项服务，从子女入学、医疗等方面提供全方位的保障。

对留学人员，南京设立了“海融基金”，为留学人员的就业创业提供资金方面的保障，保障形式多样，利于知识产权的转化。

（四）强化组织服务保障

1. 优化政策服务

南京市成立海外领军科技创业人才引进办公室，专项负责人才引进的统筹规划工作。为使人才政策快速传播与落地，南京市特别制定了人才服务指南，仔细介绍人才服务涵盖范围、服务流程、办理地点等各个方面。

2. 优化服务环境

南京市江宁区优化服务环境，建立“一站式 + 专业化”的服务体系，实施“创业导师 + 创业管家”计划，为100家企业配备专职创业管家。同时还建设了集创业交流培训、创投商务活动等于一体的中国（汤山）“千人计划”专家交流活动中心，打造集聚海外人才的国际化平台，如创业平台——中国南京留学人员创业园，交流合作平台——中国（南京）留学

人员国际交流与合作大会。

（五）提供生活安居保障

在生活方面，南京市致力于完善人才生活的配套服务，服务涵盖居住、医疗、子女教育、驾驶证件等各个方面，极大地提高了人才居住的质量。

二、南京国际人才港

南京国际人才港坐落于新城科技园，其主要经验如下。

（一）在机构建设方面，建设综合性的服务平台

南京国际人才港是集人才接待中心、创业服务中心、项目孵化中心、网上办事中心、成果展示中心于一体的综合性人才服务平台，设立了321人才协会。321人才协会是“人才服务人才”的民间组织，主要负责协助人才办做好银企对接、创业辅导、创业成功人才企业参观等各项活动。

（二）在服务内容方面，提供生活、工作等多方面服务内容

南京国际人才港设立了“八个一”服务受理、项目申报、创新创业咨询等服务内容。“八个一”服务受理主要办理321人才子女就学、配偶就业、养老家政、体检医疗等各项服务。项目申报主要受理“千人计划”“省双创”“博士引进计划”“省创新团队”“市高端团队”等科技人才项目。创新创业咨询主要接受拟创业人才投资政策咨询以及带领人才参观创业投资环境。

（三）在服务技术方面，提供线上线下服务

南京国际人才港是服务人才的线上核心平台。通过网上操作，创业人才可以查询到建邺区扶持创新创业的各种政策，获得生活成本、出行租房、就学就医等全部信息，还能通过该网站在线申报相关项目，提高人才服务效率。

三、南京盛捷青奥国际社区

（一）特色

南京青奥村位于南京河西 CBD 的中心区域。南京青奥会期间，青奥村为运动员提供吃住行等基本保障；后青奥时代，青奥村如何利用一直备受关注。2014 年年底，根据《南京河西国际人才社区建设实施方案》，青奥村转型为国际社区。南京盛捷青奥国际社区于 2015 年建成，2016 年试运营，取得良好的发展态势，已有来自美国、英国、德国、丹麦、新加坡等国家的高管签订了长住协议。

（二）政府治理环境

南京盛捷青奥国际社区的建设，是青奥村转型国际社区的成功典范，具有独特的建设经验。

1. 采取政府主导开发运营模式，推进人才国际化进程

国际化社区建设作为国际化战略实施途径，受到了政府的高度关注。南京盛捷青奥国际社区是国内首家国际化社区。南京市的发展以国际化城市为目标，则人才国际化必不可少。

2. 坚持国际一流的设计理念，保障国际化的建设品质

青奥村基于国际一流的设计理念，在设计中融合了中西方文化，以“亚、非、欧、美、洋”为主题，设立了不同的庭院；利用美国公司的先进技术，体现了低碳、环保和生态的理念。

（三）生活环境

1. 合理转换公寓楼的功能

青奥村之前为迎合运动员公寓的需求，设计的布局为紧凑型，但此型公寓无法充分满足人才长期居住的需求。经过改造，首批开放的服务公寓，涵盖一房至四房多种房型。房间格局完整，并有家庭所需全部设施，包括视听设备、无线网络、冰箱、洗衣机、干衣机等。

2. 基于土地成本高，明确“服务式公寓＋住宅”的楼宇结构

青奥村项目紧邻河西 CBD，土地成本较高，相应地，此地段租金也被提升，由此对人才居住造成经济压力。在此基础上，国际社区采取以租为主的方式，降低社区入住成本①。

3. 建设相对完善的体育、教育、医疗等公共服务平台

国际化社区与一般社区相比，对于配套体系的要求与标准都相对提高，青奥村的各项配套设施建设基本符合国际社区的配套标准。周边公建配套方面，青奥会期间，青奥村分为运行区、居住区和广场区三大功能区，在三个区域内分别设立相应设施。一家专门服务外籍人士的国际医院正在规划中。

第三节　深圳国际引智与国际化社区治理实践

本节主要从深圳国际引智政策和规划、前海人才特区、前海深港青年梦工场、华为公司的人才国际化战略等方面探讨并总结深圳市国际引智和国际化社区治理实践经验。

一、深圳国际引智经验

深圳国际引智经验主要体现在以下几个方面②。

（一）人才政策

深圳市颁布实施了中长期人才发展规划纲要，出台了引进培育高层次专业人才和高技能人才的“高层次专业人才 1 +6”文件。

深圳市制订“孔雀计划”“人才安居”等人才激励计划，提出 20 个方面 81 条 178 个政策点，再造人才政策高地。178 个政策点涵盖人才引

① 卓志伟．南京青奥村国际社区项目的 SWOT 分析［J］．体育世界：学术版，2015（06）：10 – 11.

② 杨丽萍．深圳人才政策效应加速释放［N］．深圳特区报，2017 – 03 – 09.

进、培养、评价、使用、激励等方方面面的政策。

（二）人才政策创新力度不断加大，政策红利得以充分释放

《关于促进人才优先发展的若干措施》出台后，人才政策的出台和落地得到了快速推动，政策从补贴方面、住房方面等支持人才的发展。

（三）创建深圳市人才研修院

将人才与企业对接，形成交流平台，结合人才与企业的需求，设立高层次人才研修班，聚焦全球前沿领域和最新发展趋势，加强对高层次人才的培训，不断提升人才创新创业能力，是人才研修院着力打造的品牌活动。未来还将进一步提升人才成果展示路演中心、院士驿站、人才学员公寓、人才服务团体工作站、人才书吧等配套设施的功能，服务发展，服务人才，服务深圳市现代化、国际化创新型城市建设。

（四）借鉴国外实行低税率政策吸引海外人才的做法

深圳在前海国家人才管理改革试验区出台了《前海境外高端人才和紧缺人才个人所得税财政补贴暂行办法》，从个人所得税方面对人才进行补贴，减少人才所需交税的金额。

（五）着力强化人才安居保障

深圳从住房的提供入手，实行住房免租、租房补贴等政策，惠及数量较多的人才。

二、深圳前海人才特区

（一）深圳前海人才特区建设的行动计划及主要任务

前海人才特区是全国人才管理改革试验区、国家海外高层次人才创新创业基地和粤港澳人才合作示范区。深圳市 2012 年出台了《前海深港人才特区建设行动计划（2012—2015 年）》，计划指出前海人才特区有着其独特的优势，可依据其特长，形成利于吸引国际人才的环境。

前海人才特区建设的主要任务有以下几项。

1. 创新深港人才合作模式，努力打造前海跨区域人才合作示范区

（1）建立前海深港跨地区人才合作机制。依托“前海合作发展论坛”设立“前海深港人才论坛”，共同搭建开放式的人才合作平台。鼓励前海企业与香港高校、科研机构等签署合作协议，制订人才合作计划，广泛开展深港跨境人才合作。以《香港特别行政区政府与深圳市人民政府关于“深港创新圈”合作协议》为基础，以前海人才特区为基地，构建深港人才工作联盟，充分发挥行业协会、社会中介组织等人才服务业主体的作用，建立官方指导、机构运作、民间联络的协调运营机制，推动深港人才互动合作。

（2）建立前海深港跨地区人才交流机制。在前海人才特区探索以构建专业化人才市场为突破口，逐步建立深港现代服务业人才共同市场，推动形成开放度高、竞争力强的人才资源配置中心。建立深港法定机构工作人员双向交流、任职、培训制度。鼓励深港相关科研机构积极开展科技管理人员及研究人员互派学习活动。支持国内企业、社会组织、高校和科研机构在前海人才特区举办国际交流活动，与其他国（境）外同行广泛开展同业交流。

（3）建立深港跨地区高端人才培养机制。支持前海人才特区的企业通过项目合作、联合攻关、挂职锻炼、定向培养等方式，与香港高校、科研机构合作培养人才。鼓励前海人才特区的企业独立设置或与香港企业、有关行业协会联合创办行业人才培训机构或特色学院。会同香港有关机构引进国际品牌人才培训机构，支持香港高校和国际教育培训机构在前海人才特区合作办学，推动境内外人才联合培养，力争将前海人才特区打造成国内现代服务业高层次人才的培训基地和摇篮。

（4）建立深港跨地区职业资格准入和互认机制。研究制定具体措施和管理办法，推进取得香港执业资格的专业人士在前海人才特区直接为企业和居民提供专业服务，在前海人才特区试行取得中国注册会计师资格的香

港专业人士担任内地会计师事务所合伙人。引进香港及国际资质认证和考试机构，鼓励国内人才取得国际专业资质。按照先行先试的要求，分类推进具有香港执业资格的专业人才在前海人才特区直接提供专业服务，逐步推进深港跨境专业资格互认。

2. 加快建设人才创新创业发展载体和平台，努力打造现代服务业高层次国际人才集聚区

（1）搭建高端金融业人才聚集发展平台。在前海人才特区建立国际金融总部基地，吸引国外金融机构入驻，推动新型要素交易平台建设。

（2）搭建高端现代物流业人才聚集发展平台。从物流入手，以供应链管理为工具，搭建物流一体化平台，使物流企业形成产业聚集，推动物流供应链发展。

（3）搭建高端信息服务业人才聚集发展平台。在软件产业方面形成聚集，并通过产业化合力产生重大且广泛的影响，推动高端信息化建设，发展新型业务，打造国际化电子商务中心。

（4）通过设立技术转移平台和创业投资平台，聚集人才，在平台建设中引进各类相关机构，扩大专业服务，扩展海外市场，将平台打造成聚集人才的有效平台。

（5）搭建境外高端人才和紧缺人才引进平台。搭乘“千人计划”“孔雀计划”等人才政策东风，结合各行业的实际需求，前海人才特区制定了相关的人才认定标准与方式，结合国际人才协会的经验，形成人才测评体系，从全世界各地引进人才，投身于前海人才特区的创新与创业中去。

（6）搭建人才发展的投融资服务平台。前海人才特区重视人才创新的资金解决问题，从投融资政策方面支撑人才的发展。

3. 推进实施人才特殊支持政策，努力打造人才工作体制机制创新区

（1）落实优化人才发展的财税和股权激励政策。从企业所得税、个人所得税方面对企业和个人进行补贴。对国有企业，激励其混合所有制改革，鼓励人才投股，以股权激励。

（2）大力推动人才法治先行区建设。建立前海法庭，在法庭中引进香港及国际的法务人员，以适应国际法律发展，并与国际接轨。

（3）完善各项人才综合服务配套政策。在外籍、港澳台、留学人才的政策方面，考虑其生活方面的便利性，通过政策制定，提供与住房、教育、医疗相关的全方位保障。

4. 营造国际人才宜居宜业环境，努力打造开放包容的国际人才社区

（1）加快建立完善前海公共管理和社会服务体系。比照国际人才社区标准，建立公共服务体系，以产业发展用地为中心，开展商务与配套中心的建设，完善生活配套设施。

（2）积极培育多元化人文环境。树立环境布局理念，引进适合居住习惯的生活休闲配套设施，在前海人才特区打造具有国际多元文化氛围的人居环境。尊重不同国家和地区、民族和种族各类人才的生活方式和文化习俗，逐步建立多语种的工作和生活语言环境，将前海建设成开放包容、多元和谐、具有国际影响力的人才社区。

（二）人才试验区建设的四新模式

围绕建设人才特区的定位，前海人才特区自成立以来，开启人才新政策、新机制、新平台、新保障的“四新模式”，有效推动了前海人才试验区的建设，吸引了大量境外人才前来就业①。

1. 人才开放新政策

前海人才特区积极向国家争取到22条先行先试政策，其中涉及人才的涵盖个税补贴、出入境便利、深港专业资格互认、就业生活服务等。通过制定政策，加强对人才的吸引。

2. 人才合作新机制

深港人才合作年会是深港人才常态化交流合作平台，每年举办一次。深港人才合作年会聘请国内外人才研究领域的泰斗，为年会的发展提供智

① 曹菘．“四新模式”助推前海人才试验区建设［N］．深圳特区报，2015－02－11.

力支撑，同时通过与高校间的合作，向企业精准地输入人才。

3. 人才聚集新平台

前海人才特区以发放补贴金的方式吸引企业进驻，此外还设立青年人才创新服务平台，支持青年创业。

4. 人才法治新保障

从国际经验来看，要真正吸引国际人才和国际资本，关键还要靠软环境的建设，而软环境中最核心的就是法治。前海深港现代服务业合作区成立以来积极探索多项法治实践，包括：依托深圳国际仲裁院，成立粤港澳商事调解联盟，接轨香港，实行港人港案港式调解；设立前海人民法院，在全国首创“E 送达”司法服务和“港籍陪审”制度等，创造宜商宜业的法治化环境。作为法定机构的前海管理局承接了省、市下放的 82 项行政审批事权，其中涉及人才的就有 8 项。借鉴香港模式，前海人才特区创新建立一站通服务体系，并成立“前海人才服务中心”，为人才提供一站式政务和公共服务。此外，为推动完善法定机构运作模式，前海人才特区创新设立了青年梦工场事业部，并在机构内部实行竞标机制，实施激励与约束并重的绩效考核制度，激发干部队伍的内在动力，发挥法定机构高效、开放、有活力、创新的优势，为前海人才特区开发开放提供人才和组织保障。

三、前海深港青年梦工场

（一）特色

2014 年 12 月 7 日前海管理局、深圳青联和香港青协三方发起成立前海深港青年梦工场，服务重点是现代物流业、信息服务业、科技服务业、文化创意产业及专业服务，培养具有创新创业意念的18 ~45岁青年，以及具有高潜质的初创企业共 200 家，在梦工场实践创业计划，并同时探索创新创业孵化器产业化发展的新模式。

（二）经验

1. 具有区位优势

梦工场位于前海合作区前湾片区，将成为前海合作区的综合发展片区，紧邻前海管理局办公楼和万科企业公馆，既有高效的政府资源支持，又有一流名企的商圈聚集。前海人才特区17 000多家优质企业将作为优秀的榜样给梦工场的创业者带来强大的动力。

2. 提供独特政策

（1）百兆光纤网络。梦工场专线光缆将为每栋楼提供百兆光纤的高速网络，满足各团队在互联网时代的信息交互需求。整个园区将实现高速免费WiFi全覆盖。

（2）场租减免。成功申请入驻梦工场的团队与企业可以申请租金减免，降低创新创业成本。

（3）舒适的创业环境。在梦工场的入驻团队可享受现代化的服务，配备舒适的办公设施，人才驿站以酒店式管理模式运营，为创业者提供优质的住宿保障，园区内还设有港式餐饮及便利商店，为入驻的企业与团队提供最舒适的创业环境。

（4）一站式咨询服务。在注册上市投融资、会计、法律等方面提供一站式咨询服务。

（5）税务优惠。入驻前海人才特区的企业所得税税率为15%，境外高层次人才个人薪金所得税税率可为15%。

（6）通信移动。实现香港通信信号全面覆盖，在前海人才特区工作生活的香港人士可以享受按香港市内电话资费计算的便利。

（7）区域优惠。相关优惠政策，入驻梦工场的所有企业均可享受。

3. 建筑设计独特

（1）创业园区。三大青年创业园区是创新创业企业的工作空间，采用大学校园院庭式布局，方便创业者之间互动交流。室内空间可灵活调整，适合不同发展阶段的业务需要。工作间配备简约实用的办公设施，协助进驻企业降低成本。各创业园区设有特色景观阳台、健身室及休闲场所，为创业青年提供舒展身心的空间。

（2）展览与创业服务中心。会议展览中心占地近 3 000 平方米，适合举办各类不同规模和形式的会议、展览及宴会。场内设有创业支持服务中心，为进驻企业提供一站式专业创业及营商服务。创业青年可在此进行各项商业登记，并同时获得第一手商贸、创业及营商支持信息及服务。多个多功能会议室方便企业进行商贸配对、联系商业伙伴，以及接受创业辅导及顾问服务。

（3）创业学院。青年创业学院汇聚创新创业的经验，进行研究及产业分析，并构建创业信息和资源交流平台，充实创业青年的营商知识，培养高质素创业人才和团队。学院设有大型演讲厅及研讨室，适合进行各项创业培训及推广活动。

（4）创新中心。多功能创新中心致力于将业界尖端技术与知识引入梦工场，支持各项创意及文化产业，协助行业发展。中心设有摄录室、剪片室、放映室及混音室等工作间，方便企业进行多媒体创作。

（5）人才驿站。人才公寓可同时为约 140 位人士提供住宅式服务。公寓不仅是起居作息之所，更为一群创业青年创造互动生活空间，便于开拓人际网络。

四、华为公司的人才国际化战略

深圳华为公司（以下简称“华为”）的人才国际化战略特色体现为以下几个方面[①]。

（一）创新国际引智方式，多渠道招揽国际人才

1. 海外创建国际引智平台

华为的对外招聘口号是：除了牛人我们一无所有。华为致力于获取顶

① 钱丽娜．华为如何在全球化中推进人才战略　任正非：盘子变大，人员效能也要提升［J］．商学院，2016（06）：84－86.

级人才，选派最优秀人才招更优秀人才，动员高级别人才通过社交网络吸引人才。其目前已有技术专家中有大量人员是来自欧洲以及美国等国家和地区的海外专家。华为认为，真正的全球化就是把全球各地的资源为我所用。华为在全球建立各种各样的中心，包括研发中心、战略中心、人力资源共享中心、投标中心等。每个研发中心各有不同功能，根据当地技术和人才优势，在美国建立软件创新中心，在瑞典建立通信射频研发中心，在欧洲建立通信研究中心，在俄罗斯建立算法研究所。此外，还有巴黎美学研究中心，意大利米兰微波研发中心，印度代码实现研究所，等等。同时，华为提倡去工卡文化，鼓励华为专家与业界顶级专家交流合作，间接使更多一流人才为华为所用。

2. 加大海外本地员工的聘用力度

在海外业务和市场的拓展中大量招聘本地员工，是华为解决人才急需问题的一条有效途径，这也有利于海外市场的拓展。

3. 实行全面薪酬体系激励国际人才

为了激励国际人才，华为制定了全面薪酬体系，包括固定薪酬、浮动薪酬和长期激励三部分。针对长期激励而设计的华为员工持股计划，以前只是针对中国员工，从 2012 年开始，海外高端人才也纳入此列，持股计划对于长期激励、吸引、保留人才起到了重要作用。

4. 在海外本土化过程中加强企业文化引导，同时包容当地文化

为了加强海外本土化，华为强化“以客户为中心、艰苦奋斗”为核心的企业文化引导。同时，采取基于绩效的激励机制、灵活的区域性人才战略、身先士卒等措施，激励海外人才为华为带来高绩效。

（二）加强本土人才国际化的管理与开发

1. 通过海外派遣促进中国员工国际化

为了促进中国员工国际化，华为将中国员工派遣至华为海外机构，形成“以项目带动技术骨干轮流赴海外工作”的制度。通过半年到一年时间，这些技术人员往往能成为软件开发和管理方面的国际人才。

2. 对全球各地员工实行公开一致的管理

为对全球各地员工实行公开一致的管理，华为搭建统一的管理平台，措施包括建立集成产品开发流程，优化集成供应链，进行财务管理信息化建设，华为 Intranet 网络专线连接到海外机构，与每位员工签订一份内容详尽的工作合同，等等。

第四节　贵阳国际引智与国际化社区治理实践

本节主要从贵阳国际引智政策与规划、国际人才城、贵阳大数据产业及国际人才社区等方面探讨并提炼总结贵阳国际引智和国际化社区治理实践经验。

一、贵阳国际引智经验

贵阳市在《关于实施人才兴市战略加强产业人才队伍建设的决定》中，通过以下政策吸引人才。

（一）围绕产业发展，聚集创新创业人才

贵阳市近年来围绕产业发展，聚集了大批创新创业人才，为其提供创业资助、工作场所、住房公寓、贷款担保、融资服务等，激发了人才活力，也鼓励企业采取兼职聘用、技术指导、项目合作等方式引进科研人才。

（二）加强载体建设，构建创新支撑平台

一是搭建科技项目平台，视应用技术研究与开发资金项目情况给予一定资助。

二是搭建科研创新平台。例如，搭建创新资源共享平台，建设一批创新创业孵化器，设立省级以上人才基地，支持企业建设科研创新平台，等等。

三是搭建融资服务平台。完善科技投融资服务体系，着力打造科技金融超市，创新和完善科技担保服务体系，等等。

完善科技投融资服务体系，建立市级天使投资基金，鼓励风险投资机构为创业项目提供融资支持。充分发挥以“五公司、一中心”为引领、“五平台、一通道”为支撑、“五补助、一补充”为保障的科技投融资服务体系的作用，着力打造科技金融超市。创新和完善科技担保服务体系，积极探索知识产权质押、股权质押、应收账款质押、未来收益权质押、其他权益抵（质）押、金融租赁等多种贷款方式，加大对高新技术企业的融资支持。

（三）完善激励机制，激发创业热情

1. 政府采购

发挥政府采购的政策导向作用，将优质创业产品优先列入政府采购产品设计目录。在政府资金投资重大工程项目的招投标过程中，同等条件下向自主创新企业倾斜。

2. 税收优惠

对于符合条件的创新创业企业可免企业所得税，对于符合相关规定的人才个人可采取个人所得税税收优惠政策。允许企业将人才开发、培养、引进和奖励费用列入经营成本，符合税收相关规定的实行企业所得税税前扣除。企业被认定为国家高新技术企业、软件企业的，可享受相关税收优惠政策。

3. 财税奖励

采取税收优惠的同时，还对优质企业、高层次人才进行相应的财税奖励。

4. 薪酬激励

支持有条件的企业设立股权激励专项资金，对于科技领军型创业人才创办的企业，以知识产权等无形资产入股的，折算比例最高可达70%。落实科技成果转化资金，对转化成绩突出的团队及个人进行表彰奖励，对承

接并成功转化应用重大科技成果的企业给予补助。

（四）落实优惠政策，营造良好发展环境

1. 住房

政府以人才公寓同、减收租金等方式为人才提供住房服务。2014 年 6 月底前完成高新开发区 300 套、经济技术开发区 200 套、观山湖区 200 套高级人才公寓建设。把符合贵阳市住房保障条件的人才，纳入公租房实物保障范围。

2. 落户

引进具有中国国籍的高层次人才，可单独落户或入集体户口，其父母、子女、配偶可随迁，属农业户口的可登记为城市户口。愿意放弃外国国籍而申请加入或恢复中国国籍的，优先为其本人及随归、随迁的配偶和子女办理加入中国国籍并落户贵阳的手续。

3. 医疗

为高层次人才提供医疗服务，包括免费体检、医疗费用补助等形式。

4. 社保

引进的非本市户籍高层次人才及其配偶、子女，可按有关规定参加城镇职工社会保险，其在校就读的子女可按有关规定参加城镇居民医疗保险，缴纳相应的社会保险费，并享受相应待遇。

5. 子女入学

引进高层次人才的子女就读义务教育阶段学校的，按就近入学原则和实际情况，由市教育部门统筹协调，区（市、县）教育部门根据本人意愿安排落实。就读高中阶段学校的，按学生原就读学校类别和学生学习能力水平，由市教育部门统筹安排。非本市户籍的，享受本市户籍学生同等待遇。

6. 配偶就业

引进高层次人才的配偶随同来贵阳工作的，原则上可调入相同性质的缺编单位或部门。配偶未就业的，由人力资源社会保障部门积极帮助推荐

就业，人事档案免费挂靠当地政府人才服务机构。配偶自主创业的，按相关规定享受小额贷款担保优惠政策。

7. 居留、出入境和驾驶证换发

引进海外高层次人才及其随迁外籍配偶和未成年子女申请在中国永久居留的，由公安部门负责办理《外国人永久居留证》或1～5年有效期的多次往返签证。根据境外驾驶证换发国内驾驶证的有关规定，简化程序，优先换发驾驶证。持外国长期居留证件（绿卡）回国的高层次人才，无论其国内户口是否注销或是否为本地户口，均不影响其办理出入境证件。

二、贵阳国际人才城

贵阳国际人才城是国际化高端人才服务平台，是省、市共建，吸引各类人才、聚集各类人才、服务各类人才的综合体，是建设人才创业基地的重要支撑平台。由于人才服务项目众多，人才城对服务区域合理安排，四层的空间划分出政府公共服务区域、社会化服务区域和辅助及办公区域，分门别类为人才提供服务，提高人才服务效率。其主要经验为建设以下四类平台。

（一）打造全省人才公共服务“一站式”大厅平台

贵阳国际人才城一楼为全省人才公共服务“一站式”大厅，聚集了省级人才服务机构、市人才服务机构等，针对不同对象提供不同的服务项目。

一是省级人才服务机构。由省人社厅负责，设2个窗口，主要负责代办落户、子女入学等18个服务项目和省级人才服务绿卡事宜。

二是市（州）人才服务机构。六盘水市和毕节市各设2个服务窗口，负责办理各自地区人才服务事项。

三是贵阳市人才服务中心。由贵阳市人力资源市场（市人才服务中心）负责，设12个服务窗口，主要负责代办、协办人才绿卡发放、政策待遇、创新创业等50个服务项目。

四是贵阳市大中专毕业生就业指导中心。由市教育局负责，设3个窗口，主要负责大中专毕业生的初次派遣和改派工作。

五是"一站一台"。由市科技局负责，设6个服务窗口，主要负责办理技术合同登记、科技成果申报等5个服务项目。

（二）提供社会化人才服务办公平台

人才城中有社会化服务机构办事窗口和办公区域，目前共有18家社会化服务机构，其中包括人力资源及相关服务机构11家，财务、知识产权代理及相关服务机构3家，科研技术转化、科技融资等服务机构4家，主要按照市场化运作的方式，围绕各单位和人才的需求，提供个性化服务。

（三）提供辅助及办公平台

在人才城中布局了一定数量的会议室、测评室、洽谈室、多功能厅，供入驻机构及省、市单位开展交流对接、洽谈协商、培训讲座等各种人才活动使用。在三楼设置各种办公室，供入驻国际人才城的相关机构办公使用。同时，在负一楼设置了餐厅和档案室。

（四）提供线上线下人才服务平台

"贵阳国际人才城网"是贵阳国际人才城线上人才城，通过运用贵阳国际人才城网站这个平台，为单位和各类人才提供远程咨询和服务事项办理等高端服务。线上人才城主要拥有三大功能模块。

一是宣传展示部分。结合省、市共建，扩大内容覆盖范围，新闻宣传部分涵盖多彩贵州、规划布局、人才政策、最佳实践等内容。同时，结合人才服务中心人才绿卡政策，借助线上人才城，提供相关服务应用介绍、线上绿卡申请、特约商户展示等服务。

二是人才数据库。人才数据库包括高层次创业人才、高层次创新人才、实用技术人才、经营管理人才、急需紧缺人才、黔籍人才、人才绿卡人才、线上人才等多方面人才信息。

三是在线服务平台。借鉴电商服务思路，依托多方资源，为人才、企业提供多方面的线上人才服务。人才、企业通过网上办事大厅享受到包括贵州省、贵阳市、六盘水、毕节等人才工作相关政府部门提供的办事政策、办事指南、代办服务在线受理、在线咨询、申报材料预审等人才服务。通过第三方机构门户，了解第三方服务机构服务内容，并与之进行在线咨询、交互和在线对接。通过人才会员门户，享受人才自荐、简历投递、网上办事、代办事项及进度查询、人才绿卡查询、社会化服务机构对接服务等功能。同时，平台汇聚人才推荐信息和企业岗位信息，为人才、企业搭建自由对接桥梁。

三、贵阳大数据产业及国际人才社区

（一）大数据产业发展特色

自2013年起，贵阳大力发展大数据产业。在数据中心、呼叫中心等领域形成自己的特色，并成立了国内首个大数据交易所。围绕大数据产业推进改革，贵阳市选择市交管局和市住建局两个单位开展试点工作，探索运用大数据编织制约权力的“数据铁笼”，推进管理型政府向透明、高效、廉洁的服务型、责任型政府转变，进一步提高政府行政效能。为了让数据发挥更大价值，推动大众创业，贵阳市还成立了国内首个大数据交易所，将经过清洗、分析、建模、可视化处理之后的数据进行交易。目前，该所可交易的数据品种大约30多个，包括交通大数据、医疗大数据、金融大数据、企业大数据、征信大数据、政府大数据等。在发展大数据产业的实践中，贵阳市探索提出“块数据”理论，以解决“数据孤岛”和统一标准平台问题，由政府、社会和个体共同以“众包”的模式构建面向未来的数据平台。同时，贵阳市抓住大数据发展的核心，实施全域公共免费WiFi城市项目，推动社会、企业和个人动态数据实现“块上集聚”。

（二）政府治理环境

1. 大数据产业成为贵阳引才聚才的重要载体

依据大数据产业，通过制订“筑巢引凤计划”“黔归人才计划”等，贵阳市聚集了大批高层次人才。2013 年至 2015 年上半年，贵阳市直接引进各类高层次人才 1 882 名，相当于前八年引才的总和，其中博士 241 名、硕士 1 380 名、高级职称 261 名。高层次人才引进流出比从 2012 年的 36：1 提高到 2014 年的 49：1，引才数量及层次呈逐年提升态势。

2. 实施大数据人才培养计划

为了发展大数据产业，贵阳市实施了大数据人才培养计划。例如，2015 年贵阳市级财政投入 2 000 多万元，在相关高校建立人才培养基地，培养了呼叫中心专业人才 4 000 多名、电商能人 400 多名。

3. 建立健全人才政策制度

贵阳市在全省率先制定并实施《关于加快大数据产业人才队伍建设的实施意见》《服务外包及呼叫中心产业人才培养规划》等专项政策文件，明确大数据产业人才发展的目标任务和创新举措，提出 4 个方面 19 条培养储备、引进集聚大数据人才的具体措施，建立健全了人才政策制度。

（三）生活环境

1. 打造人才创新创业全生态链

贵阳市通过打造“政策 + 基地 + 资金 + 服务 + 平台”模式的创新创业全生态链，越来越多的黔籍人才和“创客”选择到贵阳市创业兴业。目前全市集聚创客团队 230 多支、创客 1 800 多人。

2. 深化与发达地区人才交流合作机制建设

贵阳市以调动、聘用、挂职、兼职和项目合作、技术入股等形式与发达地区建立了人才交流合作机制，合理配置大数据人才资源。

第五节 国内经验总结分析与启示

课题组在国内调研的几个典型城市在国际引智与国际化社区治理方面有共性也有特色，为我国的国际引智和国际化社区治理提供了非常有价值的经验借鉴，具体总结分析如下。

一、国际引智实践总结

（一）产业聚集是国际引智的重要动力

产业聚集是指众多既独立又相互关联的经济活动单位，由于技术外溢效应的作用，依据专业化分工与协作的关系，在地理空间上高度聚集并形成强劲发展和持续竞争优势①。贵阳市抓住产业聚集可推动国际引智进程的规律，通过大力发展大数据产业快速聚集大数据人才，打造了大数据人才聚集高地，形成了自身特色。这给中国各地开展国际引智工作提供了一个重要借鉴经验，即通过发展特色产业，打造特色人才高地，推动国际引智工作，为产业发展提供国际智力支撑。

（二）人才政策是国际引智的重要保障

我国人才政策创新持续推进，形成人才工作品牌，创造了广纳贤才、人尽其才的新优势，推动人才工作取得显著成效。前述各城市人才政策主要体现以下特征。

一是人才政策始终围绕地区特定时期发展特点和要求进行动态调整。人才政策不是固定不变的，总是随着社会的发展并根据每个时期的重大发展战略决策等而动态变化。

二是人才政策始终遵循人才成长规律与特色进行突破和创新。制定人

① 黄湘闽．产业聚集与人才聚集的演化规律［J］．中国人才，2013（07）：63－64.

才政策需要依据人才成长规律，在促进人才发展的同时促进社会共同发展是人才政策制定与实施所必须遵循的原则。

三是人才政策始终要与其他政策共同发挥作用。单一的人才政策发挥的作用有限，需要与其他政策共同联动，才能真正起到作用。

（三）国际人才城是国际引智的重要平台

综上可知，上海、南京、贵阳等城市均建设了国际人才城或国际人才港，形成了特有的模式，为国际引智工作提供了重要平台。综合各地经验，国际人才城集聚各类资源，为人才创新创业和生活提供系统化服务，其功能模块一般包括展示中心、配套服务、创业支持和活动交流。人才城的展示中心是国际人才了解当地人才政策和发展成果的窗口；人才城整合人才服务项目，提高了人才服务水平和效率；人才城的重要功能是创业支持，结合所在产业园区，为国际人才创新创业提供全方位多层次的服务，降低创业风险，提高创业成功率。同时人才城具有品牌效应，成为吸引国际人才的地标性建筑，服务于建设人才高地，为经济发展提供人才保障和智力支持。

（四）人力资源服务产业园区为国际引智服务提供重要载体

2010 年上海建立第一家国家级人力资源服务产业园区，之后各地相继筹划或建设人力资源服务产业园，希望以园区为载体，通过产业集聚，推进人力资源服务产业大发展。截至 2014 年 12 月，已建和在建的人力资源服务产业园区 36 家，其中国家级人力资源服务产业园 6 家（分别为上海、河南、重庆、苏州、福建和杭州），省级人力资源产业园 15 家①。

人力资源服务产业园区的主要功能可以定位为五个方面：集聚产业、孵化企业、拓展服务、培育市场、促进人才国际化发展。同时可以从以下方面加强园区建设：管理体制建设、人力资源产业集聚机制建设、人力资

① 吴帅，田永坡．我国人力资源服务产业园区建设：现状、挑战与对策［J］．中国人力资源开发，2015（23）：69－74.

源服务企业孵化机制建设、公共人才服务体系建设、配套服务体系建设、从业人员培养机制建设。

（五）引入大数据技术为国际引智提供技术手段

上述城市的人才服务实践，均重视引入信息技术，提升人才服务效率和效能。例如，上海的浦东国际人才城建设了人才信息平台，建立了人才数据库，为人才工作提供信息支撑；搭建了人才网络交流平台，建设了人才工作在线联盟；建设了国际人才网，积极建设宣传平台，展示浦东国际人才风貌。南京国际人才港和贵阳国际人才城均提供了线上线下服务。线上人才城主要有三大功能：宣传展示部、人才数据库、在线服务平台。

二、国际化社区治理实践总结

（一）国际化社区的目标群体为具有国际视野的高素质国际人才

国际化社区的目标群体是具有国际视野的高素质国际人才，这个群体对生活品质的要求较高，国际社区的建设应趋向国际水准。

（二）国际化社区治理要注重建立健全政府治理体系

一是建设机制方面，可以采取政府主导与市场驱动相结合模式。碧云和联洋国际社区是市场需求导向的，而南京盛捷青奥国际社区是在政府的推动下，由青奥村转型而成的。

二是注重社区管理体系建设。联洋国际社区的涉外服务站特色鲜明，为国际人才提供便捷的国际化人才服务。

（三）国际化社区治理强调高品质的生活环境

一是区域优势明显，碧云和联洋国际社区依托产业，亮点是产城融合，邻近金桥开发区、张江高科产业园区和陆家嘴金融贸易区。

二是房屋以租为主。基于国际人才的流动性相对较大，三个国际人才社区均以租为主。

三是完备的生活配套设施。人居环境方面，要体现以人为本、低碳环保；周边配套设施完善，包括教育、医疗、交通、商业、娱乐等，营造国际人才熟悉的环境。

四是注重社区文化建设，体现多元性和开放性。碧云和联洋国际社区建设相对比较成熟，尤其在社区文化融合方面，有很多社区活动创新。

（四）国际化社区治理重视创新创业环境建设

国际化社区已突破“纯居住”的概念，根据城市战略定位和产业布局调整把招商引智有机结合起来，把异质性、多功能、现代化的全要素整合起来。上述城市的国际化社区的一个明显特点是重视创新创业环境建设，不仅为国际人才提供便利的生活条件，也为其提供创新创业服务，为国际人才提供高品质的工作条件。

（五）国际化社区治理具有差异化治理特色

上述国际化社区治理体现了差异化治理特色：在产业定位方面，差异明显，不同城市的优势产业差异较大；在社区服务对象方面，有些社区主要针对某个国家或者某个洲的外籍人才，有些社区则注重人群来源的多元化；在建设模式上，有些社区强调政府主导，有些社区重视市场化运作；在社区管理体制方面，有些社区以社区居委会为主体，有些社区则建设了“涉外服务站”等平台；在人才政策方面，各社区均有自身特色；在人才服务方面，各社区也有各自特色，为国际人才提供针对性的人才服务。

第五章　北京市国际人才社区建设案例研究

本章重点阐述了课题组于2016年对北京市确定的四个试点国际人才社区——海淀区中关村大街、昌平区未来科学城、朝阳区中关村电子城和新首钢，所进行的实地调研和跟踪性研究，挖掘出各个试点地区的特色和优势，梳理并总结了首都北京在建设国际人才社区中的战略规划和实践探索，以及对于建设好各具特色的国际人才社区的建设性意见。

第一节　中关村大街国际人才社区

一、中关村大街建设成果

中关村大街所在地区是中关村的核心科研资源集聚地区，拥有强大的知识创新能力，是引领国家创新的核心地区。

中关村大街目前取得的建设成果主要包括以下几项。

（一）知识创新能力和成果

巨大的知识创新能力和频繁的知识交流，是吸引国际人才的关键要素之一。中关村大街所在地区是中关村的核心科研资源集聚地区，拥有强大的知识创新能力，是北京市创新活动最为密集的地区，更是国家创新引领的核心地区。据统计，大街拓展区域拥有47所高等院校、30余个中国科学院研究所、74家国家级科研机构，还拥有22家国家工程技术研究中心、18家国家工程研究中心、61家国家级重点实验室。中关村大街科研机构林立，许多领域均代表着国家创新的最高水平。值得关注的还有在中关村大街规划中的知识产权与标准化一条街。截至2014年年底，全区技术合同成交额达1 367亿元，同比增长9.5%，占全市的43.6%，发明专利授权量1.15万件，占全市的49.6%，万人发明专利拥有量150件，远超全市40件、全国4.9件的平均值，成为国内外创新创造最活跃的区域之一。

（二）创新创业平台及服务

一是“创业会客厅”。中关村大街的“创业会客厅”，通过“政府+专业服务”的方式提供创新创业服务。该服务平台运营以来，已有累计超过60余家企业和政务部门入驻，线上线下共接待创业咨询7 451次，为超过2 000家企业提供专业服务，有586家创业企业通过窗口办理企业设立业务。目前，“创业会客厅”线上平台已经与大唐电信、清华同方、毕马威、科通芯城、海尔、百度等多家知名企业开放平台对接。

二是创业服务。创新创业服务不断升级，打造全球创新服务高地。开展全球创新服务，在美国硅谷设立了工作站，与美国、韩国、法国、英国、澳大利亚、新加坡、泰国等全球创新创业领先国家，开展机构互设、跨境孵化、人员交流、资源共享等深度合作，打造全球化创新创业合作网络。在跨境孵化方面，2015年中关村创业大街科技服务有限公司与韩国创业振兴研究院合作，对来自韩国的优秀创业项目进行了为期3个月的本地孵化，目前已有孵化毕业团队陆续落地北京。首创“政务服务+专业服务”模式，建设线上线下结合的“创业会客厅”，为创业企业提供企业设立、政策服务、科技金融、法律咨询、人力资源、财务管理等六大类别40余项服务。建设硬件孵化平台——硬派空间，联合国内外大企业和高校，为更多创客、智能硬件创业者提供开放式、全链条的智能硬件创新服务。

三是全球创新青年领袖计划。与全球知名高校建立合作关系，以创业实习、创业第二课堂等方式，搭建一个能够挖掘、筛选和培养优秀创新青年的平台。依托中关村大街创新创业资源聚合优势，开设针对孵化器从业人员的双创服务培训课程，助力国内双创从业人员业务素质和水平提升。

（三）入驻企业及孵化

中关村创业大街官方统计显示，截至 2015 年 6 月，与创业大街合作的投资人和投资机构超过 2 200 个，已孵化创业企业超过 600 家，日均孵化企业 1.6 家，其中获得融资的企业超过 350 家，平均每家企业融资 500 万元，融资总额超过 17.5 亿元。涉及的行业类型不仅包括电子信息、文化传媒、新能源及节能环保、生物医药和新材料等多个新兴产业，也包括石油、化工、电力、电气、农业、旅游等传统行业。中关村创业大街已经有车库咖啡、3W 咖啡、联想之星、创业黑马、北大创业训练营、清华经管创业者加速器、因果树、IC 咖啡等 40 余家知名的创新创业服务机构入驻。

二、对建设创新创业型国际人才社区的建议

通过实地调研发现，海淀区中关村大街在规划和建设国际人才社区方面有着得天独厚的基础和优势条件，但仍存在如下需要改善的地方。

在政府治理类层面，外籍高层次引智服务政策体系还不够系统化，具体体现为：科技创新服务政策体系还不够完善；政策和制度的系统化需要进一步提升；生活服务和人才保障政策需要进一步升级。

在生活类方面，有几个方面需要进一步完善。首先，国际人才社区的标识性风格尚未形成，具体体现为：缺少引领全球基础创新风尚的地标性建筑，中关村大街的创意名片、品牌形象还未在国际创新圈深入人心，国际宣传载体的数量和特色缺乏。其次，国际智力创新社区与生态居住相结合的模式有待探索，具体体现为职住平衡问题，中关村大街土地资源的使用较为充分，暂无大片区域可重新建造国际社区住宅，生态自然环境有待改善。

在创新创业类方面，仍有进一步改进的空间。首先，创新投入加大，但创新特色需要提炼，具体体现为：中关村呈现“科技、金融、商业、服务、文化、艺术、小微”等各式创新“百花齐放”的态势，造成其创新

特色不鲜明，难以集中优势资源形成突破；与硅谷相比，中关村企业更多专注于新应用和商业模式的创新，往往将国外新兴技术和发明专利快速应用于商业领域，而真正具有本国自主知识产权的国际一流原始创新成果相对缺乏；中关村大街周边的高校和科研院所的创新创业意识、研发制度环境和文化氛围还没有被真正激发，国际化智力资源的创新创业能力有待增强。其次，创新产出增多，但高层次创新业态需要聚焦，具体体现为：在创新智力成果向实体产业转化过程中，受平台建设、核心技术、人才队伍等要素的限制，转化效率不够高，造成以智力为核心的各种资源的闲置和浪费；商业服务创新形成的创业多于科学技术类的高层次创新业态；中关村虽然在互联网、空间信息、智能电网、新能源等领域具有参与全球竞争的潜力，但尚未形成由技术主导型基础创新构成的高精尖产业集群。最后，创新优势明显，高校科研院所智力资源对接空间需要更大释放，具体体现为：科研人员（团队）真正能将核心科学技术或有意识将自己的科技成果进行经济价值转化的意愿和能力较弱；高校院所的研究方向、成果与国家急需的科学发展需求有时存在脱节，造成许多投入巨大的创新智力成果不能给国家基础创新带来实际效用；科技成果的创新产出地与政府、社会和市场存在多重隔阂，合作交流机会不多，不能及时进行知识产权保护、技术转移和成果转化。

因此，在建设国际人才社区过程中，应该重点考虑以下几个方面的建议。

（一）创新创业型国际人才社区的定位

中关村大街作为国内科技创新中心的代表，是目前发展规划较为系统、多年品牌建设较为完善的创新创业生态圈。因此，可以建设创新创业型国际人才社区。可以凭借全国闻名的IT科技文化积淀，利用周边高校以及科研院所智力资源密集的优势，打造由国际学者、科学家、高级技术专家等智力资源形成的“R&D基础创新试验田”。需要明确的是，应该充分挖掘周边高校（科研院所）密集而丰富的科学研究智力资源，加强创新技术成果在该区域的自发集聚和应用转化，以基础研发创新带动高端创业新形态。这不仅能弥补中国自主核心知识产权不足，缩短基础研发与国际接轨的差距，同时能加强基础创新研发的支撑作用，还能强化研发智力引领国际科技发展的趋势，形成北京独特的科技创新中心特色。因此，我们考虑构建融科学智库、研发试验、基础创新为一体的国际人才社区，并考虑建设以下载体：全球高端研发实验室基地、离岸研发创新中心、大数据科技评价中心、中关村智力资源人才地图。

本社区的目标人群为：重点引入基础科学研究的知名学者、科学家、技术专家、外籍教授、国际客座讲席教授、实验室高级专家、实验室管理服务人才、专业科研经费管理团队。

（二）政府主导相关政策创新

1. 建立融入、适应并影响国际研发基础创新规则

一是政策制定层面，在知识产权和技术专利标准要求中参照国际通用标准，探索构建中关村大街自主核心技术知识产权开发和保护的规则。

二是软硬件建设层面，打造大数据研发创新生态系统，并遵循国际运营标准。

三是国际知名度层面，建立全球顶尖实验室和地标建筑，引领全球科技创新时尚。增加国际宣传载体的数量和特色，多与外媒合作，向世界传达中关村形象，扩大国际影响力。

2. 完善外籍和港澳台地区高层次科学家和技术专家来中国内地工作的补充政策

一是针对外籍人才和港澳台地区人才缴纳国家基本养老保险，但实际上无法在中国办理退休，享受不了有关保障的实际情况，建议允许外籍人才和港澳台地区人才在离京时，办理养老保险个人账户资金的返还。

二是针对外籍人才习惯购买国际保险公司提供的医疗保险，但这些国际保险公司与北京各大医院未建立互通机制，无法进行医疗费用结算的问题，建议打通国际保险公司与北京各大医院的结算通道，为外籍人才就医

提供便利。

三是针对港澳台地区人才投资创业，无法完全享受国内人才待遇问题，建议给在京工作和创业的港澳台地区人才发放有关证件，对证件持有人在创业投资、个人生活等方面给予北京户籍居民同等待遇。

四是针对各省、市已经获得绿卡人员，应给予他们不低于中国公民但高于一般外籍人员的政策，解决补办签证、参加社保和医保、购房、子女上公立学校等资格问题。

3. 构建国际R&D基础创新平台服务政策体系

将国际高层次领军科学家需要的建筑、社区、设施、平台、政策、服务等各种要素全部整合覆盖，形成一个新的科技研发创新创业生态系统。

一是国际化外部交流。拓展国内外不同科研机构的交流与合作，让其接触到不同的科研资源和科研模式，激发科研思路，从而推动基础创新的快速发展。

二是本土人才与国际化人才交流。利用国际合作项目为本土科技人才提供走出国门的机会，科研团队中国际人才与本土人才的配置比例需要适宜，促进本土人才与国际人才的交流学习，提升本土人才的创新能力。

三是各学科人才交流。促成科技人才之间进行跨学科交流，让各学科科技人才通过交流发散思维，拓展思路，发现新的研究课题。

四是科技人才与企业人才的交流。促进科技人才与企业、商业人才之间的信息共享意识，共同塑造市场需要的创新型产品，推动商业生态系统蓬勃发展。

五是完善创新平台网络建设。建立中关村国际智力人才创新创业网站，发布相关政策、服务、就业指导信息。在工作场地、人才服务、社区住宅环境建设中，都要注重信息平台建设，包括官方网站、公众号、大厅电子屏、多元媒体等。经常推送和公布国内外各专业领域创新典型，引发社会关注热度。为国际人才营造一个充满国际化、专业化信息的氛围，激发其创造灵感和与时俱进的创新精神。

（三）优化居住、绿色生活等方面的生活环境

1. 考虑构建“泛生态圈”的国际人才社区职住条件

充分利用中关村周边资源，解决“职住平衡”问题。

一是要明确建设国际人才社区的重点是解决“国际化高层次人才”的居住问题，而不是解决“所有外国人”的居住问题。因此，住宅面积并不需要刻意求大。

二是主要策略为以中关村大街为中心，周边住宿点分散形成一个环绕型住宿生态圈。国际人才从各方位汇集到中关村大街工作，其工作和住宿的位置距离应较为适中。

三是调动周边众多密集的高校和科研院所资源，在高校和科研院所内配建一部分国际高层次人才公寓，可将少部分学生公寓进行改建。

四是将周边部分楼宇、低效用地等存量空间，改造为国际科学家公寓。

2. 注重绿色生活发展居住理念

一是采取城区转移污染性工厂，对汽车排污收税，鼓励新能源交通工具，加强植被绿化水平等一系列政策措施。

二是建立中关村大街标志性楼宇的空气净化监测系统、环绿色健步道、机器人环卫设施。

三是参照硅谷指数等，在中关村创新创业指标体系构建中加入对清洁能源配置和清洁能源投资等的监测指标。

（四）从全球性平台、大数据科技评价中心、创新制度与方法等层面打造国际化的创新创业环境

1. 建立全球高端实验室基地，激发高校、科研院所的创新活力

一是打造中关村特色应与智力密集资源优势高度关联。通过技术创新带动高精尖产业重组，引发新的商业形态；通过实施科技实验室战略，拉动国家整体创新水平。通过实验室的资源对接、管理引导，并根据企业和社会实际需求，将高校研发内容产品化，推动科学技术产品成为拉动经济的新动能。在全球实验室制度和相关优惠政策的支持和引导作用下，吸引

大批全球顶尖的科学家和创新研发团队，引进各国自主创新技术，在中关村引爆科学转化为知识创新再到市场应用的热度。

二是建设全球实验室。其思路如下：修建“R&D 基础科学创新实验室”，形成标志性建筑。位置建议设在中关村大街规划的专业功能创新区和创新核心区。依托北京大学、清华大学、中国科学院等高校和科研院所的智力资本，发挥地理位置优势。建设初期，配备国际先进的基础设施，逐步建立分区“挂牌实验室”：依托高校、研究所原本的实验室资源，在其内部建设各领域顶尖创新实验室。同主实验室一样引入各高端研发团体进行协同创新，分散主建筑硬件设备压力与实验风险。建设成熟期，提供基础的科技人才工作、生活保障和制定激励机制，加强国际人才交流联系，支持实验室人才进行国际出访和交流学习。重视信息交流和理念传播，将国际科研成果、信息和实验室内部研究成果互通有无，激发实验室人才创新灵感，同时扩大实验室国际影响力和对人才的吸引力。建设深入期，建立中关村创新实验室数据库，与国家新兴产业中的科技型企业达成合作关系，进行资源共享、信息交流。目前中国已冠名为“国家实验室”的研究机构共 19 家（含正在筹建中的国家实验室），全国有 7 所研究型大学参与并承担了建设国家实验室的任务，包括清华大学、北京大学、中国科技大学等知名高校。中关村创新实验室可积极与其中的北京高校达成长效合作机制。

2. 建设大数据科技评价中心

一是在中关村全球实验室的基础上，成立大数据科技评价中心，调研行情、业态、产业链的发展。监测、发掘、分析科技大数据，包括企业应用科技成果的程度、高校研发成果、申请专利程度，探索科技应用，产生经济效应。进行产业动态预测评价，淘汰落后产能产业，预测未来优势产业，进行产业链重组、评价，给国家提出产业规划建议。

二是大数据科技评价中心还可与数据类企业合作，给予企业优惠政策。例如，加入针对某一特定战略研究领域的“数据创新工作组”，参与最前沿的研究机构合作项目，及时掌握智能数据领域的最新趋势。

三是在提供数据的同时，也提出亟待解决的问题，以期通过相关研究合作解决问题（如检测数据异常、安全漏洞等）。企业可免费获得解决方案，其向研究团队提供的数据可被视为“虚拟货币”。上传数据时，需接受“数据管理员”审查，确保上传数据质量，尽量排除无价值数据；可在“数据管理区”了解关于数据上传和互联的最新信息。若中小企业的软件产品被证明有助于提高大数据科技中心的研发能力，作为回报，大数据中心可帮助传播该产品并取得示范效应。

3. 探索“离岸研发创新”制度和方法

离岸创新对外籍华人或者全球顶尖科学家较为适用，可以不受地域限制，省去路途上的时间消耗，借用国际实验室资源，建设先进的跨境可视系统，辅助异地研发团队的交流，其中跨国研发机构起着非常重要的中介作用。随着跨国公司在华研发机构的迅速增加，如何促进其技术扩散成为亟待研究的重要课题。跨国公司研发机构技术扩散是其与地方创新主体共同作用的结果，其影响因素包括跨国公司研发机构的性质及其所有权，本土技术水平和研发资源的丰富程度，市场竞争程度，东道国政策环境，等等。加强互动是促进跨国公司研发机构技术扩散的有效途径，应以加强互动为着力点来建立系统的政策框架。

第二节　未来科学城国际人才社区

一、未来科学城的特色和优势

（一）未来科学城的特色

为贯彻落实中央关于建设创新型国家、提升国家竞争力的战略部署，2008 年经中共中央组织部和国务院批准，北京市在昌平区北七家镇建设

“未来科学城”。未来科技城将形成“一心、两园、双核、四轴”主体空间结构。

在未来科学城，入驻央企人才基地的科研团队的科研方向涵盖七大战略性新兴产业，包括节能环保、新一代信息技术、生物、高端装备制造、新能源、新材料和新能源汽车。在人才聚集方面，据统计，2016 年在未来科学城工作的员工总数为 7 971 人。中央企业下属单位共 7 355 人，其中，科研人员 6 394 人，保障单位共 616 人。从学历结构来看，博士 1 090 人，占总人数比例为 13. 67%；硕士 2 835 人，占总人数比例为 35. 57%；本科学历人数为 2 447 人，占总人数比例为 30. 7%。央企科研人员硕士以上学历占比 58. 54%，本科以上占比 89. 65%。从职称分布来看，正高级职称 215 人，占比 2. 7%；高级职称 1 103 人，占比 13. 84%；中级职称 1 755 人，占比 22. 02%。其中，央企科研人员高级以上职称占比 19. 66%，中级以上职称占比 44. 71%。在未来科学城长期工作的“千人计划”专家共 55 人，有海外留学经历的人员共 422 人，占总人数比例为 5. 29%。北京户籍总人数为 4 407人，外省、市户籍总人数为 2 669 人，外国籍总人数为 60 人。

（二）建设智能型国际人才社区的优势

未来科学城在建设智能型国际人才社区方面具有一定的优势，具体如下。

1. 区位优势

未来科学城位于北京市昌平区境内，规划总面积约为 10 平方千米，以温榆河和定泗路为界，分为北区和南区，两区之间核心绿地面积为 3. 38 平方千米。北距北六环 2 千米，东距首都国际机场 15 千米，南距北五环 11 千米，西距立汤路 6 千米。

2. 建设理念优势

未来科学城在规划建设中充分融入人文、科技、绿色元素，凸显创新、低碳、开放、人本、共生五大理念，主要体现在两个方面：①运用低碳能源、节能建材、水资源综合利用、地下综合管廊、废弃物负压抽吸、信息化等多种科技手段，打造绿色生态、低碳环保、智能高效的科技生态新城；②本着生活与工作融合促进的理念，着眼于一个“城”的整体功能和运行需要，精心规划了含优质写字楼、高端主题酒店、知名公立学校、国际学校、国际医院、图书馆、剧院、体育中心、专家公寓、绿色生态住宅等20多种业态在内的300万平方米公共服务配套设施及地铁17号线，构建功能齐全、国际品质、舒适便捷的和谐研发社区。在其他市政专项规划中，未来科学城市政基础设施包含69个建设项目，目前已开工53个，完工47个，完成总工程量的90%。其中，35条新建道路已通车34条。与此同时，占地126公顷、建筑面积307万平方米的公共服务配套区建设稳步推进。

3. 人才政策优势

未来科学城在科技经费使用、进口税收、股权激励等方面形成了特殊政策，制定并实施了《未来科学城人才引进工作暂行办法》，为国际人才发展提供政策依据。

二、对智能型国际人才社区发展的建议

未来科学城的智能城市建设颇具特色，取得了较好的成绩，但也存在需要改善的地方。由于未来科学城智能化社区还处于初始建设阶段，因此还存在如下主要问题。

在政府类层面，未来科学城存在国际连接网络不完善、针对性的国际人才政策缺乏、社区治理体系不健全、国际人才社区建设资金不足等问题。

在生活类方面，未来科学城居住或基础设施还有待于进一步完善升级。存在公共交通不够方便、社区安全程度不高、卫生服务体系不够健全、国际化医疗不够便捷、饮食条件和购物不够便利化与国际化、国家文化融入不够、网站及行政服务不到位、国际金融服务体系不健全等问题。应高品质建设居住配套、休闲设施，营造国际化的文化氛围，集中展现产

城融合、职住平衡、多元包容的良好氛围。

在创新创业类方面，还有很大的提升空间。未来科学城尚存在创新创业类产业不明晰、高端前沿创新型企业缺乏、国际化的创新创业人才总量不够、创新创业投入不够、创新创业绩效不够明显、创新创业的国际影响力有限等问题。

在特色类方面，仍存在特色政策、特色人才等不够明晰等问题。未来科学城尽管聚焦于实体性产业，但仍存在特色政策、特色人才等不够明晰等问题。

为落实北京城市战略定位，适应建设国际一流和谐宜居之都的要求，推进北京人才国际化建设，应利用昌平区及未来科学城的优势资源，打造功能完善、要素齐备、服务高效、环境优美、生活便利的北京未来科学城国际人才社区。为此，在建设国际人才社区过程中，应该重点考虑以下几个方面的建议。

（一）定位

作为北京未来城市建设的示范区，不同于以往的智慧化城市建设，昌平未来科学城将被定义为一个高端的智能化城市建设实验平台，是集规范、定位、创新和系统于一体的全新尝试，是牵引和拉动科技创新向更高的平台发展的智能载体，即智能化国际人才社区。应努力实现国际顶尖人才和团队充分聚集的发展态势，为未来科学城建成全球领先的技术创新策源地、协同创新示范区、创新创业示范城提供支撑。

智慧城市是信息化应用取得良好效益的知识型城市，而智能城市是智能技术充分应用的城市，是将智能化管理、大数据应用、计算机信息技术等进行智能化集成的城市。昌平未来科学城的智能化，表现为依靠中央企业稳定、广阔、支柱型及社会承担式的平台，与国际对接，吸引知名跨国公司、科研院所、实验室那些通晓研发与应用、产业极度需要且行业领先的专家人才，打造智能化社区。不同于中关村对前沿科技的突破与研发，即进行的是探索性创新研究，未来科学城的智能化属于实体性的验证性创新，更多地体现在将世界最新、科技含量最高的技术与产品，拿来进行复制、模仿、再创新，为我所用，贯穿从产业、行业的研发、管理到应用经验的本土化研究过程，需要产业落地，并创造实体性产值。未来科学城智能化的远景目标是从现阶段科学技术的验证性创新向探索性创新目标转变，最终实现中央企业与民营企业、跨国公司技术同步，共同迈入科学技术的原创性轨道。

（二）积极探索国际人才居住社区服务管理

1. 提供高水平涉外物业管理服务

引进具有丰富涉外服务经验的物业公司，全程参与国际人才居住社区的规划建设、运营服务等各项工作。配备双语从业工作人员，在社区提供多语种服务咨询。开通国际人才物业服务热线，随时解决人才需求，为国际人才提供保姆式服务。

2. 发挥社区管理机构作用，增强国际人才归属感

提升社区居委会涉外服务水平，实现国际化服务管理。结合中西方各种节日，引入国际妇女儿童公益组织和志愿者团体，开展各类外籍人员喜闻乐见的文体、艺术、慈善和志愿服务等社区活动，增强国际人才的归属感。积极探索具有涉外居民管理职能的政府部门，在社区居委会设立日常办公窗口的服务模式，方便国际人才办理各类事项，同时以服务促进管理。

（三）积极建设国际人才宜居宜业环境

1. 差异化建设国际人才居住社区

依托公共核心区条件成熟的项目，差异化建设国际人才居住社区。面向国际青年人才，依托人才公租房，打造国际青年人才驿站，只租不售，营造符合年轻人特点的服务模式，吸引国际青年人才来社区居住生活；面向长期驻华的国际人才家庭，依托普通商品房，针对国际人才的生活理念和习惯，从建筑设计、功能规划、建设标准、配套设施、物业服务等多方面入手，打造国际化人才公寓，按照星级酒店的服务模式，提供拎包入住的一站式居住体验，满足国际人才的高品质居住需求。

2. 建设具有国际特色的商业配套设施

依托未来科学城商业配套设施，打造具有国际风情的商业购物生活圈。参考欧美发达国家商业设施建设经验，按照国际化、专业化标准，引进国际风情餐饮服务机构、进口商品商店、国际免税商店、外资银行及保险机构等具备国际化特点的服务机构，满足国际人才家庭的日常生活需求。

3. 引进全方位国际教育机构

积极促进未来科学城国际学校建设。在全球范围内择优引进一流的国际教育机构，聘用国际一流的教师团队，招收全年龄段国际人才子女，提供多种类高品质国际课程。鼓励具有国际特色的教育产业和培训机构进驻未来科学城提供服务，系统地满足国际人才子女的教育需求。

4. 提供高品质国际医疗服务

依托未来科学城的医疗服务设施，设立国际医疗部，配备多语种的医护人员，对接国际主要商业医疗保险，满足国际人才就医需要。鼓励具有国际水准的医疗服务机构入驻未来科学城，为国际人才提供医疗保障。

5. 建设符合国际人才需求的文化体育休闲设施

依托未来科学城文化体育休闲设施，综合考虑国际人才文化体育活动需求，建设有西方文化特色的剧场、音乐厅等文化设施，提供多语种、国际化的阅读空间，设立符合国际人才喜好的各类运动及活动设施，配备慢行系统和健身场馆，打造具备国际展览功能的展示中心，丰富国际人才的业余生活。

（四）全力打造国际人才创新创业支撑平台

1. 建设集聚国际人才的创新创业空间载体

积极寻求北京市海外学人中心等市级平台机构支持，结合未来科学城实际，选取条件成熟的商务楼宇，建设集聚国际人才的创新创业空间载体，以服务人才为核心，突出创新创业孵化、人才成果展示、人才办事服务等功能，为国际人才提供高品质、国际化的工作环境，将其打造成未来科学城国际人才社区的展示窗口。

2. 设立人才服务办事大厅

设立人才服务办事大厅，依托市、区各职能部门开设相关行政办事窗口，为国际人才提供一站式服务。引入人力资源中介公司、咨询公司以及法律、金融、会计等方面的中介服务机构，为国际人才来华创新创业提供全方位配套服务。

3. 打造高品质国际化的办公环境

根据国际人才工作办公需求和创新创业特点，建设各种类型按需定制的商务办公设施。从外观设计、装修水准、配套设施、物业服务等多方面入手，打造高品质国际化的办公环境。依托未来科学城智能城市建设，实现办公、通信、消防、安保、楼宇控制自动化，为国际人才提供跨国云办公服务，构建互联网高速连接的商务平台，将未来科学城国际人才社区打造成为跨国创新创业的核心区。

（五）全面做好国际人才创新创业服务保障

1. 开展国际人才政策体系研究

充分调研国际人才在华工作生活的需求与困难，学习借鉴东南沿海地区服务国际人才的先进做法，对接市属各有关涉外管理部门，全面梳理现有外籍人员管理政策体系，为北京国际人才社区政策体系建设提供决策参考。在充分用好公安部支持北京创新发展 20 项出入境政策措施的基础上，争取更多国家和北京市的相关政策在未来科学城国际人才社区先试先行。

2. 做好外资企业服务

引入涉外中介服务机构，为国际人才提供法律、财务、金融等方面的专业服务，让人才在华合法、有序、自由地进行创新创业工作。依托市、区两级商务委，努力营造公平、公正、公开的创业环境，力争使国际人才在创新创业方面享受国民同等待遇。鼓励国际人才创新创业企业与央企入驻单位开展全方面合作，促进央企科研机构引进吸收国外先进技术和经验，鼓励中外人才开展应用技术协同创新。

3. 加大国际人才引进力度

利用驻外各外交机构，北京市、中关村有关驻海外联络处，市、区两级海外友好城市，央企驻外分（子）公司等渠道，加大国际人才引进力度，使更多海外人才及外籍人士了解未来科学城。通过组织国际人才峰会等具有国际影响力的人才交流活动，搭建学术交流平台。鼓励央企入驻单位引进聘用国际人才来华工作，全方位吸引国际人才来未来科学城创新创业。

第三节　朝阳区中关村电子城国际人才社区

一、朝阳区中关村电子城的特色和优势

（一）特色

目前中关村电子城园区聚集了一大批高端人才。望京科技园是中关村电子城西区的中心园区，截至 2016 年 6 月，共有在园企业 115 家，其中，在孵企业 83 家，留学人员企业 67 家；成立至今累计孵化入驻企业 672 家，获得国家、省部级和中关村奖项者达到 131 人；在园高新技术企业 42 家；园区累计创造知识产权 1 012 项；入园企业专利授权量达到 232 件，承担国家各级科技项目 18 件。据不完全统计，园区外籍人才创办企业目前约有 8 家，涉及电力、新能源、电子信息、汽车等行业，在园区工作的外籍人才主要为美国、新加坡、马来西亚、日本等国籍。截至 2016 年 8 月，在园区的各类高端人才有 108 人，包括“千人计划”35 人、“海聚工程”14 人、“高聚工程”4 人、“凤凰计划（人才）”26 人、“凤凰计划（初创）”17 人；园区有新三板挂牌企业 8 家。

（二）优势

在推进国际化社区建设方面，朝阳区 2010 年制定出台了《朝阳区推

进社会服务管理创新实施意见》，提出坚持环境、服务双轨推进，实现国际化社区建设新突破。围绕完善社区硬件设施，打造国际化社区服务体系，对深化国际安全社区建设，建设优美人居环境提出了具体要求。在相关文件的指导下，2011 年，朝阳区以居住外籍人员较多的望京社区、麦子店等 5 个地区为试点，深入推进了国际化社区建设，从多个部门共同管理服务、促进各国居民有效融合等方面进行了探索实践。在探索实践的基础上，2012 年朝阳区社会建设工作办公室出台了《朝阳区国际化社区建设的指导意见（试行）》，大力推进国际化社区建设，重点突出五个方面：①建立国际化社区建设指标评价体系，每年对各城市街道国际化社区建设进行考核评估；②探索设立针对外籍居民的社区专管员，建立由社区组织、社区民警、社区专管员、楼门组长构成的外籍居民服务管理体系，及时了解居民需求和动态；③在社区建立双语标识服务系统，在外籍人员较多的社区设立外籍人员服务窗口或外籍人员服务中心（站）；④开辟网上社区双语（多语）服务和居民论坛，引导社区中外居民为社区建设建言献策，完善社区服务管理，实现社区网上办公；⑤鼓励外籍居民参与社区志愿服务和社区管理，策划、实施社区特色项目，创建国际化品牌社区。

（三）西区和北区对国际人才的管理和服务

朝阳区中关村电子城西区和北区对国际人才的管理和服务进行了有益的探索和实践。

1. 招商入园标准

招商入园标准主要包括四个方面：①留学生。企业主要创办者或股东应具备北京市留学人员服务中心认定的留学人员身份，并取得硕士以上学历。②注册资本。注册资本不少于人民币 50 万元，创办人或其留学人员所占股份不得低于 50%，出资的额度不少于人民币 30 万元。③产业方向。产业方向为“三新”产业，即新移动通信、新能源、新生命科学，其核心技术在国内或国际具有领先水平。④优先入园。主要创办人或核心团队应为国内外高端领军人才（“千人计划”“海聚工程”“高聚工程”“凤凰计划”等），已获得天使投资或风险投资，可以是拥有多项自主知识产权的企业，也可以是在国外著名高校、研究机构担任相当于副教授、副研究员及以上职称的专家、学者。

2. 政策优势

政策优势主要体现在以下三个层面：①在中关村园区层面，享受中关村自主创新示范区各项优惠政策，优先推荐申请中关村科技园区管理委员会和中关村发展集团重大科技成果转化和产业化投资专项资金，建设项目可享受中关村平台支持和朝阳区绿色通道审批。②在朝阳区层面，优先享受朝阳区3 000万元高科技产业发展资金，朝阳区高层次人才引进计划（“凤凰计划”）最高70万元创业奖励。③在园区层面，制定“关于中国北京（望京）留学人员创业园的扶持办法”，每年提供资金1 000万元，用于创业无偿资助、产业化扶持资金、创业房租补贴、贷款贴息、支持留学人员子女就读等；设立“望京科技园创投引导资金”，每年提供资金300万元。

3. 具有良好的海外招商引才联络站平台

朝阳望京科技园拥有良好的海外招商引才联络站平台。在国际上，与英国伦敦、英国剑桥大学、加拿大蒙特利尔大学、美国波士顿大学、美国德州圣安东尼奥大学等区域或机构建立合作关系。园区举办了北京海外学人创业大会，建立了中国北京（望京）留学人员创业园诺贝尔科技合作平台。此外，望京科技园建立了企业家俱乐部，举办多次联谊活动，与各权威媒体合作，帮助孵化企业在市场上发出自己的声音，树立形象，推广品牌。

二、对电子型国际人才社区建设的建议

朝阳区中关村电子城正在规划建设国际人才社区，与5个境外非营利组织合作。产业园分为西区和北区，共5.15平方千米。正在筹建国际人才服务大厦，拥有中关村级、区级、园区级的人才政策优势。公共绿化比率约30%，来自多个国家和地区的国际人才总数共129人。但是，中关村

电子城的国际人才社区建设也存在一定的不足，具体体现为：

在政府类层面，国际人才政策缺乏针对性、社区治理体系还有待完善。

在生活类方面，居住或基础设施尚不完善，安全程度不高，卫生体系不够健全，医疗不够便捷，饮食、购物不够国际化，国家文化融入不够，网站及行政服务不完善。

在创新创业类方面，创新创业资源、创新创业投入、创新创业产出、国际影响力等方面都还需进一步加强，地方的国际特色还需要进一步凸显。

因此，中关村电子城在建设电子型国际人才社区的过程中，应该重点考虑以下几项建议。

（一）电子型国际人才社区的定位

本社区可以根据已有的基础，重点发展国际电子产业，打造国际化的电子产业园区。同时，进一步完善国际化的生活环境特色，从居住、教育、医疗、饮食、文化等方面提升本社区的国际化特色，聚集国际高端电子产业企业和电子产业人才。因此，本社区定位于国际高端电子产业企业和电子产业人才聚集的国际人才社区。

（二）建设高端国际人才服务中心

1. 探索人才引进新模式

加强政府机构、群团组织、企业主体、驻外机构、人力资源服务机构之间的统筹联动，整合各方面资源，创新人才引进方式，探索构建多层次、多维度的国际人才引进模式。具体措施包括：①加强与国内外知名人力资源服务机构合作，签订引进高端人才战略合作协议；②以合作或授权委托等方式，发挥有关驻外机构、华侨华人社团、留学生组织等机构和团体的自身优势，探索建立海外人才联络站，加强政策宣传和情况沟通，引进海外高层次人才；③鼓励和支持企业根据发展需要面向全球广泛吸纳人才；④积极开展丰富的创业创新大赛活动，发掘人才，引进人才。

2. 设立“外籍人才出入境服务大厅”

一是结合推进服务业扩大开放试点工作范围的契机，积极争取对外籍高层次人才、外籍技术人才、外籍华人、外国留学生等提供永久居留、出入境签证、创新创业发展等方面的便利条件。

二是朝阳区外籍人才高度聚集，出入境受理业务量大，因此，作为国际人才社区建设，需要有一个能够为外籍人才出入境提供便利服务的行政办公场所，需要落实公安部支持北京创新发展有关出入境的政策措施，开展外籍人才出入境管理改革试点，协调相关部门建设外籍人才出入境服务大厅，提高外籍人才出入境及居留便利化程度。

3. 建立“朝阳国际人才港”

加强国际人才服务力度，提升人才服务的集成化、便利化，在区域内建立一个与朝阳区发展特征相匹配的国际人才综合服务平台——“朝阳国际人才港”。打造一个集人才服务、政策咨询、展示展览、人才培养、信息交流于一体的综合性人才发展平台，将现有朝阳海外学人中心、朝阳国际高端商务人才发展中心、海外人才服务专窗、海外人才工商注册绿色通道，以及拟成立的外籍人才出入境服务大厅等服务机构集中于此，并配备如CBD大讲堂活动基地等为国际人才服务的相关设施，把国际人才港打造成一个资源整合、要素聚集、高端前沿的国际人才综合服务平台。建设国际人才社区对外交流展示中心，全面记录、总结国际人才社区建设过程和典型经验，系统展示国际人才社区在政策引领、创新创业、环境营造、服务提升等方面取得的成绩，为其他地区开展相应建设提供经验借鉴。

（三）打造友善的国际化生活环境

1. 建立“国际人才公寓”

结合电子城北扩区的建设，在地铁15号线崔各庄站附近，规划建设一批国际人才公寓，以租赁的形式提供给区域内高层次人才居住，同时，统筹区内相关政策，提供房租补贴等优惠措施，逐步形成制度化、规范化的管理机制。

2. 打造国际化的一体式生活圈

打造适合国际人才休闲娱乐的生活环境，为国际人才社区提供全方位、多层次的区域性综合配套服务。依托区域周边的望京国际商业中心、华彩国际中心、望和公园、南湖公园、望京图书大厦、望京文化体育广场、华谊兄弟影城等资源，为国际人才社区提供全方位、多层次的区域性综合配套服务。

3. 完善国际教育服务体系

一是吸引国外顶级高端教育机构入驻国际人才社区，开设从幼儿园到中小学的全系列国际课程，满足不同层次人才的多种需求。

二是整合区域内和周边现有国际教育资源，搭建与国际人才社区需求相适应的国际化教育服务体系。整合区域周边北京韩国国际学校、北京法国国际学校、北京京西学校等10多所国际化学校的教育资源优势，满足区域内各类国际人才的需求。

4. 完善国际医疗服务体系

一是引进优质资源，探索建立医疗模式、医疗水平等均可与国际接轨的综合性医疗机构，实现与国外医疗保险结算体系衔接，提供就近就便、系统全面的国际化医疗服务。

二是积极整合区域周边如明德医院、国际SOS救援中心、燕莎国际诊所等涉外医疗机构，以其作为补充资源。

三是提供中医特色服务，充分利用望京医院、中日友好医院等机构的中医资源，提供优质、特色的中医药服务。

四是发挥国际人才自身优势，加大力度完善具有国际医疗服务资质的医疗机构，积极引导国际人才开展多种方式的办医活动，如开办诊所等。

5. 打造智慧国际人才社区

一是选择试点社区，积极开展绿色智慧平安社区建设。

二是设立24小时社区服务中心，培育一支专门服务于国际人才的社工队伍。

三是提高社区服务质量和水平，开展全方位的人才服务项目。

四是开展丰富多彩的中外文化交流活动，加强社区中外文化的交流与融合。

五是探索外籍人才加入居委会的治理模式，鼓励支持国际人才发起成立社会组织，逐步推动国际人才参与社区治理，实现自我管理、自我服务。

（四）构建国际化的创新创业环境

1. 搭建高端集成孵化平台

一是依托融创动力文化创意产业园、创E+双创社区、极地加、洪泰创新空间等孵化器，为海外高层次创新创业提供空间以及资金、服务等方面的专业支持。

二是依托政府、学校、科研院所和企业，打造政、产、学、研一体化的产业生态链条，探索成立高端化的中介服务平台。

三是吸引一批国外知名高校、科研院所在国际人才社区建设重点实验室。

2. 健全综合信息服务平台

一是对朝阳人才工作网、朝阳国际人才港，以及凤鸣朝阳等微信公众号进行功能整合，搭建针对国际人才的双语综合信息服务平台，为人才引进、创新创业发展提供政策咨询、行政办事、项目申报、信息交流等服务。

二是建设高层次人才专家库，打造国际人才动态服务管理机制。

三是整合国际人才社区及周边配套生活服务设施的相关信息，与腾讯、阿里等企业合作开发全英文智能移动生活服务平台，或在已有软件平台上增加国际人才生活服务版块，为外籍人才提供购物、娱乐休闲、餐饮、出行等方面的查询、预订服务。

3. 提供国际人才创新创业支持

为区域内各类企业、人才提供产业发展和人才政策咨询，发挥区域各类组织和市场的主体作用，在资源市场开发、企业管理、人才资源、培养提升等方面提供支持。发挥区人才工作领导小组各成员单位的作用，从产业发展、园区建设、公共服务等方面提供支持和保障。整合人力资源服务机构联盟、孵化器联盟、CBD 商学院联盟的力量，发挥中介组织、投融资机构的作用，为人才发展提供支持。

4. 搭建沟通交流平台

开展丰富多彩的人才创新创业活动，为人才发展提供信息咨询、项目合作、沟通交流等服务。依托中国北京望京海外留学人员创业洽谈会、海外学人创业大会、望京创业园留学人员企业家俱乐部等载体，结合区域实际开展丰富多彩的活动。

第四节 新首钢国际人才社区

一、新首钢发展规划的特色

（一）新首钢建设

新首钢高端产业综合服务区共由七个组团构成，涉及“三区一厂”，包括石景山区 11.4 平方千米、丰台区 6.8 平方千米、门头沟区 4.1 平方千米和新首钢核心区 8.63 平方千米。规划把新首钢高端产业综合服务区建设成为：世界瞩目的工业场地复兴发展区域，可持续发展的城市综合功能区，再现活力的人才聚集高地，后工业文化创意基地以及和谐生态示范区。控制性详细规划中规划了“五区两带”空间格局，即工业主题园、文化创意产业园、综合服务中心区、总部经济区、综合配套区和城市公共活动休闲带、滨河综合休闲带。

（二）规划思路

新首钢现有规划思路定位是：塑造拥有工业历史遗存和城市绿色生态双特色的城市风貌。

一是塑造特色城市风貌。依据新首钢高端产业服务区控制性详细规划，首钢园区将以国家先进制造业研发和科技服务业为龙头，聚集发展文化创意等产业，重视遗存保护与地区发展的融合，在空间上以历史遗产和生态系统为网络，将遗存保护区与山水格局相关联，留住工业化记忆、展现“素颜值”。运用城市修补理念，让现状工业资源与新建功能区之间形成动态渐变，体现首钢“棕颜值”特色。大尺度提升地区“绿颜值”，使园区成为新首钢工业遗存和城市生态公园大系统的有机组成部分，构建宜居宜业综合性地区，带动北京西部地区的发展，促进北京中心城区功能结构的调整，促进京津冀协同发展。园区的功能布局以核心区的绿化空间为骨架，设立国家实验室及中小型创新实验室，北部地区利用工业遗存拓展文化创意功能，中部建设混合功能地区，东部主要建设完整社区和配套服务。长安街沿线形成绿色开敞的城市风貌，使西部山前生态环境渗透至西长安街，营造独特的西长安街特色风貌。

二是细化落实区域产业定位。首钢老工业区将加快周边配套设施建设，在保护利用好工业遗产的基础上，积极导入“高精尖”产业要素。重点引入高端数字智能、创新金融与高端服务、高端文化创意三类主导产业，其中，高端数字智能产业聚集产业物联网、数字生活、信息安全、大数据分析等子产业领域，创新金融与高端服务产业聚焦私募股权基金、高附加值金融机构、互联网金融、金融控股机构及分（子）公司、专业性商务服务业等细分产业，高端文化创意产业聚集设计与创意产品制造、数字文化消费、艺术品创作与服务等细分产业。吸引此类创新要素聚集发展，集中发力，分步实施，形成特色产业园区。同时，围绕自身工业遗存改造再利用产业基础，从产业链到资金链、创新链进行系统策划，提升综合竞争优势。

二、对综合服务/休闲娱乐型国际人才社区建设的建议

从新首钢现有的规划思路和建设进程来看，现有的一些规划和建设项

目对于未来吸引国际人才有很多优势，但是在建设综合服务/休闲娱乐型国际人才社区方面还有很大的提升空间。

在政府类方面，针对性的国际人才政策缺乏、社区治理体系不健全、居住或基础设施不完善。

在生活类方面，居住与基础设施仍处于建设中，存在诸多不便利性，某些功能严重缺失，如区内公共交通、餐饮、休闲娱乐、购物、医疗卫生、金融服务、网站及行政服务等。

在创新创业类方面，创新创业类的产业不明晰，企业缺乏，人才缺乏。

在特色类方面，特色产业、特色政策、特色人才等还不够明细。

因此，在建设综合服务/休闲娱乐型国际人才社区过程中，应该重点考虑以下几点建议。

（一）定位

新首钢是贯彻落实中央和北京市委、市政府的决策部署，主动适应经济发展新常态，全力推动“全面深度转型、高端绿色发展”战略，推动区域产业体系由重工业主导型向服务主导型转变的典型代表。2014 年 2 月，习近平总书记视察北京，明确了新时期北京城市战略定位，对北京城市发展和京津冀协同发展做出重要指示，为北京城市发展提供了明确的遵循原则，也为首钢老工业区转型升级指明了方向。首先，始终从京津冀协同发展国家战略来谋划推动老工业区转型。其次，从北京发展全局出发推动老工业区转型。紧扣北京“四个中心”（全国政治中心、文化中心、国际交往中心、科技创新中心）的城市战略定位和建设国际一流和谐宜居之都的目标，推进老工业区高水平转型升级，把高端引领、人口调控、生态建设等摆在更加重要的位置，努力走出一条具有北京特点的绿色转型之路。在此基础上，新首钢社区应借助已有的资源进行提升和延伸，重点发展北京市需要的具有特色的产业形态，从而打造一个全新的国际化人才高端社区。可以考虑下列两个重点特色领域：①体育文化产业；②侨商创新中心。产业定位明确了，需要吸引的人群自然也就十分清晰了。国际体育人才和侨商是这个社区要重点引入的人才群体。

（二）积极推动人才政策创新

体育产业主要借助冬奥组委的入驻，从政府层面大力吸引国际体育人才。目前北京市的海聚工程只限于对双高人才的吸引，建议可以把国际体育人才纳入海聚工程，在认定标准上给予明确，同时分为就业和创业两类进行评价和引进，这对于社区吸引国际体育人才是一个很大的推进，同时也体现了试点社区先行先试的原则。在政策的制定和标准的选择上，可以借鉴美国和我国香港地区对这类人才的引进政策。

落实公安部支持北京创新发展相关出入境政策措施，在重点区域探索进一步放宽永久居留申请门槛、简化审核流程、创新审批机制。用好用足中关村国际自主创新示范区、京津冀全面改革创新试验区、服务业扩大开放综合试点及北京国际人才社区等的各项人才政策。年度国际人才社区建设成绩突出的社区，可获得市财政人才转移支付奖励。

（三）搭建人才服务平台

依托石景山区现有出入境服务大厅、人才市场、行政服务中心等设施，积极承接外籍人才出入境服务、海外人才工商注册、海外学人中心服务等相关工作，简化国际人才办事流程，提供更便捷的人才管理服务。在首钢北区积极吸引人力资源服务业相关企业，引进人力资源跨国机构，试点设立中外合资人才中介机构。加快建设海外华人院士专家工作站，搭建海外华人专家引进公共服务平台，协助入驻企业与海外华人院士、科学家建立合作关系，引进海外专业协会、产业技术联盟及技术合作项目，提供公共实验室、公共外文图书阅览室等服务场所。举办“华侨华商首钢行”等系列活动，为国际人才引进提供精细化服务。

（四）打造创新创业平台

开发产业孵化器等创新载体，积极发展高端智能制造研发、金融保险、高端商务等产业，建立全球研发中心、公共实验室、企业技术研究院等新型机构，吸引行业国际组织的亚太（中国）分部入驻。建设世界侨商创新中心，引入涉侨资本，吸引海外华人华侨科学家、创新创业人才。积极争创诺贝尔科学家工作站，引进国际一流科学家及创新团队。紧抓国家大力发展体育产业及北京冬奥组委入驻契机，在首钢主厂区冬奥广场建设国家级冬季运动训练基地、群众冰雪娱乐园，鼓励大众健身休闲、青少年体育培训、体育赛事等产业发展，培育虚拟现实（VR）、体育互联网等新兴业态。建设石景山区冰雪运动中心，积极承接冰雪竞技表演、青少年冰上体育培训及文化体育交流等活动，逐步形成高端体育人才聚集的产业平台。

（五）建立宜居便利的生活环境

服务海外人才多元文化和异质需求，建设多种形式的人才公寓、酒店等居住空间。根据国际人才入住情况，逐步完善国际医疗、国际教育服务，统筹区企资源，建设剧场、影院、餐饮机构、购物中心等文化娱乐和生活消费类设施，构建多元化服务业体系。构建多语种标识系统、导向系统，优化无障碍设施及特殊人群辅助设施。开展光纤网和无线宽带全覆盖建设，探索逐步开通境外社交媒体网站。建设绿色生态廊道、景观公园和首钢工业遗址公园，优化提升生态景观环境。按照国际一流的和谐宜居之都标准，把水、绿地及生态廊道建设摆在优先位置，建设绿色生产、生活、生态体系，努力成为城市绿色转型的“精品示范”。整体打造城市绿轴，同步建设生态公园，大幅提高区域绿地覆盖率，形成富有工业遗存特色的山水园林老工业区景观。构建“山水交融、西绿东引”的生态修复和环境提升格局，营造极具特色的城市滨水界面。

第六章　国际人才社区要素指标库的构建

本章基于前面的理论综述、国内外标杆经验分析，创新性构建了国际人才社区要素指标库，主要包括政府治理类指标、生活环境类指标、创新创业类指标、特色类指标等四个维度，同时各个维度又包括若干子要素，该指标库为国际人才社区建设和治理提供了理论依据和实践方向。

在指标库的构建过程中，主要研究国际人才社区包括哪些要素及其各自的内涵和外延等，既有通用指标，也包括特色类指标，因为各个区域聚集国际人才特征不一样，提供的政策、服务等也相应有差异，如一城一街、一厂一园的特色指标。同时，各个指标都可以细化研究，例如，可以对公共服务效率进行一项评估研究，可以尝试评估某一国际人才社区目前的服务现状。

第一节　国际人才社区要素指标库概述

在国际人才社区要素指标库构建过程中，课题组首先对国际化人才发展和国际人才社区建设等相关理论和重要研究文献进行了深入分析，梳理出国内外学者提出且较为科学全面的国际人才社区建设指标要素。其次，进行国内外标杆比较、国内典型案例实地调研，深度调研了国际人才社区、国际人才城（港）、国家高新区、人才服务园区（大厦）等 14 处，走访了海外人才科技创新创业型企业 10 家，收集了大量的一手数据资料，对深圳、上海、南京、贵阳等城市的国际化社区建设进行经验总结，结合中国国际人才社区建设实情，进一步提取指标要素并编码归类。再次，通过与市（区）委组织部、市人才办、市（区）外办等21家相关单位召开多次座谈研讨会以及访谈多位典型国际人才代表，进行指标校正和检验。最后，选取北京中关村大街国际人才社区、未来科学城国际人才社区、朝阳中关村电子城国际人才社区、新首钢国际人才社区四个试点单位进行跟踪调研分析，提取出特色类指标。

在上述研究的基础上，经过系统分析与研究，课题组构建出较为完善和科学的国际人才社区的要素指标库，包括四大维度及其各自内涵和外延等，既有通用指标，也有特色类指标，为国际人才社区建设提供了标准和努力目标。

国际人才社区建设指标库分为一级指标、二级指标和三级指标三个层次（见表6-1）。一级指标涵盖政府治理类指标、生活环境类指标、创新创业类指标、特色类指标等四个维度。其中，政府治理类指标着重体现政府治理与管理机制水平、国际关联度、对国际人才的吸引和服务；生活环境类指标体现为打造国际化生活品质而进行的软硬件建设情况；创新创业类指标反映吸引并促进国际人才来当地创新创业的成果和产能；特色类指标是针对不同类型的国际化社区建设成果与目标所提出的针对性衡量指标。30项二级指标进一步分类细化了一级指标的要求，对各个衡量维度有了更加明确的引导，具有突出的代表性和较强的实践性。三级指标是各二级指标的具体衡量要素和标准，通过对三级指标的落实，达到一级指标和二级指标所设定的发展目标。

指标库（见表6-1）可为各个国际人才社区建设提供参考，各社区可根据自身实际需求选择适合本社区的相关指标，为国际化社区建设明确未来发展方向。

表 6-1　国际人才社区要素指标库一级、二级指标

一级指标	政府治理类	生活环境类	创新创业类	特色类
二级指标	社区国际联结	居住或基础设施完善	创新创业基础条件	创新创业（中关村）
	政府廉洁高效指数	安全	创新创业资源投入	智能（未来科学城）
	产业园区	卫生	创新创业成果产出	国际电子（朝阳电子城）
	国际人才社区建设规划计划及评估	医疗	创新创业国际影响	综合服务/休闲娱乐
	国际人才发展基金	养老		
	国际人才服务	教育		
	国际人才政策	交通		
	社区治理	饮食		
		娱乐休闲		
		购物		
		文化		
		网站及行政服务		
		绿化/人工环境协调		
		金融		

第二节　政府治理类指标

一、政府治理类指标构成

政府治理类指标是国际化社区建设中非常重要的组成部分。政府治理类指标着重体现政府治理与管理机制水平、国际的关联度、对国际人才的吸引和服务。政府治理水平是衡量国际人才社区建设是否达标的首要

指标。

在海外人才的引进中，政府的主导作用和市场机制的配置缺一不可。区域创新政策有利于提升地区创新能力，进而影响地区乃至国家的综合竞争力①。作为人才培养系统中的参与者，政府需要为国际人才的培养提供政策支持，从而提供良好的外部环境②。

然而，目前很多地区的政策制度环境需进一步优化，例如，创业时工商注册环节准入门槛高、程序复杂。同时，科研人才管理的体制机制障碍依然存在。这要求政府完善政策法规体系，为人才创业提供良好的政府治理环境。

二、政府治理类指标的二级指标体系

政府治理类指标中包含社区国际联结、政府廉洁高效指数、产业园区、国际人才社区建设规划及评估、国际人才发展基金、国际人才服务、国际人才政策、社区治理八项指标（如表6－2所示）。

表6－2 政府治理类指标

一级指标	二级指标	三级指标
政府治理类	社区国际联结	境外派驻机构数
		境外非营利组织合作数
		有无国际合作示范区
		国际合作企业数量
		国际合作企业规模
	政府廉洁高效指数	廉洁指数
	产业园区	数量
		规模

① 盛亚，孙津．我国区域创新政策比较：基于浙、粤、苏、京、沪5省（市）的研究［J］．科技进步与对策，2013（03）：93－96.

② 方阳春，黄太钢，薛希鹏，等．国际创新型企业科技人才系统培养经验借鉴：基于美国、德国、韩国的研究［J］．科研管理，2013（S1）：230－235.

续表

一级指标	二级指标	三级指标
政府治理类	国际人才社区建设规划及评估	有无
	国际人才发展基金	有无
		总量
	国际人才服务	有无国际人才服务大厦
	国际人才政策	有无特殊就业政策
		有无特殊医疗政策
		有无特殊教育政策
		有无特殊出入境政策
	社区治理	一站式涉外服务机构
		社区居委会工作人员外语水平
		社区居委会工作人员外籍人才占比
		社区居委会工作人员薪酬水平
		有无知名国际品牌物业公司
		每年国际化社区活动的次数
		国际人才的年均增长率

（一）社区国际联结

社区国际联结主要衡量国际人才社区与国际环境关联的紧密度（广度和深度）。海外人才希望政府能帮助他们争取外部资源，拓展国内国外交流与合作，让他们有自由的发展空间，这一点尤为重要。同时，与国际环境有更多接触，能够激发其产生创新思路，从而推动其成长①。在国际标杆比较和国内实证调研中发现，国内外知名的科学城、产业园、国际社区

① 张莉，朱庆华，徐孝娟．国际科技人才成长特征及演变规律分析：基于文献计量的分析［J］．情报杂志，2014（09）：64－71.

等的国际联结程度非常高。通过与众多国际人才的访谈我们也发现，国际人才特别强调国内发展环境与国外环境的同步性，之所以愿意在国外居住，主要是由于工作需要，活跃、宽松、知识交流迅速的环境能够促进他们快速成长，能够极大程度地激发他们的灵感与思路，进而创新产能。同时，大部分被访谈国际人才表示，由于国内外文化存在差异，突然到中国生活会有许多生活上的不便与困扰，这也是他们决定是否到中国工作生活的一大顾虑。

（二）政府廉洁高效指数

政府廉洁高效指数是指政府在制定和实施政策的过程中，尤其是在处理国际人才相关问题时的廉洁和高效程度。很多专家指出，在国际人才的政策方面最严峻的问题其实是其落实和普及不到位，中国创新创业相关政策可操作性及运作落实也存在很大问题。同时，也有学者指出，中国国际人才发展规划执行力度不够[①]。学者们所提到的政策的可操作性、落实情况、执行力度都可用政府办公的高效程度来衡量，并且政府的廉洁程度很大程度上也决定了政府的高效程度。目前在一些城市，政府对创新创业人才的服务效率不高[②]。因此，政府廉洁高效对国际人才创新创业有很大的影响。

（三）产业园区

产业园区主要衡量国际人才社区内与国际接轨的科技类或服务类产业园区的建设情况。产业园区概念较为广泛，主要包含单一产业园、综合产业园、留学生创业园、科技城等综合性人才服务和产能载体。因此，产业园是衡量政府建设国际人才社区成果的一项重要指标。

---

① 陈建武，张向前．我国“十三五”期间科技人才创新驱动保障机制研究［J］．科技进步与对策，2015，32（10）：138－144.

② 陈怡安．我国人才创新创业环境测算与评价：基于31个省份的实证［J］．经济体制改革，2015（05）：29－35.

（四）国际人才社区建设规划及评估

国际人才社区建设规划及评估是指政府方面是否成立专门的规划和评估小组，对国际人才社区建设进行科学规划、可行性分析以及最后的效果评估。国际人才社区建设的规划和可行性分析是成功建设国际人才社区的第一步。在建设之前就出台相关评估政策，可以监督社区建设质量是否达标，可以对建设单位的最终建设效果进行评估。而且，通过效果评估，还可以发现实施过程中的不足，总结经验为后期社区建设提供借鉴。

（五）国际人才发展基金

国际人才发展基金主要衡量政府对国际人才发展的资金支持力度。资金支持是保持创新创业持续性并促进知识成果转化为实体成果的重要条件之一，而中国创新创业者还面临着创新经费严重不足、重物轻人的问题①。在这一方面，深圳市（科研启动经费充足，设有海外留学人员专项基金、创业前期补贴）和无锡市（创业启动资金充足，提供工作场地、住房公寓且 3 年内免收租金，有丰厚创业投资、信贷、风险投资、专项基金）等城市的政策措施非常完善，极大地增加了对国际人才的吸引力。

（六）国际人才服务

国际人才服务衡量服务队伍建设、服务专业度、软件和硬件、载体建设等相关水平。国际人才服务的总体水平亟待提升。国际人才服务指标的衡量结果，能够在更高层次上较为准确地体现国际人才社区建设的水平。

（七）国际人才政策

国际人才政策主要衡量政府是否出台相关的国际人才优惠政策，包括教育、就业、就医、居住等方面的与国际人才工作和生活息息相关的直接优惠政策。

---

① 吴江．尽快形成我国创新型科技人才优先发展的战略布局［J］．中国行政管理，2011（03）：11－16.

（八）社区治理

社区治理衡量在政府推动下的社区环境营造、硬件设施、日常管理、安全管理、服务水平等社区内建设水平。社区治理中，政府主要负责规划指导，提供资金支持，社区机构负责执行，共同提高国际化治理水平。

三、政府治理类指标的三级指标体系

政府治理类要素的三级指标体系详见表6－2，具体细分指标如下。

（一）社区国际联结的三级指标

社区国际联结包含境外派驻机构数、境外非营利组织合作数、有无国际合作示范区、国际合作企业数量、国际合作企业规模五项指标。

境外派驻机构数与境外非营利组织合作数可衡量在国际交往中，中国的国际社区能否更大范围地对国际人才进行宣传推广。这两项指标值越高，代表国际人才社区对外宣传范围越广、品牌知名度越高、国际人才的信任感越强，进而提升国际人才社区对国际人才的吸引力度和广度。而有无国际合作示范区、国际合作企业数量、国际合作企业规模这三项指标衡量的是在职业方面对国际人才的吸引度和引进人才的渠道广度。有无国际合作示范区、国际合作企业数量和国际合作企业规模很大程度上影响了国际人才是否选择到中国就业，同时借助这些国际企业，能更大范围、更精准地搜寻国际人才并加以引进。

（二）政府廉洁高效指数的三级指标

政府廉洁高效指数由廉洁指数衡量。在国内外廉政工作评估的实践探索中，具有代表性的包括国际透明组织的腐败感觉指数（CPI）和行贿指数（BPI）、世界银行的腐败控制指数、韩国首尔市政府的反腐败指数（ACI）、台北市政府廉政指标以及河南、杭州、深圳等地的廉政评价指标体系等。国际透明组织发布的廉洁指数是一套指标体系，它通过了解特定社会群体的主观感受来反映某个部门或某一行业的腐败程度。

（三）产业园区的三级指标

产业园区包含的三级指标有数量和规模两项。政府依托产业园区的产业集聚优势，可以吸引更多的国外产业专家和顶尖科学家为城市发展服务。而产业园区数量多、规模大、管理规范、有特色的城市具有更强的吸引国际化人才的优势。产业园区可以为国际人才营造出专业、系统、一体化的科研和创业环境。在调研中发现，上海（张江）、南京、贵阳、深圳（前海）等地的产业园，由于营造了很好的“类海外”人才发展环境，对国际人才的吸引强度非常大，效果显著。

（四）国际人才社区建设规划及评估的三级指标

国际人才社区建设规划及评估直接用有无国际人才社区建设规划及评估衡量。在政府治理类指标中，如果政府具有前瞻性的国际人才社区建设规划和评估方案，就会更好地指导城市中国际人才社区的布局，并建立相应的评估方案和指标，指导和评估国际化社区建设的进度和水平，不断提升国际化社区建设的水准。

（五）国际人才发展基金的三级指标

国际人才发展基金用有无国际人才发展基金和国际人才发展基金的总量衡量。如果一个城市专门设有国际人才发展基金，并且国际人才发展基金的总量比较大，就更能够说明该城市更加重视对国际化人才的吸引。

（六）国际人才服务的三级指标

国际人才服务用有无国际人才服务大厦衡量。虽然国际人才服务包含很多方面，但细化各方面进行衡量会更加烦琐，加大操作难度。国际人才大厦是服务国际人才的载体和平台，国际人才大厦的建设标志着具有一定水平和较为系统的国际人才服务机制的建立。有无国际人才服务大厦，能从基础程度上较为准确地衡量国际人才社区对国际人才的服务水平和完备程度。

（七）国际人才政策的三级指标

国际人才政策包含有无特殊就业政策、有无特殊医疗政策、有无特殊教育政策、有无特殊出入境政策四项指标。受户籍限制，国际人才到中国就业面临的最棘手也最频繁的问题是：就业、医疗、教育、出入境。在访谈调研中发现，国际人才的特殊就业、医疗、教育、出入境政策是国际人才尤为关注的重点。因此，制定相关的人才政策，可以更好地解决国际化人才的后顾之忧。

（八）社区治理的三级指标

社区治理包含一站式涉外服务机构、社区居委会工作人员外语水平、社区居委会工作人员外籍人才占比、社区居委会工作人员薪酬水平、有无知名国际品牌物业公司、每年国际化社区活动的次数、国际人才的年均增长率七项指标。经过各种对比分析，从众多社区治理的评价指标中筛选出这七类指标，用以便捷准确地评价国际人才社区的治理水平。其中，社区居委会工作人员外语水平和社区居委会工作人员外籍人才占比这两个指标需要尤为关注，它们是国际人才能够正常与物业沟通交流的基础和保障，也是增加国际人才对社区管理信任感的重要条件。

第三节　生活环境类指标

一、生活环境类指标的构成

生活环境具体包括与人才生活相关的各种自然条件与社会条件，它们影响人才的生活质量。因此，人才往往选择脱离较差的工作生活环境，加入较好的环境这一最简便、最经济的办法来与环境力量抗争，力图选择最适合自己的生活环境、工作氛围，以便更好地提升生活的舒适度。

生活环境类要素被列为第二个一级指标，在国际人才引进和国际人才社区建设中，生活环境这一指标的构建和衡量非常重要。

二、生活环境类指标的二级指标体系

在生活环境类要素中包含居住或基础设施完善、安全、卫生、医疗、养老、教育、交通、饮食、娱乐休闲、购物、文化、网站及行政服务、绿化/人工环境协调、金融14项二级指标（见表6－3）。经过系统分析并提炼出的这些指标虽然数量较多，但含义较为易懂，因此本部分二级和三级指标不做过多的赘述。

表6－3　生活环境类指标

一级指标	二级指标	三级指标
生活环境类	居住或基础设施完善	国际人才可居住的人均住房面积（公寓、别墅、公寓与别墅混合）
		社区内住房租售比率
		无障碍设施率
		公园/园林数量
		广场数量
		步行500米范围内有免费设施的居住区比例
		社区双语标识普及率
		变频供水
		宽带接入
		家庭服务系统
	安全	社区年均盗抢案次数
		社区年均重大刑事案件发案率
		可视对讲
		门窗报警
		闭路电视监控
	卫生	每平方千米的公共厕所数量
		每平方千米的垃圾桶数量

续表

一级指标	二级指标	三级指标
生活环境类	医疗	国际医院的数量
		国际医院国际人才每千人床位数
		三甲公立医院国际部数量
		国家专科医院
		国际体检中心
		外籍医护人员数量
	养老	国际养老护理中心数量
		取得国际资质医护人员数量
		敬老院
		居家养老
	教育	国际幼儿园数量
		国际小学数量
		国际中学数量
		社区图书馆数量
		国际培训机构（如舞蹈、外语等）
		举办国际学术会议的数量
		会展中心数量
	交通	每平方千米地铁口数量
		每平方千米公交站点数量
		与高速公路的距离
		与机场的距离
		与最近火车站的距离
		有无摆渡车
		汽车租赁公司数量
		停车位数量
		加油站数量
	饮食	中西特色餐馆
		不同国家特色餐馆品种数量
		国际品牌快餐店数量

续表

一级指标	二级指标	三级指标
生活环境类	娱乐休闲	体育场馆数量
		慢步道长度（跑道长度）
		健身房数量
		游泳池数量
		网球场数量
		小型高尔夫球场数量
		电影院数量
	购物	可用多币种的日用品店数量
		可用多币种的超市数量
		可用多币种的购物中心数量
	文化	每年国际文化培训人次
		教堂数量
	网站及行政服务	可提供外籍人士服务的家政公司数量
		可为外籍人士提供服务的志愿者数量
		洗衣店数量
		银行网点数量
		美容美发店数量
		邮局网点数量
		快递公司网点数量
		房屋中介数量
		宠物医院数量
		社区英文网站
		社区论坛
		社区 APP
	绿化/人工环境协调	一般新建小区绿地比例不低于35%，高档小区要高于50%
		人均公共绿地面积
		绿色建筑比例
	金融	外资银行数量
		外资保险公司数量

（一）居住或基础设施

居住或基础设施完善是国际人才居住水平的基本保障。在实证调研中发现，新首钢、昌平区未来科学城、海淀区中关村大街、朝阳区中关村电子城这四个北京试点社区，在未来需求中都提到在生活类层面需要进一步优化居住与基础设施。

（二）安全

在马斯洛需求理论中，安全是继生理需要后，人类的第二大需求。安全社区是指建立相关组织机构，社区内有关部门、企业、志愿者和个人共同参与伤害预防和安全促进工作，持续实现安全健康目标的社区。居住空间的安全感程度决定了人们的滞留意愿。在与南京、贵阳等多地的国际化社区建设单位开展的座谈和访谈中，当管理者们被问到“依据长期的管理经验，外籍人士更加看重什么要素?”这一问题时，他们给出的答案基本一致，即“外在环境和安全”。因此，在国际人才社区的规划和设计中应该注重“安全”这一要素。

（三）卫生

在卫生方面，卫生的干净和达标程度是检验国际人才社区生活环境水平的一个重要标准。黄昱方等（2014）在政府支持下城市吸引“海归”的环境要素研究中，将卫生列为生活环境的三大衡量指标之一[①]。

（四）医疗

医疗是人才的最基本需求，同时国外与国内医疗制度和流程的极大差异性，会很大程度地造成国际人才在中国的就医不便和困扰。在调查中，外籍人员普遍对社区内的医疗机构较为重视。医疗机构不仅包括符合国际标准的医院，还包括国际化的体检中心，满足国际居民日常身体检查的需

① 黄昱方，陈成成，陈如意. 政府支持下城市吸引海归创业人才的环境要素研究［J］. 科技管理研究，2014（12）：23－28.

求。在对很多标杆的比较中发现，成功的国际社区或科学城等不仅把医疗作为国际人才的基本生活要素来构建，更是把医疗作为重点产业来发展，比如纽卡斯尔科学城、中国科学院深圳育成中心等。

（五）养老

养老主要衡量针对国际人才建设的国际化的养老服务体系和硬件设施。养老机构的设立不仅可以满足国际人才家属的需要，而且为在中国长久定居的外籍人士提供了老年生活的保障。在此方面英国和我国的南京、贵州等地都具有先进的建设经验和成果。

（六）教育

教育主要衡量针对国际人才子女的教育体系建设（软硬件），以及为促进国际人才进步和本土人才国际化进行的教育和培训这两方面。德国给我们提供了良好的借鉴经验，包括基础教育、职业教育、海外及回流青年学者教育、国际人才子女教育、科研教育等各方面。

（七）交通

交通主要衡量国际人才社区周边的交通站点、便利设施和交通拥堵情况。交通不单是国际人才社区建设的必备基础条件，也是促进产业和城市更加高效、现代化、国际化发展的重要举措，而城市和产业的国际化发展又会作用于国际人才社区的建设和加大对国际人才的吸引力度。韩国的国内交通津贴，英国伦敦便利的公共交通设施，上海碧云国际社区由于解决交通问题从而促进居民迁移和产业重新布局，南京青奥村地上、地下非常发达的交通网络极大地提升了产业支撑能力，这些成功的案例表明，交通这一要素指标具有重大意义。

（八）饮食

饮食的主要衡量指标是国际人才社区内和周边的餐饮发展水平、饮食种类和数量。国际化社区不仅要满足国际化人群需求的中餐和西餐以及特色餐饮需求，更要追求优质的空间品质和餐饮文化环境的营造。

（九）娱乐休闲

娱乐休闲同时也包含着运动，国际人才对于休闲娱乐和运动的需求水平非常高。由于地域和文化不同，休闲娱乐方式和偏好也存在较大差异。因此，国际人才社区的休闲娱乐设施建设十分重要，需要营造国际标准的符合国际化人才运动和娱乐休闲的良好环境。

（十）购物

购物主要衡量的是购物过程的便利情况，包括服务语言和支付方式，要打造国际化的商业环境和国际物流体系，以满足国际人才购物的需求。

（十一）文化

文化主要衡量国际人才社区内和周边是否有符合国际人才文化和信仰需求的设施和场所。虽然文化是“软”要素，但其影响是潜移默化的，国际人才对于个人信仰和文化的冲突交融十分关注。

（十二）网站及行政服务

网站及行政服务衡量的是国际人才社区内的生活网络化程度。随着互联网的发展，人们对网络应用的需求越来越丰富，国际人才对其需求更为强烈。

（十三）绿化/人工环境协调

绿化/人工环境协调衡量社区内的绿化程度。调查显示，国际人才对绿化程度、空气质量和环保都特别关注。

（十四）金融

金融主要衡量社区对国际人才金融、理财的服务水平。

三、生活环境类指标的三级指标体系

生活环境类要素的三级指标详见表 6－3，具体情况如下。

（一）居住或基础设施完善的三级指标

居住或基础设施完善包含国际人才可居住的人均住房面积（公寓、别墅、公寓与别墅混合）、社区内住房租售比率、无障碍设施率、公园/园林数量、广场数量、步行500米范围内有免费设施的居住区比例、社区双语标识普及率、变频供水、宽带接入、家庭服务系统10项指标。国际住宅区在综合功能上应体现时代发展的特征，各种配置应与时俱进，居住生活方式应适合不同的文化背景。其中，社区双语标识普及率和社区内住房租售比率需要特别关注。社区双语标识普及率最为基础但非常必要，同时也是较易遗漏的建设要素。社区内住房租售比率可以衡量国际人才的居住成本，由于国际城市房价较高，对国际人才也形成较大的压力，因此租售比率越高，表示国际人才的居住成本相对越低，压力较小。

（二）安全的三级指标

安全包含社区年均盗抢案次数、社区年均重大刑事案件发案率、可视对讲、门窗报警、闭路电视监控5项指标。

（三）卫生的三级指标

卫生包含每平方千米的公共厕所数量、每平方千米的垃圾桶数量2项指标。

（四）医疗的三级指标

医疗包括国际医院的数量、国际医院国际人才每千人床位数、三甲公立医院国际部数量、国家专科医院、国际体检中心、外籍医护人员数量6项指标。

（五）养老的三级指标

养老包括国际养老护理中心数量、取得国际资质医护人员数量、敬老院、居家养老4项指标。

（六）教育的三级指标

教育包含国际幼儿园数量、国际小学数量、国际中学数量、社区图书馆数量、国际培训机构（如舞蹈、外语等）、举办国际学术会议的数量、会展中心数量 7 项指标。其中，前三项衡量给国际人才子女提供的教育机会和便利性。社区图书馆数量则是对整个社区内居民的自我教育需求满足程度的衡量。而举办国际学术会议的数量和会展中心数量则是衡量国际社区对外交流和给国际人才提供成长平台的能力水平。举办国际会议是一个城市/社区加强国际学术交流和学习的重要途径，为城市/社区提供了一个展现自身学术创新成果和品牌形象的平台，也可以吸引大量的国际人才，进而提升国际影响力。“举办国际学术会议的数量”越多，说明城市/社区的学术活动越活跃，也表明城市/社区的国际环境和氛围的营造越浓厚。

（七）交通的三级指标

交通包含每平方千米地铁口数量、每平方千米公交站点数量、与高速公路的距离、与机场的距离、与最近火车站的距离、有无摆渡车、汽车租赁公司数量、停车位数量、加油站数量 9 项指标。

（八）饮食的三级指标

饮食包括中西特色餐馆、不同国家特色餐馆品种数量、国际品牌快餐店数量 3 项指标。

（九）娱乐休闲的三级指标

娱乐休闲包含体育场馆数量、慢步道长度（跑道长度）、健身房数量、游泳池数量、网球场数量、小型高尔夫球场数量、电影院数量 7 项指标。

（十）购物的三级指标

购物包含可用多币种的日用品店数量、可用多币种的超市数量、可用多币种的购物中心数量 3 项指标。

（十一）文化的三级指标

文化包含每年国际文化培训人次和教堂数量2项指标。“教堂”是在国际人才的访谈中被提到的重点需求。考虑到更多国际人才有宗教信仰，教堂是他们文化生活中非常重要的一部分，国际社区内或周边的教堂建设，对于提升社区国际化品质，满足国际人才的生活需要，都是必不可少的因素之一。实证调研的典型案例是：南京青奥村在社区附近2千米建设了教堂；上海碧云国际社区为了尊重国际人才的信仰，设置了两个教堂。

（十二）网站及行政服务的三级指标

网站及行政服务包含可提供外籍人士服务的家政公司数量、可为外籍人士提供服务的志愿者数量、洗衣店数量、银行网点数量、美容美发店数量、邮局网点数量、快递公司网点数量、房屋中介数量、宠物医院数量、社区英文网站、社区论坛、社区APP 12项指标。

（十三）绿化/人工环境协调的三级指标

绿化/人工环境协调包含一般新建小区绿地比例不低于35%和高档小区要高于50%、人均公共绿地面积、绿色建筑比例3项指标。

（十四）金融的三级指标

金融包含外资银行数量和外资保险公司数量2项指标。

第四节　创新创业类指标

一、创新创业类指标构成

创新创业人才是一个国家核心竞争力的重要来源。创新创业人才开发需要良好的创新创业环境。所以，创新创业环境是国际人才社区建设以及引才留才中不可或缺的重要因素。

二、创新创业类指标的二级指标体系

创新创业类要素包含创新创业基础条件、创新创业资源投入、创新创业成果产出、创新创业国际影响 4 项指标，如表 6－4 所示。

表 6－4　创新创业类指标

一级指标	二级指标	三级指标
创新创业类	创新创业基础条件	中高级专业技术职称占年末从业人员比重
		R&D 投入占比
		创新企业当年获风险投资额
		风险投资机构从业人员数量
		国家级科技企业孵化器在孵企业数量
	创新创业资源投入	创新创业人才基金经费支出额
		财政科技拨款额（中央与地方科技支出）
		研究与试验发展人员全时当量
		人才公共信息数据平台数量
		创新创业服务中介组织数量
		创新创业教育培训大学/学院数量
	创新创业成果产出	新增发明专利年度授权量
		国家重点实验室（工程技术研究中心）数量
		国外主要检索工具收录科技论文数
		创业板挂牌企业总数
		科技成果获奖总数
		科研机构与企业签订技术转让合同总金额
		企业年度技术合同成交额
		高新技术产值占规模以上工业总产值的比重
	创新创业国际影响	外籍创新创业人才永久居留申请量
		离岸创新创业资源服务示范平台数量
		创新研发国际合作机构数量
		海外人才新增就业同比增幅
		社区涉外社会工作者人数

（一）创新创业基础条件

创新创业基础条件主要衡量国际人才社区在创新创业方面的人才队伍、资金、载体建设情况。创新创业基础条件是营造国际人才创新创业环境的基础和先决条件。

（二）创新创业资源投入

创新创业资源投入主要衡量政府、高校和企业对国际人才创新创业的资源支持程度。这是促进国际人才创新创业的重要动力。

（三）创新创业成果产出

创新创业成果产出主要衡量前期的创新创业环境营造投入的效果，同时创新创业成果的产出情况也能反映前期投入的力度。对比各社区的成果产出情况，可以发现不足，有针对性地整改完善相关的对策措施。

（四）创新创业国际影响

创新创业国际影响能够非常清楚地显示国际人才社区建设以及创新创业环境营造中是否真正达到了“国际化”，体现国际影响的广度和深度。

三、创新创业类指标的三级指标体系

创新创业类要素的三级指标详见表6－4，具体情况如下。

（一）创新创业基础条件的三级指标

创新创业基础条件包含中高级专业技术职称占年末从业人员比重、R&D投入占比、创新企业当年获风险投资额、风险投资机构从业人员数量、国家级科技企业孵化器在孵企业数量5项指标。

（1）中高级专业技术职称占年末从业人员比重这一指标，主要衡量创新创业人才的能力素质水平，比重越高，说明创新创业能力越强。

（2）R&D投入占比，指在科学技术领域，为增加知识总量（包括人类文化和社会知识的总量）以及运用这些知识去创造新的应用进行的系统的创造性活动，包括基础研究、应用研究、试验发展三类活动。

“R&D”可译为“研究与开发”、“研究与发展”或“研究与试验性发展”。本指标库中的 R&D 投入占比也显示着国际人才社区研究与发展的投入强度。

（3）创新企业当年获风险投资额和风险投资机构从业人员数量 2 项指标，衡量的是风险投资和创业保障力度。国外知名科学城聚集创新创业人才的成功经验之一是：发展风险投资，为科技创业提供“天使资金”。美国新经济居世界领先地位，与其风险投资事业的发达是密切相关的。与国外相比，国内创新创业缺乏充足的风险投资支撑条件。深圳对创业失败提供制度保障的做法（如失败免责、社会保险补贴、就业援助）很值得借鉴。

（4）国家级科技企业孵化器在孵企业数量这一指标，衡量的是高端、完备、有效的国家级孵化器建设情况，主要关注的是科技类企业的孵化。

（二）创新创业资源投入的三级指标

创新创业资源投入包含创新创业人才基金经费支出额、财政科技拨款额（中央与地方科技支出）、研究与试验发展人员全时当量、人才公共信息数据平台数量、创新创业服务中介组织数量、创新创业教育培训大学/学院数量 6 项指标。

（1）创新创业人才基金经费支出额和财政科技拨款额，主要衡量政府和企业的资金投入支持。资金支持是保持创新创业的持续性并促进知识成果转化为实体成果的重要条件之一。而中国创新创业者还面临着创新经费严重不足、重物轻人的问题。在这一方面，深圳（科研启动经费充足、海外留学人员专项基金、创业前期补贴）和无锡（创业启动资金充足、工作场地、住房公寓、3 年内免收租金、丰厚创业投资、信贷、风险投资、专项基金）的政策措施值得借鉴。

（2）研究与试验发展人员全时当量，是全时人员数加上非全时人员按工作量折算为全时人员数的总和。

（3）人才公共信息数据平台数量和创新创业服务中介组织数量，主要衡量国际人才社区对人才创新创业的服务投入情况,包括数据和人力服务。

（4）创新创业教育培训大学/学院数量，主要衡量对国际人才和本土人才国际化的创新创业教育水平。提前培训有助于增加人才的创业信心，降低创业风险，提升创业效能。

（三）创新创业成果产出的三级指标

创新创业成果产出包含新增发明专利年度授权量、国家重点实验室（工程技术研究中心）数量、国外主要检索工具收录科技论文数、创业板挂牌企业总数、科技成果获奖总数、科研机构与企业签订技术转让合同总金额、企业年度技术合同成交额、高新技术产值占规模以上工业总产值的比重 8 项指标。《专利在中国：中国创新活动的现状与未来》研究报告指出，中国的专利总量每年在不断增长，但是中国人均科技产出却很低，创新产出低下、转化不足[①]。其中较为重要的一个原因，是中国人才的创新创业载体（平台、基地、产业园）建设不足。知识成果唯有转化为实体的科技成果，才能最大限度地发挥知识的价值，对前期投入的各种资本给予真正的回报。因此，以上指标主要检验创新创业载体与孵化器的建设情况以及最终带来的成果产出效果。

（四）创新创业国际影响的三级指标

创新创业国际影响包含外籍创新创业人才永久居留申请量、离岸创新创业资源服务示范平台数量、创新研发国际合作机构数量、海外人才新增就业同比增幅、社区涉外社会工作者人数 5 项指标。其中，需特别关注离岸创新创业资源服务示范平台数量。离岸创新对外籍华人或者全球顶尖科学家较为适用，可不受地理限制，省去路途上的时间消耗，借用国际实验室资源，建设先进的跨境可视系统，辅助异地研发团队交流，其中，跨国研发机构起着非常重要的作用。

① 吴江．尽快形成我国创新型科技人才优先发展的战略布局［J］．中国行政管理，2011（03）：11－16.

第五节　特色类指标

一、特色类指标构成

本节的特色类指标主要针对特定国际人才社区研究制定。实地调研北京市海淀区中关村大街、昌平区未来科学城、朝阳区中关村电子城西区和北区、新首钢四个国际人才社区建设试点后，分别将其归纳为“创新创业”“智能化”“国际电子”“综合服务/休闲娱乐”四类国际人才社区。同时，综合标杆和其他地区的调研结果，提取出国际人才社区建设的特色要素，即除国际人才社区建设中的基本必备要素外，还可根据各社区特色提取进行差异化建设的特色类要素指标。各社区可根据本区特色酌情选择和补充。

特色类指标包含创新创业类国际化社区、智能类国际化社区、国际电子类国际化社区、综合服务/休闲娱乐类国际化社区等各具特色的二级指标，如表 6－5 所示。

表 6－5　特色类指标

一级指标	二级指标	三级指标
特色类	创新创业类（中关村）	创新型领军企业
		创新型领军人才
		世界一流大学
		创新协会
		创业领军人才
		创业领军企业
		区域性创业基地
		留学人员创业园
		大学科技园
		创业协会

续表

一级指标	二级指标	三级指标
特色类	智能类（未来科学城）	管理智能化
		楼宇智能化
		交通智能化
		通信智能化
		办公智能化
		大数据应用智能化
		计算机信息技术智能化
	国际电子类（朝阳电子城）	领军型电子企业及人才数量
		新一代信息技术企业及人才数量
		新能源技术与节能环保企业及人才数量
		新生物医药企业及人才数量
		国际领先的科技服务业企业及人才数量
		国际领先的互联网企业及人才数量
	综合服务/休闲娱乐类（新首钢）	国家级钢铁遗产文化博物馆
		文化创意产业公司数量
		体育产业公司数量
		奥运产业公司数量
		旅游/休闲产业公司数量
		商业产业公司数量

二、特色类指标的二级指标体系

创新创业类国际化社区，可以北京海淀中关村为代表，主要的特色特征为：社区周边高校、科研院所等智力资源密集，创新创业氛围浓厚。

智能类国际化社区，可以北京昌平未来科学城为代表，主要的特色特征为：社区周边高新技术发达，大型高新技术企业聚集。

国际电子类国际化社区，可以北京朝阳电子城为代表，主要的特色特征为：社区周边有电子、软硬件产业基础。

综合服务/休闲娱乐类国际化社区，可以北京新首钢为代表。主要的特色特征为：社区周边综合服务发展成果较好，文化娱乐体育等产业发展较为突出。

三、特色类指标的三级指标体系

特色类要素的三级指标体系详见表6－5，具体情况如下。

（一）创新创业类的三级指标

创新创业国际化社区（如中关村）应该包含创新型领军企业、创新型领军人才、世界一流大学、创新协会、创业领军人才、创业领军企业、区域性创业基地、留学人员创业园、大学科技园、创业协会10项指标。其中，世界一流大学、留学人员创业园和大学科技园3项指标衡量的是社区周边的智力资源密集度，需要特别关注。社区周边智力资源对整个社区的创新创业推动能产生极大的助力。目前，海外留学生人才这一高数量、高潜力群体带来的青年创新创业新鲜血液（文化、知识、信息、氛围）尚未被充分激活运用，留学生的引进和服务政策需要不断完善。具体体现为：现存政策体系中缺少对留学生的关注（如就业、居住等优惠）；留学生归国后缺乏获取广泛就业信息的渠道和平台，或相关渠道平台宣传力不足。因此，留学生创业园、大学科技园的建设极为重要，因其能够提供青年科研载体，整合资源，完善服务体系，充分挖掘周边高校（科研院所）密集而丰富的科学研究智力资源，加强创新技术成果在该区域的自发集聚和应用转化，同时利用高校和对留学生的吸引优势，聚集挖掘留学生智力资源，给本土人才创新注入国际多元化动力，以本土与海外互动的基础研发创新带动国际化高端创业新形态。

（二）智能类国际化社区的三级指标

智能类国际化社区（如未来科学城）需要提升基础设施（居住、楼宇、交通、通信等）、服务管理的智能化水平，提供智慧物业管理、社区电子商务等服务。充分发挥物联网、云计算、移动互联网等信息技术的集成运用水平。提升社区涉外服务水平，配备双语工作人员，提供多语种服务咨询。因此，需要包含管理智能化、楼宇智能化、交通智能化、通信智能化、办公智能化、大数据应用智能化、计算机信息技术智能化 7 项指标。

（三）国际电子类国际化社区的三级指标

国际电子类国际化社区（如北京朝阳电子城）包含领军型电子企业及人才数量、新一代信息技术企业及人才数量、新能源技术与节能环保企业及人才数量、新生物医药企业及人才数量、国际领先的科技服务业企业及人才数量以及国际领先的互联网企业及人才数量 6 项指标。

（四）综合服务/休闲娱乐类国际化社区的三级指标

综合服务/休闲娱乐类国际化社区（如北京新首钢）应包含国家级遗产文化博物馆、文化创意产业公司数量、体育产业公司数量、奥运产业公司数量、旅游/休闲产业公司数量、商业产业公司数量 6 项指标。

第七章　国际引智与国际化社区治理措施和政策建议

本章主要根据人才及社区相关理论研究、国外国际引智与社区治理模式分析、国内代表性城市的国际引智与国际化社区建设实践标杆研究、北京国际人才社区试点建设案例研究、构建的国际人才社区要素指标库等方面的成果，从科学规划与统筹管理、社区多元化发展、政府治理体系、“类海外”生活服务体系、创新创业支撑体系、绩效管理体系等方面提出综合性措施和政策建议，为我国各个城市的国际引智与国际人才社区治理提供参考和借鉴。

第一节　科学规划与统筹管理

一、优化空间规划布局

在国际人才社区建设过程中，应首先优化国际人才社区建设的空间规划布局，促进国际化社区建设资源的均衡配置。

一是统筹规划，谋划空间布局，盘点优质资源，整合运用，开展国际人才社区的建设试点。例如，北京在空间布局上选取有代表性的区域，即海淀区中关村大街、昌平区未来科学城、朝阳区中关村电子城西区和北区、新首钢四个国际化社区进行建设试点的做法就很有成效，以此来进一步推进北京国际化城市建设。在试点建设初有成效后，总结建设经验，进行有针对性、有选择的复制、优化与推广。

二是科学研究规划国际化社区试点内部的布局，做到各个社区内部均衡发展，使各社区各有特色和侧重点，避免同类同质资源竞争和某项资源大幅度倾斜。

三是建设试点社区协同发展机制，实现资源共享、协同发展。

二、构建系统化分区域管理模式

站在城市管理的视角上，应该不断提升政策和制度的系统性，建立系统性、分区域国际化社区建设管理模式，提高国际化社区建设的质量和服务水平。

（一）构建市级管理中心、区级管理中心、社区协同管理机构三级管控体系，打造区级管理示范机构

从城市管理的角度，应该有市级的牵头部门开展国际人才社区的规划和建设，各个区、县有各自的牵头职能部门负责本区、县的国际人才社区的规划和建设。同时，各个国际化社区有专门的机构负责具体的实施和运营管理，并在若干区县中选择有特色的区级管理示范机构作为标杆，推广经验和做法。

（二）进一步明确国际化社区建设理念的内涵和外延，加深海外人才对具有品牌效应的国际化社区的认识和理解

研究国际人才社区包括的要素及其各自内涵和外延等的指标，既包括通用指标，也包括特色类指标。因为各个区域聚集国际人才特征不一样，所以提供的政策、服务等相应也有差异。特别应通过传播渠道，加强海外人才对国际化社区品牌的认知度和理解，形成聚集效应。

（三）制定完善国际化社区建设标准指南，统一各社区建设标准体系

从政府服务、市场机制、基层治理与人才个体需求出发，综合判断国际化社区建设应有的国际化程度、本土化程度及其不同类别人才职住结构，提出影响国际人才社区构建的政府治理、生活、创新创业、特

色、绩效等主要构成要素，同时根据国际标杆水平，设定相应的标准与目标。

（四）根据国际化社区建设的标准和目标，确定不同时期的发展节点

明确了社区建设的标准和目标，就要确定不同时期和阶段发展的侧重点以及发展节点，制定分阶段目标。特别应在更高的站位上，制定相关城市乃至区域性一体化合作圈的人才国际化发展战略，如京津冀一体化的国际化人才发展战略。

（五）坚持独立性与开放性相结合的管理

独立性要求社区在空间、文化、功能等方面有独立领域范围。开放性需要社区在物质、能量、信息、人员交流等方面保持与城市中其他区域的社会联系。

（六）坚持社会性与安全性相协调的原则

安全性有助于提高人们的滞留意愿。平衡社会性与安全性是国际化社区规划和设计中的重要考量要素。

第二节　突出国际化社区的特色与多元化

由于各个社区的基础不同，优劣势有所差异，因此，需要突出特色与尊重多元，解决国际引智与国际化社区治理的差异化发展问题。

一、国际人才社区的定位差异化

根据社区所在区域的产业、主要人群特征、文化等特色，进行社区差异化定位，打造品牌特色。按照产业分类，有科技产业、电子产业、金融产业、体育产业等；按照文化分类，有创新文化、异域风情文化等；按照人群分类，有国际人才、海外高端人才、留学生、侨商等。应以产业和人群作为社区定位的主要依据，以文化特色为补充。

如果社区周边高新技术发达，则可将社区定义为一个高端的智能化城市建设实验平台，集规范、定位、创新和系统于一体的全新尝试，牵引和拉动科技创新向更高的平台发展的智能载体，即智能化社区。如果社区周边高校、科研院所等智力资源密集，则可将社区定位为集科学智库、研发试验、基础创新为一体的国际化社区。不需强力行政主导，而是利用周边高校以及科研院所智力资源密集优势，建设以下载体：全球高端研发实验室基地、离岸研发创新中心（可设在国际人才港）、大数据科技评价中心、智力资源人才地图。如果社区有电子、软硬件产业基础，则可重点发展国际电子产业，打造国际化的电子产业园区。

二、各社区的目标人群差异化

根据社区的差异化定位，进行社区差异化目标人群的招募、甄选和引进。如前面提到的“智能化社区”类，可以重点引进和开发智能化管理、大数据应用、计算机信息技术等领域的高端人才。若为“智力密集”类社区，则需重点引入进行基础科学研究的战略科技领军人才、知名学者、科学家、技术专家、外籍教授、国际客座教授或讲席教授、实验室高级专家、实验室管理服务人才、研发项目经费管理团队。若为“电子产业园”类社区，则定位于聚集国际高端电子产业企业和国际电子产业人才。

第三节 创新国际化的政府治理体系

创新国际化的政府治理体系，主要包括创新国际人才工作政策体系、搭建吸纳海外人才平台体系、探索与国际接轨的社区治理和服务平台体系等，从而不断引领国际引智与国际化社区治理的理念提升，提升政府治理能力，提高政府治理的国际化水平。

一、创新国际人才工作政策体系

（一）建立适应、融入并影响国际研发基础的创新规则

1. 政策制定层面

在知识产权评判、专利评判标准、技术标准的政策制度设计中参照国际通用标准，补充中国市级、区级政策，探索构建具有当地城市特色的自主核心技术知识产权开发和保护的规则。

2. 软硬件建设层面

增加在各种信息平台上公布国际标准和规则的内容和频率。打造大数据研发创新生态系统，并引导与遵循国际标准。

3. 培训教育层面

在创新创业人才、服务人才的培训中，关于此类知识培训的老师、教材都要与国际接轨，使用国际标准。

4. 国际知名度层面

应采取以下措施提高国际知名度：①设立全球顶尖实验室的地标建筑，引领全球科技创新产学研动态。②增加国际宣传载体的数量和特色。可设计国际化社区形象宣传广告，多与外媒联系合作，向外传送国际化社区形象、风采、建设研究成果等正面信息，扩大国际影响力。③开展品牌建设。积极组织创新作品展；建设创新文化艺术街区，鼓励创新文化活动；打造科技成果拍卖会和创业路演会；打造大众喜闻乐见的世界级创新创业文化环境。

（二）优化国际 R&D 基础创新服务政策体系

将国际高层次领军科学家需要的建筑、社区、设施、平台以及政策、服务等各种要素全部整合覆盖，形成一个新的科技研发创新创业生态系统。例如，重点引进的外籍顶尖创业人才（团队）注册成立的公司，可享受相关支持政策，对其核心人员，在教育、医疗、住房等方面给予个性化服务支持。

（三）完善外籍和港澳台地区高层次人才来中国内地工作的补充政策

结合推进服务业扩大开放试点工作范围的契机，积极争取对外籍高层次人才、外籍技术人才、外籍华人、外国留学生等提供永久居留、出入境签证、创新创业发展等政策。下面是相关的补充政策建议。

一是针对外籍人才和港澳台地区人才缴纳国家基本养老保险，但实际上无法在中国办理退休，享受不了有关保障的问题，建议允许外籍人才和港澳台地区人才在离京时，办理养老保险个人账户资金的返还。

二是针对外籍人才习惯购买国际保险公司提供的医疗保险，但这些国际保险公司与当地城市各大医院未建立互通机制，无法进行医疗费用结算的问题，建议打通国际保险公司与当地城市各大医院的结算通道，为外籍人才就医提供便利。

三是针对港澳台地区人才投资创业仍然作为外资企业，无法完全享受中国内地人才待遇的问题，建议给在当地工作和创业的港澳台地区人才发放有关证件，对证件持有人在创业投资、个人生活等方面给予当地户籍居民同等待遇。

四是针对各省、市已经获得绿卡的人员，应从相应政策上给予他们不低于中国公民但是高于一般外籍人员的政策，解决补办签证、参加社保、医保、购房、子女上公立学校等资格问题。

（四）完善留学生人才群体的相关政策

留学生包括外籍到中国留学生和本国籍海外留学生两类。按照各类科研机构、企业、中介组织的外籍人才工作要求，统一发布用人需求，鼓励支持机构聘用留学生，定期组织留学生专场招聘，对聘用留学生、吸引留学生创业团队达到一定数量的创业载体给予一定奖励。

系统化完善留学生独特人才群体的生活保障、创新创业服务政策，外籍人才相同问题参照上述建议。特殊补充包括：①针对其资金基础薄弱这一特点，实行更大力度的优惠，如对于在校或非在校、毕业年限不同等各个层次的留学生实行不同力度的住房租赁优先权和优惠补贴；②做好留学生优惠政策宣传推广工作，形成品牌效应。

（五）针对特殊人才采取差异化引进政策

科技类、金融类、文化体育类等各种类型人才具有各自特色的需求，这就需完善并采取针对性的引进政策，这对于国际化社区吸引各类国际人才将是一个很大的推进，同时也体现了试点社区先行先试的原则。在政策的制定和标准的选择上，可以借鉴美国、日本、英国、德国、韩国等国家对各类国际人才的引进政策。

二、搭建吸纳海外和港澳台地区人才平台体系

（一）建设海外服务窗口

一是相关驻外使馆盘点汇报目前相关部门派驻人员海外招揽人才计划与任务的执行情形。

二是透过全球驻外机构成立人才服务窗口，各窗口布建招揽海外人才网络（科技、学术、经贸、外侨等），将其作为招揽国际人才的前线站点。

三是充分利用海外服务窗口，更系统地在海外发出有针对性、有影响力、有说服力的声音。

（二）建设网络平台

一是依托海外华人专业社团或者人力资源机构，运用市场化方式和大数据、云计算等手段，绘制好全球高端人才分布地图，加快推进人才国际化发展。

二是进一步发挥香港的独特优势和驻香港人才联络处的枢纽作用，立足香港、辐射全球，促进当地与全球资源的联动和有效对接。

三是与海外科技、经贸、学术社团等建立合作关系，积极促进海外相关社团与中国产学研机构、人才招聘服务机构进行人才信息的交流合作。

四是政府与世界侨商机构建立战略合作关系，积极聚集海外华侨等高端人才。

五是加强海外人才工作联络处之间的沟通交流与协同配合。

六是鼓励海外留学生回国就业，并协助充实海外人才数据库，搭建国

家层级联络网络平台。

（三）搭建留学生就业平台

征集各类企业、组织机构的外籍人才岗位需求后统一发布，鼓励支持区域内企业、组织机构多聘用留学生，定期组织留学生专场招聘会，对聘用留学生、吸引留学生创业团队达到一定数量的创业载体给予一定奖励。同时，做好留学生服务平台的宣传推广工作，形成品牌效应。

（四）推动政府与世界侨商机构搭建战略合作平台

可以申请建立世界侨商创新中心，借助此平台，大力打造侨商聚集品牌，吸引更多侨商人才回国效力。当地政府可以建立一个协调机制，将国际侨商资源加以利用和整合，在世界侨商创新中心设立海外站，建立侨商院士、专家工作站或者分站，同时针对侨商制定专门的吸引和优惠政策，吸引更多高端人才回中国工作和生活。

三、探索与国际接轨的社区治理和服务平台体系

（一）建设政府主导的国际人才服务中心

“国际人才服务中心”是政府主导建设的与国际接轨的国际人才综合服务载体的统称，包括外籍人才出入境服务大厅、国际人才港、国际人才大厦等。在国际人才高度聚集的社区，出入境受理以及国内外业务转办的业务量非常大，需要有一个能够为国际人才出入境以及到中国本土工作生活提供便利服务的行政办公场所。国际人才服务中心是社区引进并接待国际人才的第一个窗口，显示着中国本土对国际人才的重视程度与服务质量。与国际环境的关联度也是影响国际人才考量中国发展环境的重要指标。因此，建设政府主导的具备高水平、提供强专业性服务的国际人才服务中心尤为重要。

一是实行与国际接轨的管理政策。需结合推进服务业扩大开放试点工作范围的契机，积极争取对外籍高层次人才、外籍技术人才、外籍华人以及外国留学生等提供永久居留、出入境签证、创新创业发展等政策。需要落实公安部支持国际人才本土创新发展有关出入境的政策措施，开展外籍

人才出入境管理改革试点，协调相关部门建设外籍人才出入境服务大厅，提高外籍人才出入境及居留便利化程度。

二是建设与国际接轨的服务载体与系统化管理机制。为加强对国际人才的服务力度，提高人才服务的便利化程度，在各区域内建立与各社区发展特征相匹配的国际人才综合服务平台——“国际人才港”或“国际人才大厦”。同时，针对国际人才创新创业活动，打造一个集人才服务、政策咨询、展示展览、人才培养、信息交流于一体的综合性人才发展平台。各区域可根据自身规模与条件，选择建设合适规模的载体和平台，配置相应的服务。例如：建立“人才引进—管理—服务—优化—退出”与“创新活动激发—评价—咨询—孵化—投资”双链条运行模式；将区域海外学人中心、国际高端商务人才发展中心、海外人才服务专窗、海外人才工商注册绿色通道，以及拟成立的外籍人才出入境服务大厅等服务机构集中于此；运用合资、政府购买、邀请入驻等方式引进相关人才服务机构和企业，包括人力资源和社会保障公共服务机构、签证大厅、人才登记管理机构、居住证和相关证件审核签发机构、各类人才队伍培训机构、创新成果孵化平台、咨询机构等。把国际人才服务中心打造成一个资源整合、要素聚集、高端前沿的国际人才综合服务平台，为国际人才创新创业、生活工作提供一条龙便捷咨询与服务。

（二）建立健全各类人才沟通交流平台

一是国际化研发互动交流平台建设。拓展国内外不同科研机构的交流与合作，建立与知名创投机构、企业家和科学家合作的引才机制，举办或参加国内外知名创新创业大赛，建立创业孵化空间与引进外籍人才（团队）的快速对接机制。

二是本土人才与国际化人才交流平台建设。利用国际合作项目为本土科技人才提供走出国门的机会，科研团队中国际人才与本土人才的配置比例需要适宜，促进本土人才与国际人才的交流学习，提升本土人才的创新能力。

三是各学科人才交流平台建设。促成科技人才之间进行跨学科交流，让各学科科技人才通过交流发散思维，拓展思路，发现新的研究课题。尤其是一些本身开放性较强的学科，更应注重跨学科交流活动，推动研究对象的扩展，研究问题的解决，从而使整个学科得到综合性发展。

四是科研与企业人才交流平台建设。促进科技人才与企业、商业人才之间的信息共享，共同塑造市场需要的创新型产品，推动商业生态系统蓬勃发展。

（三）完善社区管理的其他平台体系

一是打造国际化的社区管理机构，提供国际化的社区管理服务，增强国际人才的归属感。提升社区居委会涉外服务水平，实现国际化服务管理，结合中西方各种节日，引入国际妇女儿童公益组织和志愿者团体，开展各类外籍人员喜闻乐见的文体、艺术、慈善和志愿服务等各个方面的社区活动，增强国际人才的归属感。积极探索具有涉外居民管理职能的政府部门在社区居委会设立日常办公窗口的管理模式，方便国际人才办理各类事项，同时以服务促管理，加强外籍人才的归属感。

二是建设国际化的物业管理机构，提供高水平涉外物业管理服务。引进具有丰富涉外服务经验的物业公司，全程参与国际人才居住社区的规划建设、运营服务等各项工作。配备双语从业工作人员，在社区提供多语种服务咨询。开通国际人才物业服务热线，为国际人才提供保姆式服务。

三是政府对提供国际化社区服务的相关机构给予经费资助。可以采取政府购买服务、公开招标的方式进行资金支持。

四是建设社区管理的信息化平台，提供个性化服务，加强智慧社区建设。设立24小时社区服务中心。建设公共无线网络、慢行道路、直饮水工程、垃圾分类回收体系、多语言标识系统等设施。

五是政府、社会机构、自治组织共同参与，以购买工作岗位等多种方式，形成专业化国际人才服务的平台体系，提升国际化社区的辐射力和影响力。

第四节　营造友善的类海外生活服务体系

积极建设友善的国际化社区生活环境，提升国际人才的社区生活环境品质，提高国际人才的生活舒适度。

一、差异化构建“泛生态圈”的国际化社区

（一）差异化建设国际化社区

依托公共核心区条件成熟的项目，差异化建设国际化社区。面向国际青年人才，依托人才公租房，打造国际青年人才驿站，营造符合年轻人特点的服务模式，吸引国际青年人才居住生活；面向长期驻华的国际人才家庭，针对国际人才的生活理念和习惯，从建筑设计、功能规划、建设标准、配套设施、物业服务等多方面入手，打造国际化人才公寓，按照星级酒店的服务模式，提供拎包入住的一站式居住体验，满足国际人才高品质居住需求。

（二）注重绿色生活居住理念

采取城区转移污染较大的企业、鼓励新能源交通工具、加强植被绿化水平等一系列政策措施。建立社区标志性楼宇的空气净化监测系统、环绿色健步道、机器人环卫设施。参照硅谷指数，在社区创新创业指标体系构建中应加入对清洁能源配置和清洁能源投资等监测指标。

（三）构建“泛生态圈”的国际化社区职住条件

国际化社区已不仅仅是“住”的社区，而是一种全新理念。“泛生态圈”国际化社区指的是以核心工作区（创新、科技、金融等）为中心，向四周辐射，激发国际人才创新创业活力，满足国际人才生活工作需求的环绕式生态系统。

1. 建立“国际人才公寓”

规划建设一批国际人才公寓，以租赁形式提供给区域内国际人才居

住，形成制度化、规范化管理机制。同时，统筹区内相关政策，提供房租补贴等优惠措施。

2. 打造国际化的一体式生活圈

打造适合国际人才休闲娱乐、开展文体活动的生活环境，为国际化社区提供全方位、多层次的区域性综合配套服务。依托区域周边的商业中心、国际中心、公园、图书大厦、体育广场、影城等资源，不断完善升级，积极为国际人才打造宜居环境。

一是充分利用核心工作区的周边资源，构建“泛生态圈”的国际化社区职住条件，解决“职住平衡”问题。首先，明确国际化社区要重点解决“国际化高层次人才”的居住问题，居住条件以适用、实用和便利为主。其次，以核心工作区为中心，周边住宿点分散形成一个环绕形住宿生态圈。国际人才从各方位汇集到核心工作区工作，其工作地点和住宿地点的位置距离应较为适中。最后，调动周边众多密集的高校和科研院所资源，在高校和科研院所内改造国际高层次人才公寓。四是将周边部分楼宇、低效用地等存量空间改造为国际科学家公寓。

二是建设职住一体的外籍人才工作和居住空间。依托科技园等核心地带，建设基础创新核心功能区，如国际商务交流中心、甲级写字楼等商务办公空间，青年公寓、酒店式公寓、创意 SOHO 公寓等商务居住空间，以及生活休闲区、购物中心等特色商业空间。加快“创客小镇”建设，配备创客工作居住楼、众创空间、生活服务区，提供公共交通服务。配套设置国际学校、国际医院、温泉文化中心等各类设施，方便外籍人才生活。

三是支持区域内的高档商务酒店升级改造，建成具有国际水准的五星级涉外酒店，建设或改造供企业召开国际会议、进行国际展览展示的会展中心，提升商务服务水平。

二、完善基础设施与相关配套服务体系

（一）引进全方位国际教育机构，完善国际教育服务体系

整合区域内和周边现有国际教育资源，搭建与国际化社区需求相适应

的国际化教育服务体系。

一是依托区域内知名的公立、私立学校，最好是双语学校，设立国际部或国际化学校，办成与国际接轨、一流水平的国际教育机构，为外籍人才子女教育提供优质服务。

二是整合区域周边国际学校教育优势。

三是在全球范围内择优引进一流的国际教育机构，聘用国际一流的教师团队，招收全年龄段国际人才子女，提供多种类高品质国际课程。鼓励具有国际特色的教育产业和培训机构进驻提供服务，系统地满足国际人才子女的教育需求。

（二）建设国际化的医疗机构，完善国际医疗服务体系

一是完善国际医疗服务体系。按照国际医疗机构和国际医疗保险机构“双认证”标准，不断完善区域国际医疗水平，提供就近就便、系统全面的国际化医疗服务。积极整合区域周边国际医疗机构的资源，加大力度完善区域内具有国际医疗服务资质的医疗机构，探索实现与国外医疗保险结算体系衔接渠道。

二是提供高品质国际医疗服务。依托区域内医疗服务设施，设立国际医疗部，配备多语种医护人员，对接国际主要商业医疗保险，满足国际人才就医需要；鼓励具有国际水准的医疗服务机构入驻，为国际人才提供医疗保障。

（三）建设具有国际特色的商业配套设施

一是依托本区域商业配套设施，打造具有国际风情的商业购物生活圈。参考欧美发达国家商业设施建设经验，按照国际化、专业化标准引进国际风情餐饮服务商、进口商品商店、国际免税商店、外资银行保险机构等具备国际化特点的服务机构，满足国际人才家庭的日常生活需求。

二是打造国际化的美食大街，提供国际化的饮食服务。具体做法为：①将区域内散落的小吃摊位移到固定一条街或片区，进行统一、规范、卫生管理。中国特色小吃街对国际人才极具吸引力。②引进世界各地特色小

吃，打造多元化饮食风格。③引入一批高档次、有特色的西餐厅、咖啡馆、酒吧等国际化餐饮机构，进一步提升社区商业服务的国际化水平。

（四）建设符合国际人才需求的文化、休闲设施

一是依托社区周边文体休闲设施，综合考虑国际人才文体活动需求，建设有西方文化特色的剧场、音乐厅等文化设施，提供多语种、国际化的阅读空间，设立符合国际人才喜好的各类运动及活动设施，配备慢行系统和健身场馆，打造具备国际展览功能的展示中心，丰富国际人才的业余生活。

二是考虑到更多国际人才有宗教信仰，教堂是他们文化生活中非常重要的组成部分，建议在社区周边建设教堂，这对于提升社区的国际化品质，满足国际人才的生活需要，都是必不可少的因素。

第五节　优化国际人才创新创业支撑体系

优化创新创业政策、平台、服务等体系，挖掘国际化社区的创新创业潜能，产生国际化社区建设的综合价值。

一、优化国际人才创新创业政策体系

重点优化以下几个方面的国际人才创新创业政策。

一是优化资本政策。在政府的先实施后补贴资金、股权投资基金、贷款贴息、担保贷款、非上市公司股权转让、上市融资等方面，通过政策引导和鼓励企业开展各种形式的融资活动，把政策资金支持在中间服务环节上，将会起到放大效应，比如支持企业新三板挂牌，挂牌所需要的中介服务费由政府补贴。

二是优化产业政策。战略新兴产业是各地政府都渴望发展的重要方向，依据区域的经济基础，重点支持可持续发展的产业。

三是优化创新创业的国际人才政策。在创新创业国际人才的引进、选择、培养、保留和使用等方面，给予政策引导。

四是优化科技政策。无论是技术研发、知识产权保护，还是技术交易和成果转化，在这些方面采取的政策措施，能够保障企业持续投入技术研发，同时调动科研院所的力量。

五是优化市场政策。研究制定促进企业开拓国际市场的政策。

六是优化国际化政策。研究制定国际合作研发、国际人才交流、国际技术转移等方面的政策体系，给予正确引导。

七是优化孵化政策。研究制定重点支持孵化器的相关政策，让孵化器提高服务中心企业的能力。

八是探索构建“离岸创新中心”的制度和方法。

为区域内各类企业、国际人才提供产业发展和国际人才政策咨询，发挥区域内各类组织和市场主体的作用，在资源市场开发、企业管理、人才资源、培养提升等方面提供支持。

二、构建国际人才创新创业平台体系

（一）整合周边高校及科研院所的创新活力，建立“全球研发实验室基地”

技术和智力资源的高度密集是很多国际化社区最独特、最核心的优势。打造社区特色应与智力资源密集优势高度关联。通过技术创新带动高精尖产业重组，创造新的商业形态；实施科技实验室战略，提升国家整体创新水平。实验室的战略目标是服务国家，战略功能是通过技术创新带动产业重组，引发新的就业形态。

通过实验室的资源对接、管理引导，并根据企业和社会实际需求，将高校研发内容产品化，促进科学技术产品成为拉动经济的新动能。在全球实验室制度和相关优惠政策的支持和引导作用下，吸引大批全球顶尖的科学家和创新研发团队，形成一种“磁场”，将基础科学知识转化为核心自主技术创新产品，再相继发展为具有特色的战略性产业集群。

1. 实验室的主要功能

（1）充分利用高校、科研院所密集智力资源，整合人才、智力、科研能力和资源，协同创新。高校研究人员离职不离岗，在授课、做学术的同时，还从事科技创新工作。同时，将国际高端人才直接吸纳到高校里来，并调动高校的外籍专家、客座教授进入实验室进行科技创新研究。

（2）与高校实验室完全区别开，消除高校研发—企业应用—社会需要三个方面的隔阂，形成研发、知识成果转化、知识产权申请保护、产业创新、投资等一条龙产业。通过实验室的资源对接、管理引导，根据企业和社会实际需求，将高校研发方向和内容实际化，促成科学技术更多应用于国家的发展。

（3）实验室制度，配合相关政策优惠支持，将吸引大批国际人才携带技术前来进行技术深化研究，跟企业对接，进行创新、成果转化。

2. 实验室发展阶段性设计

（1）打造“R&D 基础创新实验室”，形成标志性建筑。建议将其设在专业功能创新区和创新核心区。依托北京大学、清华大学、中国科学院等高校和科研院所的智力资本，发挥地理位置优势。

（2）建设初期，选定几个研发方向，配备国际先进的基础设施，打造国际一流的研究环境。

（3）逐步建立分区“挂牌实验室”。在高校、研究院所原本的实验室内部，建设各领域顶尖创新实验室，同主实验室一样引入各高端研发团体进行协同创新，分散主建筑硬件设备压力与实验风险。

（4）建设成熟期，提供基础的科技人才工作生活保障和制定激励机制，加强国际人才交流联系，支持实验室人才进行国际出访和交流学习。重视信息交流和理念传播，将国际科研成果与实验室内部研究成果互通有无，激发实验室人才创新灵感，同时扩大实验室的国际影响力和对人才的吸引力。

（5）建设深入期，建立实验创新数据库，与国家新兴科技企业形成合作关系，进行资源共享和信息交流。不断借鉴国际实验室建立过程中的成功经验，完善实验室建设。

3. 资源整合

实验室的首要任务是整合资源、搭建平台。

（1）与附近高校实验室达成合作关系，对以下几点达成一致：①创新实验室的成员高校资源共享（信息、设备、人才），以便互相了解，避免项目重复；②在创新实验室完成的研发项目，需向创新实验室管理部门申请，进行统一审批。

（2）与诸多科技企业达成合作关系，与企业进行资源共享、信息交流。

（3）搭建国际科技人才、高校研究所、企业三者之间的沟通桥梁与平台，协同解决研发活动中的疑难问题，促进成果转化。

4. 人才引进

引进对象主要为：科研人员，即国际高端科技人才、高校院所优秀科研人员、企业高端研发人才，国际实验室管理服务人才，成果转化、项目管理、商业运作人才，产业分析、预测、评估专家。让研发人员在了解社会需求和产业动态的情况下专心做研究，而构建的商业运作团队专门进行成果转化、知识产权申请与保护、与企业对接等相关工作。

引进方式可以是：①公开招聘的方式，即在相关群体发布信息，公开招聘所需人才；②合作交流的方式，即在已经完成的国际科技创新、高校科研合作项目中，挑选目标对象，协商合作；③委托优秀的猎头团队进行招募的方式；④扩大宣传的方式；等等。要用一流的研发设施、创新环境与氛围吸引优秀人才。

5. 运行管理机制

（1）政府管理机制。借鉴美国国家科学基金会（NSF）的运作方式，政府可不直接管理实验室和研究设施，而通过择优资助及签署合作协议的方式，与大学和其他研究机构建立多种伙伴关系，资助多个实验项目。

（2）实验室管理机制。在学术、研究内容、用人机制等方面建立良好运作机制。

（3）监督机制。借鉴国家实验室的架构设置，设理事会、股东委员会等管理监督机构，对科研机构的管理、学术、财政等方面进行监督。

（4）评估评价机制。在研究项目、实验室等方面建立评估评价机制。

6. 信息系统

信息系统包含以下方面：①附近高校科研项目信息，企业可查看并选择感兴趣的项目和负责人对接协商；②企业和高校发布的需求项目或资金等信息，可在系统中寻找合作伙伴；③国家实验室正在进行的项目以及实验室集中审批的项目，避免项目重复、浪费资源，实现灵活调配；④合作的高校、企业实验室与创新实验室可用研发设备的详细信息（设备型号、位置、数量、负责人），方便科研人员使用。

（二）建设“大数据科技评价中心”

在实验室的基础上，成立大数据科技评价中心，调研行情、业态、产业链的发展，并监测、发掘、分析科技大数据。调研的数据信息具体包括企业应用科技成果的程度、高校研发成果、申请专利程度、科技前沿应用以及产生经济效应的程度等，可据此进行产业动态预测评价，淘汰落后产能产业，预测未来优势产业，进行产业链重组、评价，给国家提出产业规划建议。

同时，大数据科技评价中心还可与数据类企业合作，给予企业相关的优惠政策。

（三）建立国际智力人才创新创业网站

建立国际智力人才创新创业网站，发布相关政策、服务、就业指导信息。在工作场地选取、人才服务提供、社区住宅环境建设中，都要注重信息平台建设，涉及官方网站、公众号、大厅电子屏、多元媒体等各个方面。经常推送和公布国内外各专业领域创新典型，能引发社会关注度，从而为国际人才营造一个充满国际化、专业化信息的氛围，激发其创造与创新灵感。

三、构筑国际化创新创业服务体系

（一）设立创新创业人才服务办事大厅

一是设立人才服务办事大厅。设立人才服务办事大厅，依托政府各职能部门开设相关行政办事窗口，为国际人才提供一站式服务。引入人力资源中介公司、咨询公司，以及法律、金融、会计等方面的中介服务机构，为国际人才来华创新创业提供全方位配套服务。

二是做好外资企业服务。引入涉外中介服务机构，为国际人才提供法律、财务、金融等方面的专业服务，让人才在华合法、有序、自由地创新创业。依托政府各级商务委，努力营造公平、公正、公开的创业环境，力争使国际人才在创新创业方面享受国民同等待遇；鼓励国际人才创新创业企业与国有企业入驻单位开展全方位合作，促进国有企业科研机构引进吸收国外先进技术经验，鼓励中外人才开展应用技术协同创新。

（二）打造高品质国际化的创新创业办公环境

根据国际人才工作办公需求和创新创业特点，打造各种类型的商务办公设施。从外观设计、装修水准、配套设施、物业服务等多方面入手，建设高品质国际化的办公环境。实现办公、通信、消防、安保、楼宇控制自动化，为国际人才提供跨国云办公服务，搭建互联网高速连接的商务平台，将国际化社区打造成为跨国创新创业的核心区。

（三）健全国际人才创新创业的信息网络平台

搭建网络化信息服务平台，建设高层次人才专家库，打造国际人才动态服务管理机制，为人才引进、创新创业提供政策咨询、行政办事、项目申报、信息交流等服务。对已存在或预搭建的人才工作网、国际人才港、国际人才相关微信公众号进行功能整合，同时，建立高层次人才专家库，不断完善人才信息化平台建设。

（四）搭建国际人才创新创业的沟通交流平台

开展丰富多彩的人才创新创业活动，为人才发展提供信息咨询、项目合作、沟通交流等服务。依托各种人才交流载体，如海外留学人员创业洽谈会、海外学人创业大会、创业园留学人员企业家俱乐部等，结合区域实际开展各种活动。

（五）构筑创新创业人才循环发展平台

一是加大国际人才引进力度。利用外交机构驻海外联络处、政府各级海外友好城市、央企驻外分（子）公司等渠道，加大国际人才引进力度，使更多海外人才及外籍人士了解国内发展和政策平台。通过组织国际人才峰会等具有国际影响力的人才交流活动，搭建学术交流平台。鼓励央企入驻单位引进国际人才来华工作，全方位吸引国际人才。

二是依托现有教育科研培训机构，积极培养国际一流的研发人才、创业人才和专业技术人才，推动人才柔性流动，鼓励外籍人才和国内一流人才、海外留学生到国内创业。

三是整合人力资源服务机构联盟、孵化器联盟、CBD 商学院联盟的力量，发挥中介组织、投融资机构的作用，为人才发展提供支持。

（六）营造国际化社区创新创业文化氛围

一是力争使文化氛围更注重国际化、多元化。进行街道环境形象优化，如建设具有各国特色风情的雕塑、景观、墙面绘图，引进各地特产、饰品小店等。创新的艺术氛围极有可能激发国际人才的创造性灵感。为国际人才提供“一站式”服务，设置中英文双语社区网站、国际青年交流中心等，注重加强社区中外文化的交流与融合。

二是外部形态和房屋等设施建设要凸显科技创新。如交通工具、照明系统、饮水设备、空气净化设备、园区浇灌设备要逐渐优化使用绿色可再生能源（风能、水能、沼气等），实现电子设备智能化。打造高科技智能生活体验区、街区，使其高端智能化，同时融合人工智能、虚拟现实、3D 打印、云计算等国际先进技术。

第六节　创建国际化社区治理的绩效考核体系

建设科学合理的国际人才社区建设的绩效管理体系，全程服务国际引智和国际化社区治理。

一、构建科学合理的关键绩效指标（KPI）体系

根据国际化社区建设的任务需求，构建关键绩效指标体系。绩效管理需要兼顾综合效益，因此，该绩效指标体系需要考虑绩效的综合性。国际化社区建设应具有多重绩效，除了经济效益之外，还要有政治效益、社会效益，尤其要重视形象宣传和人才集聚效益。由于我国的国际化社区建设仍处于起步阶段，国内外的研究更多地专注于“国家”或“城市”的建设与比较，而对“国际人才社区”建设的研究比较相对缺乏，因此，对关键绩效指标的选取没有使用标杆比较法，更多的是运用绩效增量法。衡量国际人才社区绩效可供参考的关键绩效指标体系如表7－1所示。

表7－1　衡量国际人才社区绩效的关键绩效指标体系

一级指标	二级指标
个体绩效（增量）	国际人才人均收入
	国际期刊人均发表数量
	专利人均申请量
	国际人才工作绩效（主观自评）
	国际人才工作满意度
	国际人才生活满意度
	国际人才职业满意度

续表

一级指标	二级指标
组织绩效（增量）	企业/组织内国际人才比例
	纯外资企业平均资产规模
	纯外资企业平均注册资本
	纯外资企业 R&D 投入占总收入的比重
	当地企业平均资产规模
	当地企业平均注册资本
	当地企业 R&D 投入占总收入的比重
社区绩效（增量）	国际人才来源集中于某一国家或地区
	国际人才来源于多个国家或地区
	国际组织数量
	纯外资企业数量
	国际人才总量
	国际人才比例
	地区留学归国人员数量
	地区外籍常驻人员数量
	国际期刊发表数量
	专利申请量
	专利授权量占全球专利授权量的比重
	重大科技成果转化率
	举办国际会议数量
	地区出口创汇（千美元）
	世界 500 强设立研发中心数量
	R&D 经费占全球 R&D 总经费的比重
	核心技术标准创制与技术交易中心
	技术市场交易额占全球技术市场交易额的比重
	产业结构优化，高技术服务业占示范区 GDP 的比重
	年销售收入超过 500 亿的大型企业数量

二、制订绩效计划和绩效考核办法

按照既定目标，制订年度绩效计划，并形成书面的绩效目标与计划图。所有的国际人才社区建设均有多重目的，必须针对其目的进行绩效管理。绩效考核与管理要遵循以下原则。

一是体现绩效考核的激励性。国际人才是世界各国争抢的稀缺资源，对国际化社区建设进行绩效管理，要有利于国际人才的引进、使用、保留，尽可能发挥其效用。

二是做好考核时间的周期性。一方面，国际化社区建设有一个发展过程，在不同时期要采用不同的绩效管理方式。初期的人才激励政策要有吸引力，然后逐步提高门槛，以后再进入选择人才阶段。另一方面，国际化社区建设是一个新兴领域，其成长有一个周期，在不同的建设阶段要有不同的绩效管理方式，不能用看待传统项目的眼光进行绩效管理。

三是重视过程的开放性。与传统的单向的绩效管理不同，国际化社区建设的绩效管理应该是开放式的，应主动让国际人才参与绩效管理，形成双向的良性互动。

四是加强绩效管理的针对性和差异化。各个国际化社区建设有多重目的，必须针对其目的进行绩效管理，对各个国际化社区要区别对待，不能完全一致。

三、组织实施国际人才社区建设的绩效考核与管理

一是成立绩效管理专门机构。为了推进国际人才社区的建设，应该成立国际人才社区建设考核领导小组，全面负责国际化社区的绩效考核管理工作。

二是分解绩效目标。运用 SMART 原则，采用小组讨论等方式，从上到下和从下到上分解目标，达成共识。

三是制订绩效计划和绩效考核办法。按照既定目标，制订年度绩效计

划。为达成绩效目标创造条件，提供资源，包括补充调整人员编制、进行设备更新、提供研发费用等，并形成书面的绩效目标与计划图。依据绩效计划，选定考核方法。

四是组织实施绩效考核。首先，利用各种方式使被考核人接受考核办法。其次，试行绩效考核。最后，考核办法正式施行。考核办法经过试行期的考验与修订，可正式实行，实行后仍可对不合理之处进行修订。

第八章　研究总结与展望

第一节　研究回顾

建设国际人才社区是进一步提升城市国际化水平的重要路径之一。目前国内很多特大城市提出了建设中国特色世界城市的目标，建设国际化社区在实现该目标过程中将发挥极其关键的作用。建设国际化社区的重要途径是通过营造国际化的创新创业宜居宜业环境，增强区域集聚一流国际化人才的吸引力，以环境的国际化带动产业现代化，为国际人才社区的生态优化创造有利条件。本研究着眼于提升世界城市背景下国际化人才发展的地方品质，是以国际化社区建设为重点，对国际引智和国际化社区治理模式创新进行的一项应用型研究。

本研究主要运用理论文献查阅、国际标杆比较研究、国内典型案例实地调查研究等多种研究方法，采取统一的分析框架，对国际化社区建设的需求和对策建议进行剖析，使研究成果具备较强的系统性和科学性。研究目标是，通过对世界城市建设背景下国内外国际引智、科学城建设、国际人才城、国际化社区建设等方面的分析和比较，为中国国际引智和国际化社区建设新模式的构建提出具体建议，以期推动中国国际化人才发展地方品质提升新模式的构建。

第二节 研究发现与治理模式创新建议

本研究通过规范研究和实证研究相结合的方式，对当前国际引智和国际化社区治理主题进行深入系统的探索剖析，主要研究成果如下。

一、厘清国际化社区治理的主要框架体系

通过对人才生态环境的基本特征、国际化社区建设的特质、国际人才社区特质等相关内涵和理论的梳理，厘清和构建了国际化社区治理的主要框架体系。

一是国际引智视野下的国际化社区，应构建以“宜居宜业”为核心的留才理念体系，其中的核心理念是“宜居宜业”，基础理念是“政府廉洁高效、生活宜居、工作创新创业、适度特色发展”。

二是国际引智视野下的国际化社区建设，应满足政府治理廉洁与高效化、生活环境类海外化、工作环境创新创业化、适度特色和多元化等四个维度的需求。

二、构建国际人才社区要素指标库

通过对国际引智视野下国外国际科学城建设标杆的比较研究、国内国际化社区建设的实证调查研究，对世界城市视野下国际化社区建设的理想目标进行具体研究分析，构建了国际人才社区要素指标库。研究发现，四个维度需求的具体要素如下。

一是政府治理需求，主要包括：强化社区的国际联结；建设廉洁高效的政府体系；发展国际化的产业园区；开展国际人才社区建设规划及评估；设置国际人才发展基金；为国际人才提供优质服务；创新国际人才政策；加强国际化的社区治理模式建设。

二是类海外化的生活环境需求，主要包括：完善居住或基础设施；创造安全的社区生活环境；提供国际化的医疗卫生服务；提升国际化的养老服务品质；建设国际化的教育服务体系；建设国际化的交通、饮食、娱乐休闲、购物、文化服务体系；提供国际化的网站及行政服务；改善绿化/人工环境；构建国际化的金融服务体系。

三是工作环境创新创业化的需求，主要体现为：提供创新创业基础条件；加大创新创业资源投入；激励创新创业成果产出；提升创新创业国际影响度。

四是适度特色和多元化发展需求，主要强调：各社区从社区发展定位、重点产业、重点人才类型等方面进行规划，形成符合社区实际需求的特色体系。

三、探析国际人才社区建设的供给侧改革

通过对国际人才需求进行访谈，以及对几个城市国际人才社区建设的现状进行调研和实证分析，发现政府需要从以下几个层面进行供给侧改革。

一是政府类层面。需要进一步优化外籍高层次引智服务政策体系；需要进一步完善国际联结网络、国际人才政策、社区治理体系；需要加大国际人才社区建设资金投入。

二是生活类层面。需要进一步完善国际人才社区的标识性风格，国际智力创新社区结合生态居住概念也有待进一步探索；需要提升基础设施（居住、楼宇、交通、通信等）、服务管理的智能化水平；需要进一步完善居住或基础设施、安全管理、教育体系、医疗卫生体系、饮食条件、网站及行政服务等要素。

三是创新创业类层面。需要进一步提炼创新特色，进一步聚焦高层次创新业态，更大程度释放高校及科研院所的智力资源对接空间；需要进一步明晰创新创业类的产业定位，聚集更多高端前沿创新型企业和国际化创

新创业人才；需要进一步加大创新创业资源投入，提高创新创业产出，扩大创新创业国际影响力；需要进一步明晰创新创业类的产业和人才定位。

四是特色类层面。需要从产业定位、引进人群、管理模式等方面形成自身特色。

四、创新性提出国际人才社区的“1+1+4”治理体系

国际人才社区治理及其模式创新是推进城市国际化进程的迫切需求。本研究创新性提出了“1+1+4”治理体系，主要内容如下。

（一）第一个“1”的内涵

第一个“1”，是指科学规划与统筹管理，主要是指优化空间规划布局，构建系统化分区域管理模式。

1. 优化空间规划布局

主要举措包括：

（1）统筹规划，谋划空间布局。

（2）科学研究国际化社区试点内部的规划布局，做到各个社区内部均衡发展。

（3）建设试点社区协同发展机制，实现资源共享、协同发展。

2. 构建系统化分区域管理模式

主要举措包括：

（1）构建市级管理中心、区级管理中心、社区协同管理机构三级管控体系，打造区级管理示范机构。

（2）进一步明确国际化社区建设理念的内涵和外延，加深海外人才对具有品牌效应的国际化社区的认识和理解。

（3）制定完善国际化社区建设标准指南，统一各社区建设标准体系。

（4）根据国际化社区建设的标准和目标，确定不同时期的发展节点。

（5）坚持独立性与开放性相结合的管理。

（6）坚持社会性与安全性相协调的原则。

（二）第二个“1”的内涵

第二个“1”，是指突出国际化社区的特色与多元化。主要举措包括：

（1）差异化设计各社区定位。

（2）差异化引进和服务各社区的目标人群。

（3）各社区的建设尊重多元性。

（三）“4”的内涵

“4”主要是指四个体系建设。

1. 打造国际化的政府治理体系

主要举措包括：

（1）创新国际人才工作政策体系。具体包括：建立融入、适应并影响国际研发基础创新的规则；优化国际 R&D 基础创新服务政策体系；完善外籍高层次人才来华工作的补充政策；系统化完善留学生人才群体的相关政策；针对特殊人才采取差异化引进政策。

（2）建设吸纳海外人才平台体系。具体包括：建设海外服务窗口；建设网络平台；搭建留学生就业平台；建立政府与世界侨商机构的战略合作平台。

（3）探索与国际接轨的社区治理和服务平台体系。具体包括：建设政府主导的国际人才服务中心；建立健全各类人才沟通交流平台；完善社区管理的其他平台体系。

2. 营造友善的类海外生活服务体系

主要举措包括：

（1）差异化构建“泛生态圈”的国际化社区职住条件。具体包括：差异化建设国际化社区；注重绿色生活发展居住理念；构建“泛生态圈”的国际化社区职住条件。

（2）完善基础设施与相关配套服务体系。具体包括：引进全方位国际教育机构，完善国际教育服务体系；建设国际化的医疗机构，完善国际医疗服务体系；建设具有国际特色的商业配套设施；建设符合国际人才需求的文化、休闲设施。

3. 优化国际人才创新创业支撑体系

主要举措包括：

（1）优化国际人才创新创业政策体系。

（2）构建国际人才创新创业平台体系。具体包括：进一步整合周边高校及科研院所的创新活力，建立“全球研发实验室基地”；建设“大数据科技评价中心”；建设科技金融创新体系；构筑创业投资平台；建立国际智力人才创新创业网站。

（3）构建国际化的创新创业服务体系。主要包括：设立创新创业人才服务办事大厅；打造高品质国际化的创新创业办公环境；搭建国际人才创新创业的信息网络平台；搭建国际人才创新创业的沟通交流平台；构筑创新创业人才循环发展平台；营造国际化社区创新创业文化氛围。

4. 构建国际化社区治理的绩效考核体系

主要举措包括：

（1）加强绩效管理的针对性和差异化。

（2）构建科学合理的关键绩效指标体系。

（3）制订绩效计划和绩效考核办法。

（4）组织实施绩效考核。

第三节　研究局限性及未来研究展望

一、本研究的局限性

尽管在研究设计之前进行了周密的安排，在理论推导和实证研究中力求科学严谨，但本研究是一项系统工程，牵涉面较广，同时也是一项应用性很强的实践课题，这些因素都给本研究带来了巨大挑战，增加了研究的难度。同时，由于受到诸如时间、调研难度等方面的限制，本研究尚存在如下局限。

第一，文献研究的局限性。国内外关于本选题的研究成果不多，特别是国内文献较少，参考资料较少；国外文献多是从人才城或者科学城建设相关资料的角度进行的研究，对国际引智和国际化人才社区进行深入研究的文献非常有限。研究文献匮乏给本研究带来了较大障碍，加大了研究的难度。

第二，国际标杆研究的局限性。首先，国际标杆研究的范围有限。本研究只选取了部分国家进行标杆研究，未能对更多国家的国际引智和科学城建设以及国际化社区建设经验进行研究分析，在一定程度上削弱了国际标杆研究样本的代表性。其次，虽然经过广泛的调研，但搜集的相关国家实践领域的第一手资料仍有限。

第三，实证调查跟踪研究的局限性。由于国内国际人才社区建设尚处于起步阶段，所以对国际人才社区要素指标库中指标的验证和绩效考核关键业绩指标的验证都还需要长时间的后续跟踪研究。因此，本研究需要后续验证性研究持续跟进。

二、未来研究展望

未来可以从以下四个方面加强该领域的科学研究。

第一，进一步加强就该研究领域的实证性研究。在本研究基础上，进一步编制研究调查工具，如编制《国际引智与国际化社区治理实证研究调查问卷》，以更加完善的研究工具在北京市、上海市、深圳市、杭州市等城市搜集尽可能多的各类国际人才及其相关群体的调查数据，弥补量化的实证调查的局限性。例如，在社区进行更为详细的分层次、分区域的问卷调查，分析不同产业、不同岗位层级、不同单位类型群体对待该问题的态度差异。

第二，继续开展国际引智视野下国际化社区治理模式创新的对标研究。由于时间所限，本书对发达国家的国际科学城建设模式研究的深度还不够，关于国际化社区治理模式的标杆资料比较有限，因此，本书在标杆研究上有较大改进空间。希望今后能够有更多学者和实践者继续密切关注这方面的研究动态，搜集具有科学依据的标杆资料，并参与该领域的国际比较研究，创建国际化社区治理模式的标杆。

第三，采用验证性研究方法对要素指标库进行后续跟踪研究。不断跟踪国内外国际人才社区建设的效果，对国际化人才的引进、服务和效益进行深入跟踪研究，特别是对国际人才社区要素指标库中指标的验证和绩效考核关键业绩指标的验证进行长时间的后续跟踪研究。因此，在未来需要采用验证性研究方法不断验证、修正和完善要素指标库。

第四，深化国际引智视野下国际化社区建设模式创新研究。本书以国际引智作为视角，对国际化社区治理模式及其创新进行了深度研究。随着经济社会的进一步转型和发展，国际化社区治理将不断衍生新的需求和产生新变化。因此，希望今后有越来越多的学者和实践者继续在该领域不断求索，以国际引智为视角，对国际化社区治理模式创新开展进一步的深入研究，探索出中国特色的国际化社区治理模式，促进全球国际化人才不断聚集，促进中国经济社会转型发展。

参考文献

一、中文参考文献

[1]王通讯,王康. 人才学基础[M]. 哈尔滨:哈尔滨工业大学出版社,1987.

[2]李昕,唐礦. 发达国家的国际引智模式[J]. 中国人才,1998(08):52-54.

[3]王通讯. 人才国际化目标及国际化人才内涵[N]. 中国人事报,2006-01-16.

[4]徐芳,齐明珠. 经济新常态下大都市人口管理研究:以北京市为例[J]. 管理世界,2017(05):7-9.

[5]徐芳,王静. 企业社会责任履行对人才敬业度影响因素的实证检验[J]. 经济与管理研究,2016,37(10):57-63.

[6]徐芳. 培训与开发理论及技术[M]. 上海:复旦大学出版社,2008.

[7]诺伊. 雇员培训与开发[M]. 6 版. 徐芳,邵晨,译. 北京:中国人民大学出版社,2015.

[8]陈小平,杨平,金虎,等. 北京奥运功能区国际人才需求满意度现状和对策建议[J]. 人力资源管理,2011(01):130-131.

[9]王顺. 我国城市人才环境综合评价指标体系研究[J]. 中国软科学,2004(03):148-151.

[10]刘丽,杨河清. 首都地区人才发展环境研究[J]. 中国人力资源开发,2006(12):17-20.

[11]杨建春,李黛.基于勒温场论的高校教师激励机制探析[J].东北大学学报:社会科学版,2012(06):544-548.

[12]文魁,吴冬梅.科技创新人才环境研究报告[J].经济与管理研究,2006(01):19-24.

[13]萧荣.管理新图景:“人—境关系理论”的崛起[J].深圳大学学报:人文社会科学版,1988(03):107-115.

[14]张翼,樊耘,邵芳,等.关于人与环境匹配的结构—过程模型[J].管理科学,2008(05):65-73.

[15]苏明城,张向前.激励理论发展及趋势分析[J].科技管理研究,2009(05):343-345+339.

[16]赵峰,刘丽香,连悦.综合激励模型视阈下创新人才激励机制研究[J].科学管理研究,2013(06):98-101.

[17]刘毅,薛明霞,李慧博,等.基于Snell模型和双因素激励理论的公立医院人力资源管理[J].中国卫生质量管理,2014(03):85-87.

[18]肖克奇,易本谊.新时期人才生态环境建设[J].人才开发,2003(11):42-43.

[19]李锡元,查盈盈.人才生态环境评价体系及其优化[J].科技进步与对策,2006(03):37-39.

[20]路济平.良性的人才生态环境的十个标准[N].北京人才市场报,2003-11-26(024).

[21]朱达明.人才生态环境建设策略[J].中国人才,2004(06):57-59.

[22]黄梅,吴国蔚.人才生态环境综合评价体系研究[J].科技管理研究,2009(01):62-65.

[23]徐芳.建设服务型政府要解决的关键问题[J].前线,2013(10):73-74.

[24]杨丽.国际化社区概念辨析[J].社团管理研究,2011(06):

35 －38.

[25]夏建中.现代西方城市社区研究的主要理论与方法[J].燕山大学学报:哲学社会科学版,2000(02):1 －6.

[26]赵定东,杨政.社区理论的研究理路与“中国局限”[J].江海学刊,2010(02):132 －136.

[27]丁传宗.政府主导下的新加坡社区建设:经验与借鉴[J].中共福建省委党校学报,2008(09):22 －28.

[28]卢学晖.日本社区治理的模式、理念与结构:以混合型模式为中心的分析[J].日本研究,2015(02):52 －61.

[29]齐群.社区与文化:吴文藻“社区研究”的再回顾[J].浙江社会科学,2014(03):13 －18.

[30]费孝通.当前城市社区建设一些思考[J].群言,2000(08):13 －15.

[31]李东泉.中国社区发展历程的回顾与展望[J].中国行政管理,2013(05):77 －81.

[32]吕红艳.国家作用边界:国际社区的治理困境与策略分析[D].上海:华东理工大学,2013.

[33]华峰.国际化社区的出现与应对[J].学海,2013(01):40 －45.

[34]文嫮,宁奉菊,曾刚.上海国际社区需求特点和规划原则初探[J].现代城市研究,2005(05):17 －21.

[35]戴春.社会融入:上海国际化社区建构[M].北京:中国电力出版社,2007.

[36]高征阅.上海市国际化社区发展中的文化融合问题研究[D].上海:复旦大学,2010.

[37]李慧玲.跨文化的互动与认同:义乌“国际社区”多元文化的考察与思考[J].广西民族大学学报:哲学社会科学版,2008(06):73 －77.

[38]茅茂春.上海国际化社区文化构建思维透视[J].城市开发,2009

(21):14－15.

[39]钱前,甄峰,王波.南京国际社区社会空间特征及其形成机制:基于对苜蓿园大街周边国际社区的调查[J].国际城市规划,2013(03):98－105.

[40]陈宇鹏.多元文化背景下"国际社区"管理与服务的创新研究[J].长春师范学院学报:人文社会科学版,2012(02):28－30.

[41]林志凯.香港社区建设经验给深圳的启迪[J].经济前沿,2006(04):74－77.

[42]黄鹏进.推进杭州社区国际化建设的建议[J].杭州通讯:生活品质版,2009(01):65－67.

[43]王丰芳,仓树勤,李郁郁,等.四大国际社区各显优势[N].房地产时报,2006－03－27.

[44]王清.国际安全社区建设效果评估体系研究:以上海市国际安全社区建设评价为例[D].上海:复旦大学,2010.

[45]王晓虎.浦东新区外籍人口集聚与国际社区建设[D].上海:复旦大学,2011.

[46]孙博远.北京国际社区现状及展望[J].北京规划建设,2012(03):72－76.

[47]管亚东,高靖,黄青山,等.福田:创建全省首个国际"安全社区"[N].深圳商报,2006－12－25.

[48]安红昌,刘丽红.国际安全社区麦子店街道考察与启示[J].商场现代化,2008(19):320－321.

[49]姜黎.国际人才社区是城市国际化的重要载体[J].杭州(周刊),2016(08):12－14.

[50]李婷,董慧芹.科技创新环境评价指标体系的探讨[J].中国科技论坛,2005(04):30－36.

[51]边文霞.科技创新人才环境实证研究[J].首都经济贸易大学学报,2006(02):34－40.

[52]赵新华. 科技创新环境分析及评价指标体系研究[J]. 上海市经济管理干部学院学报,2013(04):9－14.

[53]黄昱方,陈成成,陈如意. 政府支持下城市吸引海归创业人才的环境要素研究[J]. 科技管理研究,2014(12):23－28.

[54]林道谧,路江涌. 建设促进移动互联网产业海归人才发展创新创业环境研究[J]. 管理现代化,2015(05):60－62.

[55]宋刚. 钱学森开放复杂巨系统理论视角下的科技创新体系:以城市管理科技创新体系构建为例[J]. 科学管理研究,2009(06):1－6.

[56]袁晓辉,刘合林. 英国科学城战略及其发展启示[J]. 国际城市规划,2013(05):58－64.

[57]望俊成,邢晓昭,鲁文婷. 英国吸引和培养国际优秀科技人才的举措和特点[J]. 科技管理研究,2013(19):28－32.

[58]曾映明,查竞春,何少东. 英国的社区治理[J]. 特区实践与理论,2010(02):52－55.

[59]倪赤丹,苏敏. 英国社区发展经验及对当代中国的借鉴[J]. 理论界,2013(01):53－56.

[60]陈强. 德国科技创新体系的治理特征及实践启示[J]. 社会科学,2015(08):14－20.

[61]吕波,曹庆萍. 美国与德国科技研发体系比较研究[J]. 中国科技论坛,2005(01):136－140.

[62]孙殿义. 政府在国家科技创新体系中的作用:德国创新体系建设对我国的若干启示[J]. 中国科学院院刊,2010(02):191－194.

[63]王海燕,梁洪力. 德国创新体系的特征与启示[J]. 中国国情国力,2014(04):68－70.

[64]王经亚,陈松. 德国技术转移体系分析及借鉴[J]. 经济研究导刊,2009(08):203－205.

[65]张明龙. 德国创新政策体系的特点及启示[J]. 理论导刊,2008

(02):108－109.

[66]李鹏,刘彦.德国科研体系的发展及对我国创新基地建设的启示[J].科学管理研究,2011(02):52－57.

[67]陈晓华,王德润.德国科技创新平台建设特点与启示[J].安徽科技,2014(04):54－56.

[68]胡小桃.德国科技创新的政策体制分析[J].湖湘论坛,2014(03):97－101.

[69]高峰,唐裕华,张志强,等.21世纪初主要发达国家科技人才政策新动向[J].世界科技研究与发展,2011(01):168－172＋92.

[70]王辉耀.德国的国际人才竞争战略[J].国际人才交流,2011(10):51－52.

[71]盛景荃.德国如何吸引和培育优秀科技人才[J].华东科技,2008(04):62－64.

[72]郑永彪,高洁玉,许睢宁.世界主要发达国家吸引海外人才的政策及启示[J].科学学研究,2013(02):223－231.

[73]李丽.发达国家吸引海外高端科技人才策略引发的思考[J].未来与发展,2009(07):58－61.

[74]王晨.新合作主义视域下的公民参与城市社区治理:基于德国城市绿色空间治理的思考[J].理论探讨,2015(03):163－166.

[75]薄力之,邓琳爽.边缘社区的公众参与:以柏林邻里管理项目为例[J].上海城市规划,2013(02):88－93.

[76]张秀娥,祁伟宏,方卓.美国硅谷创业生态系统环境研究[J].科技进步与对策,2016(18):59－64.

[77]朱巍,陈倩倩."硅谷"经验对"光谷"创新创业环境建设之启示[J].科技管理研究,2015(13):52－55＋70.

[78]曹绪亮.美国硅谷中介服务体系的借鉴意义[J].中国高新区,2005(01):64－65.

[79]罗良忠,史占中.美国硅谷模式对我国高科技园区发展的启示[J].山西财经大学学报,2003(02):36-40.

[80]汤汇浩.高科技园区综合发展要素及其作用实证分析:以张江高科技园区与美国硅谷的比较研究为例[J].中国科技论坛,2011(06):87-93.

[81]尹锋.美国如何吸引全球人才[N].学习时报,2016-06-23(002).

[82]江峡.美国吸引全球高科技人才的政策与战略[J].湖北行政学院学报,2007(02):92-96.

[83]刘红梅.美国人才开放战略及其启示[J].发展研究,2011(04):98-102.

[84]周建华.发达国家吸引海外高层次人才的主要做法[J].中国人才,2011(21):56-57.

[85]曹永红.美国吸引国外科技人才的政策及对我国的启示[J].现代营销:学苑版,2012(03):98-100.

[86]洪峡.美国科技奖励机制的研究[J].全球科技经济瞭望,2009(06):44-51.

[87]刘芹,张永庆,樊重俊.中日韩高科技园区发展的比较研究:以中国上海张江、日本筑波和韩国大德为例[J].科技管理研究,2008(08):122-124+130.

[88]马永斌,刘帆,王孙禺.科学园区大学主导与政府主导模式的利弊分析:基于剑桥科学园与筑波科学城的对比[J].科技管理研究,2010(06):32-34.

[89]白雪洁,庞瑞芝,王迎军.论日本筑波科学城的再创发展对我国高新区的启示[J].中国科技论坛,2008(09):135-139.

[90]赵勇健,吕斌,张衔春,等.高技术园区生活性公共设施内容、空间布局特征及借鉴:以日本筑波科学城为例[J].现代城市研究,2015(07):39-44.

[91]顾丹丹,周超.日本引进海外人才政策分析及对我国的启示[J].商场现代化,2014(25):124-125.

[92]尹贞姬,王昱.日本留学生政策与国际人才培养模式研究[J].东北亚外语研究,2015(04):70-75.

[93]王挺.日本吸引海外人才的政策与措施[J].全球科技经济瞭望,2009(05):28-36.

[94]孙占芳.韩国大德研究开发特区发展模式探讨[J].科技信息,2011(31):87-88.

[95]顾建平,陈鹏,李建强.韩国大德科技园区的发展及其推动技术转移的启示[J].中国高校科技,2014(06):58-61.

[96]王伟,章胜晖.韩国大德研究开发特区的投融资环境与模式研究[J].科技管理研究,2011(12):56-59.

[97]李晓丽.政府在大德科技园建设及发展中的推动作用[J].今日科苑,2007(23):107.

[98]刘昌明.韩国是怎样吸引海外人才回国服务的:从科技发展的角度解读韩国的人才外流与回归现象[J].国际人才交流,2004(07):54-56.

[99]薛严.韩国公布吸引海外人才方案[N].科技日报,2014-01-28(002).

[100]赵忠伟,刘大杰,李云彪.韩国吸引海外人才经验值得学习借鉴[J].劳动保障世界,2016(05):36.

[101]华淑华.韩国首尔江南区:智能社区建设成功因素分析[J].信息化建设,2009(03):46-48.

[102]卓志伟.南京青奥村国际社区项目的SWOT分析[J].体育世界:学术版,2015(06):10-11.

[103]曹菘."四新模式"助推前海人才试验区建设[N].深圳特区报,2015-02-11.

[104]钱丽娜.华为如何在全球化中推进人才战略　任正非:盘子变大,

人员效能也要提升[J].商学院,2016(06):84-86.

[105]黄湘闽.产业聚集与人才聚集的演化规律[J].中国人才,2013(07):63-64.

[106]吴帅,田永坡.我国人力资源服务产业园区建设:现状、挑战与对策[J].中国人力资源开发,2015(23):69-74.

[107]徐丽梅.我国引进海外创业人才的实践与思考:基于台湾、深圳、无锡的案例研究[J].科学管理研究,2010(06):92-96.

[108]方阳春,黄太钢,薛希鹏,等.国际创新型企业科技人才系统培养经验借鉴:基于美国、德国、韩国的研究[J].科研管理,2013(S1):230-235.

[109]陈怡安.我国人才创新创业环境测算与评价:基于31个省份的实证[J].经济体制改革,2015(05):29-35.

[110]郁秋亚.完善海外高层次科技人才引进和使用工作的建议[J].中国高等教育,2013(03):75.

[111]吴江.尽快形成我国创新型科技人才优先发展的战略布局[J].中国行政管理,2011(03):11-16.

[112]倪鹏飞,李清彬.人才环境的国际比较:指标构建及应用[J].南京社会科学,2010(02):15-23.

[113]韩滢滢.国外高新区集聚科技创新人才的经验研究[J].市场周刊:理论研究,2008(12):91-92.

[114]陈昭锋.高新区海外科技人才创业集聚问题研究[J].中国人才,2001(06):30-33.

二、英文参考文献

[1]Geddie K. Policy Mobilities in the Race for Talent: Competitive State Strategies in International Student Mobility[J]. Transactions of the Institute of British Geographers,2015,40(02):235-248.

[2]Merlino M. Talents and Technology: A Model for Policy Makers[J].

Journal of Business Management,2011(04):15 -20.

[3]Cardew B. Immigration Policy Threatens to Drain UK's Global Talent Pool[J]. Music Week,2009(08):5 -5.

[4]Kerr S, Kerr W, Özden Ç, et al. Global Talent Flows[J]. Journal of Economic Perspectives,2006,30(04):83 -106.

[5]Ackerman J. Recruiting and Retaining Talent[J]. CPA Journal,2016, 86(08):14.

[6]Sokol M. A Thriving Talent Ecosystem[J]. People & Strategy,2016,39(03):4.

[7]Docquier F, Machado J. Global Competition for Attracting Talents and the World Economy[J]. World Economy,2016,39(04):530 -542.

[8] Abella M. Global Competition for Brains and Talent[J]. Journal of International Affairs,2015,68(02):179 -194.

[9]Fink A. Talent Economics:The Fine Line Between Winning and Losing the Global War for Talent[J]. Personnel Psychology,2015,68(01):220 -223.

[10]Dessain N. Talent as a Service: How to Navigate the New Workforce Ecosystem[J]. Workforce Solutions Review,2014,5(05):26 -28.

[11] Ziegler A, Grigorenko E, Harder B. The Significance of Learning Contexts in Talent Development[J]. High Ability Studies,2014,25(01):1 -3.

[12]Hu T, Chen K. Creative Talent Drive Transformation of Professionals' Constitution in the Modern City:A Case Study of Fashion Talent Flow in Taipei[J]. European Planning Studies,2014,22(05):1081 -1105.

[13]Danzer A, Dietz B. Labour Migration from Eastern Europe and the EU's Quest for Talents[J]. Journal of Common Market Studies, 2014, 52(02): 183 -199.

[14]Schlechter A, Hung A, Bussin M. Understanding Talent Attraction:The Influence of Financial Rewards Elements on Perceived Job Attractiveness[J].

South African Journal of Human Resource Management,2014,12(01):1 -13.

[15]McClelland D C. Testing for Competence rather than for "Intelligence" [J]. America Psychologist,1973,28:1 -14.

[16] Boyatzis R. The Competent Manager: A Model for Effective Performance[M]. New York:John Wiley & Sons,Inc,1982.

[17] Creelman D. Globalization and Talent Strategies [J]. People & Strategy,2014,37(03):36 -39.